Carsten Sebastian Henn
Die letzte Reifung

PIPER

Zu diesem Buch

Die »Tour de Fromage«! Kann es eine größere Herausforderung für einen passionierten Käsekenner geben? Prof. Dr. Adalbert Bietigheim, Inhaber von Deutschlands einzigem Lehrstuhl für Kulinaristik, erfüllt sich einen Lebenstraum: Mit dem Hollandrad reist er zu Frankreichs besten Käsereien und schwelgt im Genuss von Blauschimmel, Ascherändern und mit Marc de Bourgogne eingeriebenen Käselaiben. Natürlich darf auch das kleine, von Weinreben umgebene Dorf Epoigey im lukullischen Burgund auf seiner Route nicht fehlen, denn schließlich wird dort der unnachahmlich zarte Weichkäse gleichen Namens hergestellt. Doch als Bietigheim endlich sein Ziel erreicht, die berühmte Fromagerie Poincaré, erwartet ihn eine unangenehme Überraschung: Die Käserin liegt tot im Reifekeller, und in ihrem Rücken steckt ein Messer …

Carsten Sebastian Henn, geboren 1973 in Köln, ist Schriftsteller, Weinjournalist, Restaurantkritiker, Käsekenner und erklärter Gourmet. Zusammen mit Freunden bewirtschaftet er einen kleinen Weinberg an der Mosel und erkundet in jeder Stadt die besten Eisdielen, Teeläden und Chocolaterien. Seine Bücher verkauften sich bereits über eine viertel Million Mal und standen mehrfach auf den Bestsellerlisten. Zuletzt erschien »Der letzte Aufguss«.

Carsten Sebastian Henn

Die letzte REIFUNG

Ein kulinarischer Krimi

Piper München Zürich

Mehr über unsere Autoren und Bücher:
www.piper.de

Von Carsten Sebastian Henn liegen vor:
Die letzte Reifung
Der letzte Aufguss
Gran Reserva

MIX
Papier aus verantwortungsvollen Quellen
FSC® C083411
FSC
www.fsc.org

Ungekürzte Taschenbuchausgabe
1. Auflage Mai 2012
4. Auflage Mai 2013

erschienen im Verlagsprogramm Pendo
Umschlaggestaltung: Hauptmann & Kompanie Werbeagentur, Zürich, unter Verwendung einer Illustration von Oliver Wetter / Stefan Hilden (Konzept)
Satz: seitenweise, Tübingen
Gesetzt aus der Scala
Papier: Munken Print von Arctic Paper Munkedals AB, Schweden
Druck und Bindung: CPI – Clausen & Bosse, Leck
Printed in Germany ISBN 978-3-492-27469-2

Einen Kriminalroman über Käse kann ich natürlich nur meinem kleinen Käsemonster widmen. Dieses Buch ist für Charlotte.

»Kostenlosen Käse gibt's nur in der Mausefalle.«
(Russisches Sprichwort)

KAPITEL 1

Das Coq-au-Vin-Desaster (sowie ein Mord)

Professor Adalbert Bietigheim konnte sich nicht erinnern, jemals einen friedlicheren Tag erlebt zu haben. Das Burgund lachte ihn mit all seiner Pracht an – und er musste einfach zurücklächeln. Fröhlich radelnd genoss er den besonderen Geruch, der in der Luft lag. Allerdings wurde dieser nicht vom Wind zu ihm getragen, obwohl die sommerliche, weingeschwängerte Brise mit ihrer feinen Mineralik einzigartig war. Es war der Duft des vollreifen Epoisses de Bourgogne, vorn in seinem Radkörbchen, der Bietigheim so glücklich dreinschauen ließ. Der mit Marc de Bourgogne bestrichene Rotschmierkäse war reif, geradezu überreif. Eigentlich stand er kurz vor der Verwesung und stank auch entsprechend. Genau so liebte Bietigheim ihn. Bald würde der Professor sich ein lauschiges Plätzchen in einem Weinberg suchen, eine Flasche Pouilly-Fuissé entkorken, ein Stück frisches Baguette abbrechen und den Epoisses dick daraufstreichen.

Falls der Käse nicht bereits vorher davonfloss und im Boden versickerte.

»Was meinst du, mein lieber Benno? Ist es bereits Zeit für eine praktische kulinarische Übung?«

Benno von Saber bellte auf. Der Foxterrier liebte zwar das Laufen, aber ab und an durfte ein Happen guten Essens mit anschließendem Nickerchen im Schatten durchaus sein.

Bietigheim radelte noch ein Stück weiter, auf der Suche nach einem geeigneten Platz, wobei er des Öfteren seinen Strohhut festhalten musste, denn der Wind fuhr nun tüch-

Den Hut hatten ihm seine Studenten, diese Semesterferien geschenkt. Irgendwie hatten l ins Herz geschlossen. Wusste der Himmel,

ige Autos mussten um den langsam tretenden r einen Bogen machen, doch niemand hupte. Fahrradfahrer gehörten in Frankreich zur Folklore, selbst wenn sie wie Bietigheim ein fremdartig anmutendes Hollandrad benutzten.

In der Nähe des kleinen Weinörtchens Vosne-Romanée ließ sich Bietigheims Magen, das heißt natürlich sein wissenschaftliches Interesse, nicht mehr zügeln, und er fuhr hinauf in die sanft ansteigenden Rebenhänge. Als rechterhand ein hübscher, mauerumrandeter Weinberg, ein Clos, auftauchte, beschloss er anzuhalten. Bietigheim stellte das Fahrrad ab und stieg das kleine Treppchen in den Weinberg hinauf. Die eng stehenden Pinot-Noir-Rebstöcke waren penibel gepflegt und sicher ein halbes Jahrhundert alt. Sie sahen mit ihrem knorrigen Holz wie Bonsai-Bäumchen aus – was Benno dazu animierte, dort sogleich ein Bonsai-Bächlein zu machen.

In einigem Abstand gedachte Bietigheim sein Picknick abzuhalten. Gelebte Käsekultur! Angewandte Forschung! Die ganze Reise in die französische Feinschmeckerregion hatte er selbstverständlich aus rein wissenschaftlichem Interesse angetreten. Als Professor für Kulinaristik war er zu Derartigem nachgerade verpflichtet.

»Bei Fuß!«, befahl er Benno, doch der hörte nicht. Wie eigentlich immer. Der Foxterrier hatte schon als junger Welpe beschlossen, sich nie und nimmer erziehen zu lassen, und war diesem Vorsatz bewundernswert treu geblieben. Trotz dreier Hundetrainer und einer Tierpsychologin, die inzwischen ihr Geld mit Kartenlegen verdiente. Bietigheim nahm den Revoluzzergeist seines Begleiters schmunzelnd zur Kenntnis und streckte glücklich die

Arme empor. Dann wuschelte er Benno über den struppigen Kopf und begann, alles fürs Picknick Nötige auszubreiten. Wie herrlich konnte das Leben sein, einfach grandios!

Das frische Brot und der Käse vermählten sich am Gaumen aufs Wunderbarste, und Bietigheim kam nicht umhin, diese Nation zu bewundern, die über fünfhundert Käsesorten zustande gebracht hatte. Magier der Milch, das waren sie, die Franzosen. Dieser ungemein herzliche Volksstamm.

»Sind Sie noch ganz bei Trost?«, unterbrach ein Vertreter des Landes seinen Gedankengang. »Können Sie nicht lesen?« Seine grunzende Stimme erinnerte an einen Auerochsen. Auch sein Gesicht. Und die Statur. Zweifellos gehörte er zum stumpfsinnigen Teil der Dorfbevölkerung, befand Bietigheim.

Der Professor erhob sich, die Hand zum Gruße ausgestreckt. Doch sie blieb ungeschüttelt. Stattdessen zeigte sein Gegenüber mit den Pranken auf ein rotes Schild an der Mauer. Dort stand geschrieben, dass man durchaus Verständnis für die vielen Touristen an diesem Ort aufbringe, jedoch höflichst darum bitte, auf dem Weg zu bleiben und den Weinberg unter keinen Umständen zu betreten.

»Oh«, sagte der Professor. »Das ist meinem Blick wohl entgangen.«

»Das ist Ihrem Blick also entgangen.«

»Ich habe es übersehen, guter Mann.«

»Soso, übersehen.« Der Auerochse zündete sich eine filterlose Zigarette an. Woher die gekommen war, wusste Bietigheim nicht. Anscheinend konnte man sie hier einfach aus der Luft greifen. Der Bursche sog daran, und im Nu verwandelte sich ein Drittel davon in Asche. Es war beängstigend.

»Jawohl, übersehen«, bestätigte Bietigheim. »Ich war nämlich in Gedanken versunken.«

»Sie wollen mir doch nicht ernsthaft weismachen, dass Sie keinen blassen Schimmer haben, wo Sie hier stehen?«

»Natürlich weiß ich das!« Er nahm etwas Erde in die Hand. »Der Boden besteht aus einer lehmig-kalkigen Rendzinaschicht. Ich mag ja einen Schluck Wein getrunken haben, doch mein Denkvermögen ist davon gänzlich unbeeinträchtigt.«

Jetzt kam der Auerochse näher und blies Bietigheim den Rauch seiner Zigarette ins Gesicht. Es brannte in den Augen. Eine Selbstgedrehte mit billigem Tabak. Widerlich.

»Das hier, guter Mann, ist der teuerste Weinberg der Welt. Romanée-Conti, nie gehört?« Er zupfte Bietigheim am Ohr. »Für eine Flasche bezahlt man locker tausend Euro – aber nur, wenn man noch ein Dutzend anderer Weine des Gutes dazukauft.«

»Benno, komm mal her«, sagte Bietigheim, dem viel an Aufklärung gelegen war. »Du hast dein Geschäft gerade in der Lage Romanée-Conti verrichtet.«

Benno blickte ihn stolz an.

»Das mag man hier nicht«, erklärte Bietigheim.

Benno setzte sich in Position für ein Häufchen.

»Benno von Saber, ich darf doch sehr bitten!«

Bietigheim hob ihn über die kleine Mauer.

Der Auerochse telefonierte nun, wobei das Gespräch fast nur aus Grunzen bestand. Dann verstaute er sein Handy wieder in der Hosentasche.

»Dann fahr ich mal wieder«, sagte Bietigheim.

Doch der Mann hielt das professorale Fahrrad fest umklammert. »Sie fahren nirgendwohin!«

»Sie wollen mich meiner Freiheit berauben?«

Keine Antwort. Na gut, dachte Bietigheim, dann beende ich wenigstens in aller Ruhe mein Picknick. Und dem Auerochsen würde er nichts davon anbieten!

Nach rund zehn Minuten öffnete dieser erneut den

Mund. »Da kommt er ja endlich!« Er hob die Hand zum Gruß. »Salut, Benoit!«

Der Neuankömmling war ein Polizist, was unschwer an seiner tadellos sitzenden Uniform zu erkennen war. Ein junger, drahtiger Mann, dessen dünner Schnauzbart so exakt aussah, als wäre er angemalt.

»Salut, Claude. Ist er das?«

Der Auerochse mit Namen Claude nickte grimmig.

»Und dieser Hund ...?« Benoit wagte es nicht auszusprechen.

Claude schenkte ihm ein weiteres entschlossenes Nicken, das er geschickt mit einem völliges Unverständnis signalisierenden Kopfschütteln verband. Mit ernster Miene wandte sich der Gendarme an Bietigheim.

»Was führt Sie zu uns, Herr ...?«

»Professor Dr. Dr. Adalbert Bietigheim. Ich habe leider wenig Zeit, ein ganz dringender Termin, es pressiert.«

»Aber nicht doch, Herr Professor. Wir sind doch noch gar nicht komplett. Der Eigentümer des Weinberges, in den Ihr Hund uriniert hat, wird gleich zu uns stoßen.«

»Das ist doch nun wirklich nicht nötig.«

»Und ob das nötig ist!«, ließ sich Claude vernehmen und trat seine Zigarette wütend auf dem Weg aus. Nur um sich sogleich eine neue anzuzünden.

Bietigheim musste wohl einiges klarstellen.

»Hören Sie, ich bin Deutschlands einziger Inhaber eines Lehrstuhls für Kulinaristik. An der Universität der Hansestadt Hamburg! Meinen Sie bloß nicht, es wäre einfach gewesen, solch einen Lehrstuhl ins Leben zu rufen und aufrechtzuerhalten. Die Kollegen belächelten mich anfangs, Kulinaristik wäre keine Wissenschaft, haben sie gespottet, doch ich habe es all diesen Unkenrufern gezeigt. Das Bundesverdienstkreuz haben die für ihre Arbeit nicht erhalten, ich hingegen sehr wohl! Aber ich schweife ab.« Bietigheim räusperte sich. »Mir geht es um die Bewahrung des kulinarischen Erbes, weltweit. Ich lebe im Dienst von Räucherwurst, Weinbergschnecken und geharztem Wein. Denn nicht Theater oder Malerei sind es, die unsere Kultur im Kern zusammenhalten, nein, es sind Speis und Trank, meine Herren, das ist die Kultur, die jeden von uns, im wahrsten Sinne des Wortes, durchdringt. Deshalb, Sie haben es ja bereits bemerkt, spreche ich auch fließend Französisch, wie auch Italienisch, Englisch, Spanisch, Altgriechisch und ein wenig Japanisch. Wie sollte ich sonst etwas über die Feinheiten der Küchentraditionen erfahren? Gerade jetzt bin ich auf dem Weg zur Käserei von Madame Poincaré. Sie will mir die Herstellung ihres vorzüglichen Käses zeigen. Ich plane nämlich eine Abhandlung über die Käse des Burgunds, als Teil meiner ›Tour de Fromage‹. Und dabei darf der teuerste und seltenste Käse der Fünften Republik natürlich nicht fehlen. Ich möchte ihn als die Krönung der Rotschmierkäse-Kunst bezeichnen, ja so weit wage ich mich vor, und da würden mir wohl selbst meine Zürcher Kollegen kaum widersprechen.« Bietigheim konnte sich ein Lächeln nicht verkneifen. Diese Zürcher und ihr Käsestolz, einfach nur lächerlich. »Der Epoigey ist die sublimste Vermählung von Cremigkeit und Herbe, die sich nur denken lässt. Fraglos hängt dies mit der besonderen Kuhfütterung durch Madame Poincaré zusammen. Es hat mich viel Arbeit gekostet, einen Termin bei dieser sehr zurückgezogen lebenden Dame zu erhalten. Und nun drängt leider die Zeit.«

An dieser Stelle unterbrach ihn der Polizist. »Tour de Fromage?« Er zog eine Augenbraue empor.

»Ganz genau!« Endlich verstand der Mann. »Seit einigen Jahren fahre ich in der vorlesungsfreien Zeit stets ein Stück mit meinem treuen Rad durch Frankreich und besuche dabei die herausragenden Käsereien – natürlich keine industriellen Betriebe.« Bietigheim rümpfte empört die

Nase, was er nach langjähriger Erfahrung mit lernunwilligen Studenten in Perfektion beherrschte.

Benno von Saber hob nochmals das Bein – diesmal jedoch in einem benachbarten Weinberg. Bietigheim sandte einen fragenden Blick zum Polizisten.

»Das ist die Lage Romanée Saint-Vivant.«

»Und?« Adalbert Bietigheim gab es ungern zu, doch mit berühmten Weinlagen kannte er sich en détail nicht aus. Im nächsten Jahr wollte er sich jedoch für ein neues Proseminar über »Europas historische Rebberge« damit auseinandersetzen – inklusive ausführlicher Recherche-Weinproben. »Was hat es mit *diesem* Weinberg denn auf sich?«

»Er ist ebenfalls ein Grand Cru, aber deswegen landen Sie nicht im Knast. *Dafür* aber schon.« Der Polizist deutete auf die feuchte Stelle in der Lage Romanée-Conti. »Die Besitzer der Domaine nehmen es äußerst genau, seit sie vor Kurzem erpresst worden sind. Ihre wertvollsten Stöcke sollten vergiftet werden, falls nicht eine Million Euro gezahlt würde. Bevor der Täter Schaden anrichten konnte, wurde er Gott sei Dank gefasst. Bei dem ... Anschlag Ihres Hundes waren wir nun leider etwas zu spät dran.«

Selbst ist der Mann, dachte Bietigheim, und ein Mann ist auch zu unorthodoxen Schritten fähig. Also nahm er sich eines seiner Stofftaschentücher, stieg abermals über die Mauer und tupfte den Rebstock ab. Daraufhin griff er kurz in seinen Rucksack, drückte dem verdutzten Polizisten den restlichen Epoisses als Schmiergeld – im wahrsten Sinne des Wortes – in die Hand, stieg flugs auf sein Rad und trat schnell in die Pedale.

»Grüßen Sie Madame Poincaré!«, rief ihm der Polizist nach, anstatt ihn zu verfolgen. »Sie ist nämlich meine Großtante.«

Bietigheim radelte trotzdem schneller.

»Und lassen Sie sich hier ja nie wieder blicken!«, brüllte Claude.

Einen Käse verloren – doch die Freiheit gewonnen. Ein gutes Geschäft.

Benno von Saber trug seinen Teil zur erfolgreichen Flucht bei, indem er gefährliche Beller von sich gab – soweit das einem Foxterrier seiner Größe möglich war. Bietigheim blickte weder auf die sanft gewellten Osthänge, die begehrte Pinot Noirs hervorbrachten, noch westwärts in die Ebene, wo Johannisbeersträucher standen und sich Weideland erstreckte. Er dachte an Madame Poincarés Großneffen, den Polizisten. Der Professor hatte sich die Familie der Käserin anders vorgestellt. Wie genau, wusste er nicht, aber auf jeden Fall nicht so ... uniformiert.

Über Madame Poincaré hatte er seine wissenschaftliche Assistentin an der Universität Hamburg einiges zusammentragen lassen. Die Käserin war bereits vor über dreißig Jahren von ihrem Vater in die Geheimnisse der Herstellung des Vacherin d'Epoigey eingeführt worden und widmete sich dem Käsemachen rund 210 Tage im Jahr, ohne Pause, von Dezember bis Juli. Sie besaß neun Kühe, stellte jeden Morgen fünfzehn Käselaibe her, und abends, wenn die Milch spärlicher floss, kam ein weiteres Dutzend hinzu. Die früh verwitwete Madame hatte nie gelernt, viele Worte zu machen. Am Telefon war sie schroff gewesen, erst beim siebten Anruf hatte sie eingewilligt, den Professor zu empfangen. Aber er solle pünktlich sein und nichts Besonderes erwarten. Es sei nichts weiter dabei, Käse zu machen, und sie habe auch gar nicht lange Zeit für ihn. Madame Poincaré war ein alter Knochen, wie es sie nur noch selten gab. Sie hatte Bietigheim gleich an seine Großmutter erinnert, die durch den Krieg und die Zeit des Wiederaufbaus geprägt war, immer hart zu sich selbst und hart zu anderen. Sie hatte lange gelebt und war doch viel zu früh verstorben.

Als er sich von den Weinbergen entfernte, schließlich in Epoigey ankam, sein Hollandrad vor der kleinen Käserei in der Rue Napoléon ordentlich auf den Ständer wuchtete und sich die Hosenbeinspangen abklemmte, bemerkte er sofort die himmlische Ruhe. Auf der Dorfwiese waren nicht einmal die obligatorischen Pensionäre zu finden, die Boule spielten oder, falls ihnen der Sinn nicht nach Leistungssport stand, einfach still nebeneinander auf einer Bank saßen, wie Spatzen auf einer Überlandleitung. Sogar das chinesische Restaurant *Le Lotus bleu* hatte geschlossen. Kein Hund bellte. Am merkwürdigsten war allerdings die Weide hinter dem einfachen Bauernhaus, in dem sich die kleine Käserei befand. Sie war kuhlos. Weder sanftes Muhen erklang, noch das Geräusch Gras zermalmender Mäuler. Eine Weide ohne Kühe, befand Bietigheim, war wie ein Coq ohne Vin. Hier sollten Montbéliard-Rinder stehen, deren Milch besonders viel Kasein aufwies, das für die Milchherstellung des Vacherin d'Epoigey so essenziell ist. Madame Poincaré verwendete ausschließlich Montbéliard-Milch. Das hatte sie ihm am Telefon durch ein Brummen bestätigt.

Unruhig blickte Bietigheim auf seine goldene Taschenuhr – zwanzig Minuten zu früh. Er hasste Menschen, die zu früh kamen. Es war bedeutend schlimmer, als verspätet einzutreffen. Bietigheims Pünktlichkeit war eine Viertelstunde zu spät, so gehörte es sich für einen Akademiker. Deshalb schlenderte er nun um den Dorfplatz, die Hände hinter dem Rücken gefaltet, und summte Beethovens *Sechste,* die *Pastorale.* Nach seiner Runde schaute Bietigheim abermals auf die Uhr. Es fehlten weiterhin zehn Minuten! Was konnte er noch tun? Der Professor kontrollierte abermals das Schloss an seinem Fahrrad und beschloss dann, dem Mysterium der fehlenden Kühe auf den Grund zu gehen. Er war nämlich ein äußert neugieriger Mensch. Bietigheim sah dies als eine seiner guten Eigenschaften an, schließlich hatte sie ihn zur Wissenschaft geführt.

»Platz!«, befahl er Benno von Saber, der ihm daraufhin brav folgte, als er das Gatter öffnete und auf die Wiese trat. Das Gras war saftig, fressbereit sozusagen, doch nirgendwo war ein Wiederkäuer zu sehen. Selbst Benno von Saber wurde nicht fündig, obwohl er in kürzester Zeit weite Kreise gezogen hatte.

Schließlich fand der Foxterrier die Kühe. Im Stall. Obwohl das Tor offen stand und der Wind lau wehte, die Sonne gnädig schien, es also ein herrlicher Tag zum Grasen war. Doch diese Kühe standen im Stall und schauten so glücklich drein, als hätte man ihnen Hanf ins Heu gemischt. Ihre Augen waren geradezu glasig, und ihre Mäuler standen offen. Sie gaben keinen Laut von sich, als Bietigheim ihnen nahe trat. So hatte der Professor Milchvieh noch nie zuvor gesehen. Die rot-weiß gescheckten Tiere mit den hellen Köpfen schienen mit ihren Gedanken ganz woanders zu sein. Und wenn er sich nicht täuschte, schunkelten sie leicht im Takt, als liefe irgendwo Volksmusik. Das war nicht normal. Überhaupt nicht. Städter mochten denken, dass Kühe immer so aussahen: zufrieden mit sich und der Welt. Doch diese hier strahlten geradezu vor Glück. Dabei waren ihre Euter bereits prall, höchste Zeit, die Tiere zu melken. Die Kühe zwickte es sicher schon.

Bietigheim musste Madame Poincaré unbedingt fragen, was es damit auf sich hatte. Vom Stall gab es einen Zugang zur eigentlichen Käserei, einem Raum mit mehreren Kupferkesseln, Schalen, Tüchern und Schöpfkellen, dazu etlichen Behältnissen, die unleserlich beschriftet waren. Ein Anachronismus in Zeiten von vor Edelstahl blitzenden und weiß gefliesten Käsereien. Eigentlich handelte es sich um ein Schlafzimmer, denn in der Ecke stand ein Bett, ein Nachttisch daneben, an der Wand eine Kommode aus dunklem Holz. Staub schien zwar nirgendwo zu liegen, doch jeder EU-Inspektor hätte diese Käserei auf der Stelle dichtgemacht. Wie gut, dass anscheinend noch keiner vorbeigekommen war. Nach Käse roch es hier nicht, sondern nach frischer Milch, eine Spur säuerlich.

»Madame Poincaré? Ich bin es, der Herr Professor aus Hamburg. Ihre Kühe scheinen mir derangiert.«

Keine Antwort.

Bietigheim öffnete die aus den Angeln hängende Holztür in der gegenüberliegenden Wand und fand sich in einer hutzeligen Küche wieder. Er rief nochmals, doch wieder keine Reaktion. Er musste weitersuchen. Wie sich herausstellte, hatte das Haus nur fünf Zimmer, und sie alle wirkten auf merkwürdige Art zu klein, wie ein alter Apfel, der mit der Zeit eingeschrumpelt war.

Die Käserin musste außer Haus sein, dachte Bietigheim, vielleicht besorgte sie noch Kaffee für den bevorstehenden Besuch aus Deutschland. Ob es unhöflich wäre, im Haus auf sie zu warten? Ach was, die Tür zum Stall hatte ja einladend offen gestanden, und das Gatter war auch nicht wirklich abgeschlossen gewesen. Falls sie dennoch verärgert wäre, würde ein schmachtender Blick Bennos sicher genügen, um sie weich zu klopfen.

Doch sie kam nicht, geschlagene zwei Stunden lang.

Egal, wie oft Bietigheim auf seine Taschenuhr schaute, die Zeiger drehten sich nicht zurück. Madame Poincaré hatte ihn versetzt. Seufzend erhob er sich, bereit für den Weg zurück zum Fahrrad, als ihm der schwere rote Vorhang auffiel, der in der dunkelsten Ecke des Zimmers hing. Der Professor hatte ihn vorher kaum beachtet, doch als Benno nun aufstand, bewegte der Vorhang sich zur Seite – und eine metallene Tür wurde sichtbar.

Da war sie wieder, die Neugierde!

Bietigheim schob den Vorhang fort und schaute sich nervös um, als verstieße er gegen ein Gesetz. Die Tür war eine Sonderanfertigung und passte genau in das alte Mauerwerk. Der Schlüssel steckte, und der Professor drehte ihn ohne Zögern um.

Hinter der Tür erwartete ihn Kälte, die mit dem Duft nach köstlichem Vacherin d'Epoigey geschwängert war. Der Reifekeller! Und endlich fand er auch Madame Poincaré. Hier, wo Hunderte von Tannenrinden umschlossene Käselaibe vor sich hinreiften. Die Käserin hatte auch ihr großes Käsemesser bei sich.

Es steckte in ihrem Rücken.

Und sie selbst lag vornüber in einer Blutlache. Sie war tot, das wusste Bietigheim sofort.

Ein Kloß bildete sich in seinem Hals. Nach einigen tiefen Atemzügen kniete er sich neben die alte Frau. Er wollte ihr die Augen schließen, beschloss dann jedoch, die Leiche besser nicht zu berühren.

Was für ein schrecklicher Tod.

Bietigheim zitterte am ganzen Leib, als er aufstand und das Telefon suchte. Er fand es schließlich in einer Schublade und rief die Polizei. Sein Atem war immer noch schwer, als er wieder auflegte. Diese arme Frau, wer tat einer greisen Käserin so etwas Grausames an?

Dann hörte er die Kühe. Sie muhten nicht, sie schrien fast schon, ihre Euter waren jetzt bestimmt zum Platzen gefüllt. Die Tiere mussten von ihrem Leiden erlöst werden, und das duldete keinen Aufschub. Entschlossen krempelte der Professor die Ärmel hoch und ging in den Stall, denn genau das hätte Madame Poincaré gewollt. Bevor er sich den Schemel umschnallte und sich an das erste Euter begab, rieb Bietigheim sich die Hände warm. »Sei leise und mach brav sitz!«, sagte er zu Benno von Saber, woraufhin der Foxterrier kläffend hinausrannte.

Als die Staatsmacht eintraf, war das Melken noch lange nicht erledigt. Bietigheim fehlte die Übung. Vor Jahren hatte er mit seinen Studenten ein Praktikum in einer südholsteinischen Käserei absolviert, doch die Fingerfertigkeit war ihm abhandengekommen. Die Euterzitzen verhielten sich beträchtlich flutschiger als in seiner Erinnerung.

»Herr Professor, stehen Sie bitte auf.«

Benno fing an zu kläffen und nahm das rechte Hosenbein des Eindringlings ins Visier.

Bietigheim blickte auf. Es war der junge Polizist aus Vosne-Romanée mit Namen Benoit.

»Mein herzliches Beileid zum Tod Ihrer Großtante!«, sagte Bietigheim und wollte aufstehen, um ihm die Hand zu reichen, überlegte es sich dann aber anders. Die Kuh vor ihm musste dringend zu Ende gemolken werden.

»Erheben Sie sich bitte.« Die Augen des jungen Mannes waren feucht, die Lippen aufeinandergepresst.

»Lassen Sie mich doch bitte dieses Euter ...«

»Stehen Sie bitte sofort auf! Die Hände so, dass ich sie sehen kann.«

»Sie sehen sie doch. Ich habe sie an den Zitzen!«

Der Gendarme friemelte an seinem Pistolenhalter.

Bietigheim wurde zornig. »Sehen Sie denn nicht, dass die Tiere leiden? Wollen *Sie* vielleicht an meiner Stelle weitermelken?«

»Ich ermittle in einem Mordfall!«

»Und das hier ist ein *Not*fall!«

Es entstand ein Moment unangenehmer Stille, nur gestört von dem auffordernden Muhen der Kuh direkt vor dem Professor.

»Soll ich jetzt weitermelken, oder nicht? Ich muss das nicht tun, ich habe studiert. Sogar in Oxford!«

Der Polizist verschränkte unsicher die Arme vor der schmächtigen Brust. »Wann haben Sie die Leiche meiner Großtante aufgefunden? Und in welchem Zustand?«

»In welchem Zustand? Sie war tot!« Es tat Bietigheim überhaupt nicht leid, so barsch reagiert zu haben. Die Frage war saublöd gewesen.

Nun trat der junge Polizist näher und baute sich neben

der vor Bietigheim stehenden Kuh auf. »Wollen Sie mir die Arbeit schwer machen? Das kann ich auch!« Er legte eine Hand auf das Hinterteil der Kuh. »Wenn ich Marie einen Klaps gebe, genau hierhin, dann wird sie austreten, und zwar in Ihr Professorengesicht.«

Bietigheim ließ die Zitzen Zitzen sein und erhob sich vom Schemel. Das heißt: Er erhob sich mit dem Schemel, denn diesen hatte er ja umgeschnallt. Dann blickte er dem Gendarmen in die nervös zuckenden Pupillen. »Hören Sie, junger Mann, wir haben irgendwie einen schlechten Start erwischt. Was mich bei einem so schrecklichen Todesfall nicht verwundert. Ich teile Ihnen jetzt mit, wo Sie Ihre Großtante finden. Und dann reden wir weiter. Ich habe die Leiche vor ...«, er blickte auf seine Taschenuhr, »achtzehn Minuten gefunden. Damit Sie von der Polizei den Tatort unverändert vorfinden, habe ich Ihre Großtante noch nicht einmal umgedreht, um ihr die Augen zu verschließen.«

Der Polizist nickte. »Das habe ich gesehen – ich war nämlich schon bei ihr. Da *ich* im Besitz eines Haustürschlüssels bin. *Sie* aber nicht. Sie haben sich unbefugt Zutritt zum Haus meiner Großtante verschafft, nicht wahr?« Er zückte ein schwarzes Notizbuch.

»Ich verschaffe mir niemals Zutritt zu Häusern! Meist werde ich eingelassen, und in diesem Fall stand die Tür einladend offen.«

»Die Haustür?«

»Nein, selbstverständlich nicht, Sie dummer Mensch. Die des Stalles, und von diesem der Zugang zur Käserei. Sowie – natürlich – zum Reifekeller.«

»Haben Sie mich gerade ...?«

Bevor Bietigheim antworten konnte, trat ein weiterer Mann in den Kuhstall. Er hatte ein gepflegtes Äußeres. Die Ärmel seines gestärkten hellblauen Hemdes waren hochgekrempelt und gaben den Blick auf muskulöse Unterarme frei, von denen in Büscheln die Haare abstanden. Dadurch wirkte er wie ein frisch geschorener Orang-Utan – bei dem aus Versehen die Unterarme vergessen worden waren.

»Ich darf mich kurz vorstellen«, sagte der Mann, nachdem er dem jungen Polizisten zugenickt hatte. »Ich bin der amtierende Bürgermeister, Jules Bigot.«

Bietigheim verbeugte sich kurz und stellte sich ebenfalls vor. »Ich würde Ihnen ja gerne die Hand geben, aber die ist zurzeit ...«

»Jaja, das sehe ich. Benoit, sei ein guter Junge und zeig mir schnell die ... du weißt schon. Du hast die Zeitung doch sicher noch nicht informiert, oder?«

»Nein, aber die lokale Presse wird routinemäßig von der Pressestelle in Dijon über Gewaltverbrechen in Kenntnis gesetzt.«

»Na, nun schauen wir uns erst einmal deine Großtante an, ob es überhaupt ein Gewaltverbrechen war. Da gibt es ja immer ... Interpretationsspielraum. Und Sie da bei der Kuh: immer schön weitermachen, nicht?«

»Wollen Sie vielleicht übernehmen?«

»Nein, danke. Sie machen das fabelhaft, ganz fabelhaft. Vor allem für einen Ausländer.«

Bietigheim nahm die frisch gemolkene Milch und goss sie in eine große metallene Kanne, führte die Kuh zurück an ihren Platz und holte die nächste zum Melken. Benno von Saber schien mittlerweile Gefallen an seiner Rolle als Hütehund gefunden zu haben und rannte permanent um die Kühe herum.

Was diese gänzlich unbeeindruckt ließ.

Nach kurzer Zeit kamen Dorfpolizist und Dorfbürgermeister zurück. Letzterer schüttelte den Kopf und kratzte ihn sich dabei. Er nahm die Hand gar nicht mehr herunter, als helfe das Kratzen beim Denken.

»Solch ein Unglück.«

»Wer könnte denn ein Motiv gehabt haben, die arme

Frau umzubringen?«, fragte Bietigheim, dem mittlerweile die Finger schmerzten.

»Wo denken Sie hin, Professor?«, fragte der Bürgermeister erstaunt und setzte das Kratzen am Ohrläppchen fort. »Das war ein schrecklicher Unfall! Die Ärmste muss gefallen sein. So was kann in ihrem Alter ja schnell passieren.«

»Gefallen? Mit dem Rücken in ein Messer? Und dann liegt sie mit dem Bauch auf dem Boden?«

»Ja, es ist schrecklich. Nicht wahr, Benoit? Das siehst du als Mann vom Fach doch genauso.«

Der Polizist blickte von seinem Notizblock auf. Sein Mund formte sich zu einem »Nein«, doch er schwieg und nickte.

»Und zu einem solch unglücklichen Zeitpunkt!«, fuhr Jules Bigot fort. »Kommendes Wochenende ist unser großes Käsefest. Ganz Burgund, ach, was rede ich, ganz Frankreich blickt auf Epoigey. Wie sähe es aus, wenn kurz zuvor die einzige Käserin unseres Dorfes ermordet worden wäre? Die Einzige, die das Rezept für unseren berühmten Käse kennt, die Letzte einer großen Tradition? Ganz schlecht sähe das aus, Herr Professor. Das wäre gar nicht gut für die Stimmung.«

»Ach«, erwiderte Bietigheim. »Eine Frau ist ermordet worden, aber die Stimmung vor Ort ist wichtiger, als den Mörder zu suchen. *So* habe ich das noch gar nicht gesehen.«

»*So* müssen Sie es aber sehen! So und nicht anders.« Bigot sah Bietigheim ernst an, dann setzte er erneut sein routiniertes Politikerlächeln auf. »Sie haben übrigens einen niedlichen kleinen Hund. Beißt der?«

»Nein, nie.«

Der Bürgermeister streckte die Hand aus, und Benno schnappte zu.

»Aber Sie sagten doch …!«

»Er beißt ja auch nicht, er schnappt nur. *So* müssen Sie

das sehen. Und jetzt melken Sie weiter – ist ja schließlich Ihr Dorf.«

Bietigheim schnallte den Schemel ab und griff sich Benno. Als er an Jules Bigot vorbei zur Haustür wollte, hielt dieser ihn fest.

»Eine unwichtige Kleinigkeit noch, Herr Professor. Bis das Käsefest beendet ist, halten Sie sich in der Nähe auf. Ansonsten könnten wir den Eindruck gewinnen, Sie hätten etwas zu verbergen. Und dann müssten wir doch in Richtung Mord ermitteln. Das wollen wir doch nicht, oder?« Er klopfte Bietigheim etwas zu fest auf die Schulter. »Sprechen Sie mit niemandem über Madame Poincarés Tod! Wir verstehen uns, das sehe ich. Wenn das Fest vorbei ist, kann die Polizei gerne ihre Investigation starten, ich werde zu diesem Zweck sogar Fotos von der Toten anfertigen lassen. So hat dann auch alles seine Richtigkeit. Benoit nimmt gleich Ihre Personalien auf und Sie teilen uns bis heute Abend Ihren Aufenthaltsort mit – ansonsten werde ich die nötigen Schritte einleiten.«

»Und was ist mit dem Käse? Wenn sich keiner um ihn kümmert, verkommt er.«

»Guter Einwand!«, befand der Bürgermeister. »Sehr guter sogar. Benoit, du nimmst das in die Hand. Ist ja schließlich deine Familie. Ich regele die Formalitäten mit der Polizeidirektion in Dijon. Denen werde ich klarmachen, dass wir in Epoigey alles wunderbar alleine regeln können. Die Leiche wird Eric abholen, ich habe ihm bereits Bescheid gegeben.«

»Aber ich habe doch keine Ahnung von Käse!«, beschwerte sich Benoit.

»Papperlapapp. Wenn du nicht weiterweißt, frag einfach unseren Professor hier. Der ist schließlich Käsefachmann, hat ja sogar studiert.«

»In Oxford«, ergänzte der junge Polizist und zog Bietigheim hinter sich her in die Käserei.

Wie sich herausstellte, war der junge Benoit der einzige Verwandte von Madame Poincaré, der noch vor Ort lebte. Und er wusste wirklich erschreckend wenig über die Käseherstellung. Bietigheim zeigte ihm die mit Marc de Champagne versetzte Salzlake, mit der die Käse regelmäßig einzureiben waren, und erklärte ihm, woran er erkennen konnte, ob die Laibe reif für den Verkauf waren. Doch wie der Vacherin d'Epoigey herzustellen war, das wusste der Professor auch nicht. Diese Käse hier würden für alle Zeiten die letzten mit dem herrlich nussigen Geschmack sein, der sich im Mund so unvergleichlich cremig entfaltete.

Am Ende des kleinen Einführungskurses gestand Benoit kleinlaut, dass er Käse nicht leiden konnte, ganz besonders den seiner Großtante nicht. In der Jugend sei er wegen des Vacherin d'Epoigey für alle nur der Käsejunge gewesen. Der Stinker, der Miefer. Für Bietigheim erklärte dies, warum der junge Polizist heute stärker nach Rosen duftete als ein Fass Gewürztraminer.

Als er aus der Käserei herauskam, holte Bietigheim erst einmal tief Luft. Sie war heiß und trocken. Mit einem letzten Blick auf die kuhlose Weide schloss er sein Fahrrad auf. Und nachdem er Benno von Saber befohlen hatte, in den Korb zu springen, lief dieser auch brav neben ihm her. Eigentlich hatte der Professor heute noch ein gutes Stück fahren wollen, Richtung Tournus, doch nun hieß es erst einmal vor Ort bleiben.

Nicht nur weil dieser merkwürdige Dorfbürgermeister ihm gedroht hatte, sondern weil es Madame Poincarés Andenken zu schützen galt. Dieser Mord durfte nicht vertuscht werden. So viel war er dieser Göttin des Käses schuldig! Und da ihm das Geld für eine zusätzliche Übernachtung zu schade war, musste er wohl oder übel zu Jan oder Jean, wie er sich in Frankreich nannte.

Zu behaupten, Jan wäre das schwarze Schaf der Verwandtschaft, würde die Farbenlehre verunglimpfen. Er war das bunt gescheckte. Bietigheim hatte ihn auf dem letzten großen Familientreffen kennengelernt. Alle vier Jahre versammelten sich die Bietigheims und ihre unzähligen Zweige im Pfarrsaal des schwäbischen Örtchens, welchem die Familie ihren Namen verdankte. Selbst aus den USA, Venezuela und Neuseeland strömten die Bietigheims herbei, als gäbe es nichts Schöneres, als vorgeführt zu bekommen, wie fehlerhaft das eigene Erbgut war. Es war schon spät am Abend auf dem letzten Treffen gewesen, als Jan sich zu ihm setzte. Sein Cousin unbekannten Grades – aus der dem Professor ohnehin suspekten Linie der Siegerwald-Bietigheims – begrüßte ihn mit der Bemerkung, dass er aussehe wie ein Pauker aus der *Feuerzangenbowle*. In den folgenden Stunden klagte er dann unaufgefordert sein gesamtes Leid. Ihn hatte es der Liebe wegen ins Burgund verschlagen, dabei hasste er das ruhige Landleben. Die dunkelhaarige französische Schönheit namens Colette hatte sich längst wieder aus dem Staub gemacht. Übrig geblieben waren nur das ruhige Landleben und ein Job als Lokalredakteur bei der *Gazette de Côte d'Or*. Einem echten Scheißblatt, wie Jan meinte. Sein Häuschen lag im Weinort Meursault, der für seine mineralischen Chardonnay-Tropfen berühmt war und sich einen schönen Flecken auf der Anhöhe ausgesucht hatte.

Mit dem Rad war es ein gutes Stück von Vosne-Romanée bis dorthin, und irgendwann hatte selbst der lauffreudige Benno von Saber beschlossen, den Platz im Lenkerkörbchen der Straße vorzuziehen. Als der Professor auf dem überdimensionierten Dorfplatz von Meursault ankam, begrüßten ihn eine Kirche, zwei Hotels mit Gaststätten, ein Supermarkt und ein Brunnen. Auf dem Rand des Letzteren hockte ein alter Mann, dessen rechtes Auge den Himmel fixierte, während das linke Bietigheim beobachtete. Der Professor grüßte und erntete eine freundlich erhobene Hand. Das war also ein Murisaltien, wie die Bewohner des Dörfchens sich nannten. Schienen ja ganz nett zu sein.

Benno von Saber sprang aus dem Körbchen, rannte einmal um den Platz und bellte alles, inklusive Brunnen, gehörig an, um klarzustellen, welche Naturgewalt von nun an hier das Sagen hatte. Auch der Ureinwohner bekam ein paar Kläffer ab.

Das Haus des Cousins lag direkt neben der Kirche, weshalb Jan beim Familientreffen auch eine halbe Stunde über das Geläut geklagt hatte. Bietigheim schloss sein Rad an einer Platane fest und klingelte. Neben den kupfernen Knopf hatte jemand mit schwarzer Farbe »La Caverne« an die Wand gepinselt – die Höhle.

»Ist offen, verdammt noch mal!«, kam es von drinnen.

»Ich bin es, Adalbert.« Keine Antwort. »Bietigheim. Dein Verwandter aus Hamburg.« Wieder nichts. »Der Professor.«

»Ach, du elende Kacke!«

Bietigheim hatte nicht damit gerechnet, mit offenen Armen empfangen zu werden, doch dies war ihm einen Tick zu unhöflich. Als er sich vor Wochen bei Jan über Fermier-Käsereien in der Region erkundigt hatte, war dieser eigentlich ganz umgänglich gewesen.

»Fotofixierer! Na, klar«, fuhr der Verwandte nun fort. »Wie konnte ich den nur vergessen? Nimm dir einen Kaffee, Adalbert. In der Küche. Zucker ist im Schrank.«

Bietigheim drückte die knarzende Haustür auf und trat ins Innere – soweit dies möglich war. Der Flur ähnelte nämlich einer Kunstinstallation. Links und rechts türmten sich mit Hanfkordel verknotete Zeitungspakete, wobei die obersten aussahen, als dürften sie den Gesetzen der Schwerkraft zufolge schon lange nicht mehr dort liegen. Der Professor zog den Kopf ein, als er zwischen ihnen hindurchschritt. Die Küche fand er nicht auf Anhieb, denn sie war ebenso mit Kartons, Dosen, Bündeln, Tüten und Büchern vollgestellt wie all die anderen Räume auch. Alles war mit Aufklebern versehen, doch Bietigheim konnte die Schrift nicht entziffern. Hieroglyphen waren ein Kinderspiel dagegen.

»Bin gleich bei dir, alte Büchereule!«, rief Jan irgendwo aus den Tiefen des Hauses. Das ganze Gebäude wirkte, als wäre es in eine Presse geraten und zusammengestaucht worden. Benno von Saber begab sich sogleich auf Erkundungstour, und Bietigheim schenkte sich eine Tasse dessen ein, was Jan als Kaffee bezeichnete. Normale Menschen hätten es hellbraunes Wasser genannt.

»Die spinnen, sage ich dir. Alle! Keine Digitalkamera, nein, es muss unbedingt eine alte Spiegelreflex mit Normalfilm sein. Wer benutzt so was heute denn noch? Sie wollen die Abzüge *und* die Negative. Keiner darf etwas davon wissen, und alles muss natürlich superschnell gehen. Von wegen: Die Leute auf dem Land haben die Ruhe weg! Blödes Geschwätz. – Was willst du kleiner Ratz denn jetzt hier? Sofort raus, und der Vorhang bleibt zu. Verstanden? Ruf deinen Höllenhund zu dir, Adalbert!«

»Bei Fuß, Benno!«

Keine Reaktion. Dann erklang wieder Jans Stimme.

»Raus habe ich gesagt!«

Bietigheim hatte keine Ahnung, wohin sich Benno danach verzog, aber es blieb für fünf himmlische Minuten ruhig, bevor ein erneuter Aufschrei aus dem Fotolabor drang.

»Da brat mir doch einer 'nen Storch! Das wird ja immer besser. Ein Sündenpfuhl, das Burgund. Wusste ich schon immer. Das ganze Weinsaufen schlägt auf die Moral und zerfrisst das Stammhirn. Mach mir bitte auch eine Tasse, Adalbert. Viel Milch, viel Zucker, dass der Löffel drin stecken bleibt.«

Jan war mit einem immerwährenden Dreitagebart ausgestattet, über den er sich nun strich, als er in die Küche schlurfte. Er sah zerknautscht aus, doch seine großen blauen Augen, welche sicher so manches Frauenherz in Verzückung versetzten, waren hellwach. Er klopfte Bietigheim auf die Schulter, als dieser ihm höflich die Hand entgegenstreckte.

»Du glaubst ja nicht, lieber Blutsverwandter, in welchem Sodom und Gomorrha du nach Käse suchst. Schön übrigens, dass du vorbeischaust! Am Telefon klang es noch, als hättest du keine Sekunde Zeit für mich.«

»Für liebe Verwandte nimmt man sich die Zeit – egal, wie schwer es fällt.«

»Leider hab ich heute kaum welche für dich. Wie lange bleibst du denn?«

»Solange es nötig ist.«

»Mi Casa es su Casa. Oder besser: Meine Höhle ist deine Höhle! So habe ich meine Behausung nämlich getauft. Fühl dich ganz wie daheim. Im Gästezimmer findest du ein Bett und im Badezimmer eine neu verpackte Zahnbürste. Für unerwarteten Damenbesuch. Sie steht da, seit Colette mich verlassen hat. Das sagt ja wohl alles. Magst du Lebkuchen zum Kaffee? Oder wie es hier heißt: Pain d'Épices? Ich hab eines mit Orangengeschmack. Dein Hund kann auch was haben. Bernhard hieß der, oder? Bernhard, komm!«

Benno erschien, lief schnurstracks zu Jan und machte brav Sitz.

Das Pain d'Épices spuckte er allerdings gleich wieder aus, was in dieser Küche, die sich in verschiedenen Stufen der Kompostierung befand, gar nicht weiter auffiel. Die Schimmelkulturen hätten jedem Mykologen Freudentränen in die Augen getrieben.

Jan verschwand kurz und kehrte mit ein paar frisch entwickelten Fotos zurück.

»Ich muss dir von einer irren Geschichte erzählen. Du bist verschwiegen, oder? Denk dir einfach, du wärst mein Pfarrer, okay? Kriegst du hin, Professor. Bist ja ein Schlauer! Ich habe heute einen dringenden Spezialauftrag des Bürgermeisters von Epoigey reinbekommen. Ein echter Bonze, der für die Nationalversammlung kandidiert und genau weiß, wie er der EU das Geld abmelkt. Na ja, egal, er rief mich auf jeden Fall vor einer guten Stunde an. Ich solle ganz schnell mit meiner Kamera kommen, um Bilder eines Unfalls zu machen.« Er verdrehte die Augen. »Eines Unfalls! Dass ich nicht lache! Ich darf eigentlich mit keinem über diesen *Unfall* reden. Aber du bist ja nur auf Durchreise und Verwandtschaft – da rede ich quasi mit mir selbst.«

Jan legte Bietigheim die Bilder vor, einige davon Nahaufnahmen. Für die letzten Aufnahmen hatte er die Leiche umgedreht, sodass Madame Poincarés Gesicht zu sehen war. Sie schien ehrlich überrascht, gerade ermordet worden zu sein. Und auch angemessen wütend. Von himmlischem Frieden war in ihren tief zerfurchten Zügen nichts zu erkennen.

»Ein Mord«, gab sich Bietigheim erstaunt, denn das Vertrauen in seinen Blutsverwandten ging noch nicht so weit, dass er ihm seinen Teil der Wahrheit hätte erzählen wollen. »Wie aus dem Lehrbuch.«

Jan bildete mit Daumen und Zeigefinger eine Pistole und schoss auf Bietigheim. »Du weißt ja nicht, wie recht du hast! Schau dir die Bilder ganz genau an. Vor allem das hier: Es gibt nur den einen Einstich. Nur einen! Der Mörder hat nicht mehrfach zugestochen, bis sie tot war. Nein, ein einziger Stich, und der ging mitten durchs Herz – und das, obwohl er durch den Rücken stach. Bemerkenswert, oder? Man muss sich schon verdammt gut mit dem menschlichen Körper auskennen, um so genau zu treffen. Meine Güte, ich würde vermutlich ein Dutzend Mal die

Lunge durchlöchern oder die Klinge an einer Rippe zerbrechen, bevor ich das Herz treffe. Da wusste einer ganz genau, was er tat. Und dann auch noch mit einem Käsemesser, das ist nicht unbedingt eine scharfe japanische Klinge. Morden können die hier, was? Ach so, Entschuldigung, *Unfälle* haben die hier! Na ja, dann bring ich die Fotos samt Negativen mal zum Bürgermeister. Der ausnahmsweise mal gut bezahlt. Und heute Abend trinken wir einen auf den unerwarteten Geldsegen! Einen Käse hab ich vom Bürgermeister übrigens auch noch geschenkt bekommen.« Er zog ihn aus der Umhängetasche, die Benno gerade erst als Schlafplatz auserkoren hatte. Der Käse sah nun aus wie ein Pfannkuchen.

Das Gästezimmer war für den Hausstauballergiker Adalbert Bietigheim der Supergau. Er verbrachte volle drei Stunden damit, den Raum, der kaum größer als eine Toilette war, komplett auszuräumen, vom Staub zu befreien, zu saugen, nass aufzuwischen und einige stumpf aussehende Ecken sowie die Möbel zu polieren. Das braun gebeizt wirkende Tischchen neben der Tür entpuppte sich nach zwei Schrubbdurchgängen als hellbeige. Am Ende war es zwar immer noch eine Abstellkammer, aber immerhin eine begehbare. Das Fenster würde er bis morgen offen lassen müssen, was für einen Frischluftfanatiker wie ihn keine Beeinträchtigung darstellte.

Es dämmerte bereits, und breite Streifen Pastellkreide in Veilchenblau, Rosa, Fackelrot und Orchideenfarben schmückten den Himmel des Burgunds, als Jan ihn in die Hostellerie de Charlemagne einlud, das erste Haus am Platze. Ein Hotelrestaurant mit den im Sommer üblichen Plastikstühlen auf dem Bürgersteig. So konnte man das schöne Wetter genießen sowie unzählige Jugendliche auf frisierten Mofas. Ohne Bietigheim zu fragen, was dieser essen wolle, bestellte Jan zweimal Coq au Vin, denn das war hier die Spezialität. Der Professor sei selbstverständlich eingeladen, keine Widerworte, das gehöre sich so. Er werde sich dafür bei Gelegenheit sicher revanchieren.

Aha, dachte Bietigheim. Werde ich das. Na, wunderbar.

Auch den Wein wählte Jan aus – was zu Ungunsten des Getränks ausfiel, da es den Geiz der Siegerland-Bietigheims demonstrierte. Ein einfacher Aligoté, der Müller-Thurgau des Burgunds. Und er passte überhaupt nicht zum Coq au Vin.

»Den trinkt man hier!«, erläuterte Jan. »Ein ehrlicher Landwein, nicht so was Versnobtes. Einige Pullen kosten hier ja ein Irrsinnsgeld. Also, diese Winzer ...« Er bedeutete mit dem Finger, dass bei denen wohl einige Schrauben locker waren. Bietigheim nickte weder zustimmend, noch lächelte er. Den ganzen Tag hatte die Wut über den vertuschten Mord in ihm gegoren, und bald würde sie überschäumen.

»Was ist denn, liebster Verwandter?«, fragte Jan. »Bist du schlecht gelaunt?«

»Ein Verbrechen ist verübt worden«, konstatierte Bietigheim. »Da kann man nicht gut gelaunt sein.«

»Ach, was! Im Burgund ist man immer gut gelaunt. *Savoir vivre* nennt man das. Kann manchmal sehr anstrengend sein, glaub's mir. Am besten ist, du machst einfach mit. Das habe ich auch erst lernen müssen. Und, ehrlich gesagt, brauche ich immer noch ein paar Promille, um mich richtig gehen lassen zu können, das ist das Deutsche in mir – unkaputtbar. Prost! Nun stoß schon mit mir an. Sei doch nicht so!«

Bietigheim wollte nicht ungesellig sein. Selbst mit seinen Studenten ging er ab und an etwas trinken. Am Ende des Semesters. Ein Glas. Schorle. Des Frohsinns wegen.

»Na, also, geht doch«, kommentierte Jan. »Siehst gleich rosiger aus.«

Das Essen ließ nicht lange auf sich warten. Als Bietigheim es sah, wusste er auch, warum. Konsistenz und Farbe ließen auf die Hinterlassenschaft eines seekranken Elefanten schließen. Ein Verwesungsbraun über einem Klumpen ... ja, über was eigentlich? Es ließ sich nicht einmal erahnen, welcher Teil des Huhns vor Bietigheim lag. Er schnüffelte an der Speise. Wo der Wein in der Sauce geblieben war, blieb ebenfalls das Geheimnis des Kochs. Bietigheim schoss ein Foto. Und griff zur Gabel.

Das Kauen nahm viel Zeit in Anspruch.

»Also, das muss man gegessen haben! Sonst glaubt man es nicht«, stieß er danach aus. »Das ist so unglaublich schlecht, was für eine Frechheit! Das hat aber rein gar nichts mit dem Originalrezept zu tun, welches schließlich einen alten, zähen Gockel vorsieht, der erst durch den Wein mürbe wird. Traditionell wird auch Baguette zu Coq au Vin gegessen. Siehst du welches? Nein! Im burgundischen Originalrezept ist weiterhin von Marc de Bourgogne die Rede. Und hier? Keine Spur davon! Eine Unverschämtheit. Das glaubt mir zu Hause keiner.«

»Früher haben die hier ganz ordentlich gekocht«, sagte Jan und steckte sich eine selbstgedrehte Zigarette in den Mundwinkel, aus der das Kraut unordentlich hervorschaute. »Denen werd ich was erzählen!«

»Was redest du denn da? Ich bin sehr dankbar, das erleben zu dürfen. Das Massaker an einer großen burgundischen Spezialität. Das ist Küchengeschichte. Der widerlichsten Art, aber nichtsdestotrotz. Toll! Einfach nur toll!«

Bietigheims Augen bekamen einen ganz besonderen Glanz. Er erinnerte sich an lederne Schweinshaxen, versalzene Riesling-Suppen und widerliche fleischlose Sauce Bolognese. Lauter wunderbare Anekdoten für seine Vorlesung »Irrwege der populären Küche im Zentraleuropa der Gegenwart«. Der Professor nahm nochmals die Speisekarte zur Hand. »Ist die Crème brûlée genauso schlecht?«

Jan zuckte mit den Schultern. Als die Bedienung vorbeikam, lächelte sie Bietigheim an, der begeistert das Coq au Vin verspeiste und weitere Nahrungsunfälle bestellte.

Doch so schön der Abend auch war, irgendwann ging nichts mehr in Bietigheims Magen hinein, und die Schwermut überkam ihn. Das Bild der toten Käserin blitzte immer wieder vor seinem inneren Auge auf. Sie würde nie wieder das Glück empfinden können, wenn die Milch zu Käse gerann oder sie ihren geliebten Käse wendete, bis er alt genug war, in die Welt hinauszugehen. Der Professor klagte Jan sein Leid und traute sich jetzt zu offenbaren, dass er höchstpersönlich es gewesen war, der die Tote entdeckt hatte, und wie der Bürgermeister ihn abgekanzelt hatte.

»Wie lange wird dieser Mord wohl vertuscht werden können«, fragte der Professor, nachdem die Überreste des versalzenen Desserts abgeräumt waren. »Ein, zwei Tage? Länger doch sicher nicht, oder? So etwas geht heute schließlich nicht mehr. Dieser junge, dynamische Dorfgendarme, dessen Großtante sie war, er wird das Verbrechen doch wohl nicht ungesühnt lassen. Bürgermeister hin, Bürgermeister her.«

»Der Dorfgendarme? Du meinst Benoit? So ein hagerer mit Zuhälterschnäuzer?«

Bietigheim schaute irritiert. »Ja, den meine ich wohl. Der wird sich seine Sporen schon noch verdienen. Man muss an die Jugend glauben – sonst wäre meine Professur an der Universität auch unerträglich.«

»Benoit ist der Dorfdepp, Adalbert. Bei seiner Schreinerlehre schnitt er sich fast den Daumen ab, und als Kellner zerbrach er mehr Geschirr, als er mit seinem Lohn decken konnte. An der Supermarktkasse stellte er einen neuen Rekord in Langsamkeit auf, und durch die Busführerschein-Prüfung fiel er insgesamt viermal. Die Anstellung als Polizist hat er nur dank des Bürgermeisters bekommen.

Der war nämlich der Meinung, an dieser Stelle könne der Bursche am wenigsten Unheil anrichten. Seitdem Benoit die Uniform trägt, kommt er sich wahnsinnig wichtig vor, dabei nimmt ihn immer noch keiner ernst.«

»Oh.«

»Dieser Mord, lieber Anverwandter, wird niemals aufgeklärt werden.«

»Aber das geht doch nicht!«

»Geht sehr wohl.« Er wandte sich an die gerade vorbeihuschende Kellnerin. »Zwei Café Crème bitte.«

»Oh, nein!« Bietigheim stieß seine Gabel wütend durch die Tischdecke in den hölzernen Tisch, als brächte er damit alles Unheil der Welt zur Strecke. »Diese Frau war ein nationaler Kulturschatz! Es gibt kaum einen großartigeren Käse im ganzen Land als ihren Vacherin d'Epoigey. Sie hätte den *Meilleur-Ouvrier-de-France*-Orden verdient, wie auch Bocuse ihn bekommen hat.«

Bietigheim hob die Gabel – mitsamt einem Teil der Tischdecke. »Das ist eine himmelschreiende Ungerechtigkeit!«

»Schhh, Adalbert, die Wirtin guckt schon. Ein geschwätziges Weib, sag ich dir. Und die halten mich hier ohnehin für einen Spinner. Als zugereister Boche ist es nicht immer einfach.«

Bietigheim stand auf und streckte einen Zeigefinger in die Höhe. Er war in Dozierlaune.

»Meine Professur für Kulinaristik ist nicht nur rein theoretischer Natur. Es geht auch um den ganz realen Schutz der kulinarischen Traditionen.« Bietigheim blickte sich um, doch die anderen Restaurantgäste sahen sogleich wieder auf ihr Essen und spachtelten hastig. Räuspernd setzte er sich und rückte seinen Kragenknoten zurecht. »Diesen Mordfall gilt es schnell zu lösen, dazu sollte ein akademisches Hirn wie das meine mühelos im Stande sein. Wie klug kann solch ein Mörder schon sein? Hat er vielleicht die Assistenzstelle in Marburg bei Professor Dr. Dr. Blöing überlebt? Den Ausflug des Kollegiums an die Märkische Seenplatte? Stand er jemals vor dem unlösbaren Rätsel um den Ursprung der Currywurst? Nein! Na, also. Dieser Mord ist zweifellos kulinarischer Natur, und, das gestehe ich frei heraus, nur ich verstehe die Brisanz dieser Situation. Die Franzosen zumindest tun dies ganz offensichtlich nicht. Was ist nur aus dem Land Escoffiers und Vatels geworden? Aus einer Nation, die den Wert eines perfekt gekochten Frühstückseis zu schätzen wusste? Und lange vor den Deutschen verstanden hat, wann man den Rand beim Käse mitessen darf?«

Jan lehnte sich vor. »Sie bieten hier übrigens auch einen Käseteller an. Soll ich den für dich bestellen? Ich hab ihn gerade am Nachbartisch gesehen. Schaut übel aus.«

»Nein, das darf einfach nicht sein!« Der Professor hatte alles um sich herum vergessen und stand im Geiste vor seinen Studenten im Auditorium.

»War nur ein Angebot«, fuhr Jan fort. »Unter anderem sind Brie de Meaux und Trappiste de Tamié drauf. Beide unreif.«

»Das kann ich nicht mit meinem Gewissen vereinbaren!« Bietigheim versuchte den Lernwilligen den Ernst der Situation zu verdeutlichen.

»Ist doch bloß Käse.«

Was hatte Jan gerade gesagt? Nur Käse?

»Das macht mich rasend! Da hört bei mir der Spaß ganz entschieden auf!«

»Ich bestell ihn ja nicht!«

Bietigheim sah seinen Verwandten verwundert an. »Wovon redest du, Herrgott noch mal?«

»Vom Käseteller.«

»Ach, so. Na, bestellen! Was sonst? *Eine Mahlzeit ohne Käse ist wie eine schöne Frau mit nur einem Auge*, Brillat-Savarin. Außerdem sind wir nicht zum Spaß hier! Und für den Mörder hört der Spaß nun auch auf.«

Bietigheim kam erst spät ins Bett, und die Nacht verbrachte er grübelnd und umherwandernd. Am nächsten Morgen – allerdings erst nach einem erfreulich durchschnittlichen Frühstück in Form eines labberigen Croissants – rief er den größten Schweinekauer Norddeutschlands an.

Und holte damit das Chaos ins Burgund.

KAPITEL 2

Der Carnivore

Pit Kossitzke war ein Rocker mit Glatzkopf und einem Rauschebart, der ihm jeden Advent einen Job als Weihnachtsmann einbrachte. Und er war ein Carnivore. Ein Fleischfresser. Er liebte sein Steak blutiger als Graf Dracula, und unter fünfhundert Gramm kam ihm keines auf den Tisch. Viel und fettig musste sein Essen sein. An Beilagen ließ er nur eine zu: noch mehr Fleisch. Und zum Nachtisch: Fleisch. Vielleicht mit einem kleinen Zwischengang aus Wurst. Wenn der Spruch stimmte, dass man ist, was man isst, war Pit halb Schwein, halb Rind – wobei seine Leber vielleicht aus Hühnchen und sein rechter Unterschenkel aus den Festtags-Kaninchen seiner Mutter bestand.

Pit war nicht dick, er war massiv. So wie die Titanic ein massives Schiff war. Neben ihm wirkte man so zierlich wie ein Gartenzwerg im Schatten der Alpen.

Als ihn Professor Bietigheims Anruf erreichte, rauchte er gerade Zigarre – eine Cohiba Cabinett. Sie gehörte dem Professor. Wie auch der lederne Chesterfield-Ohrensessel, der seinen Körper umschmeichelte, sowie alles andere in der stuckverzierten Hamburger Altbauwohnung, die sich in einer Gründerzeitvilla des Stadtteils Eppendorf befand.

Pit war hier zum Blumengießen.

Seit zwei Wochen.

Eigentlich sollte er nur alle drei Tage nachschauen, ob die Grünpflanzen ihre Blätter hängen ließen. Doch Pit hatte entschieden, dass eine Vierundzwanzig-Stunden-Überwachung den Schutzbefohlenen am besten tue. Soweit er das sehen konnte, gediehen sie alle wunderbar.

Er nahm den Hörer ab.

»Bei der Arbeit, Prof!«, sagte er zur Begrüßung.

»Um diese Uhrzeit?«

»Die Rosen brauchen eine Spezialbehandlung.«

»Ich habe gar keine Rosen!«

Pit blickte sich um. Er hatte die Blumen mit den roten Blüten für Rosen gehalten. Waren denn nicht alle roten Blumen irgendwie Rosen?

»Und wie geht's im Burgund? Haben Ihnen die hübschen Französinnen schon den Kopf verdreht?«

»Also, bitte.«

»Aber gerne!« Pit lachte, denn er liebte es, den Professor zu foppen.

»Mir ist nicht nach Späßen zumute. Ich benötige aufgrund einer brisanten Entwicklung hier vor Ort, in die ich unglücklicherweise hineingeraten bin, dringend ein paar meiner Bücher. Als Professor für Kulinaristik sehe ich mich dabei in der Verantwortung. Also, es geht, ich weiß nicht, wie ich das anders sagen soll, es geht um Mord.«

»Mord?«

»Mord.«

»Wen haben Sie denn umgebracht?«

»Ich? Noch niemanden! Aber das kann bald passieren. Und zwar Sie! Wie kann man denn nur so schwer von Kapee sein?«

Der Professor legte auf. Ständig diese dummen Bemerkungen von Pit. Begriff er denn nicht den Ernst der Situation? War ihm Frankreichs Käsekultur etwa vollkommen schnuppe?

Erst einige Minuten später, nachdem Bietigheim sich wieder beruhigt hatte, rief er erneut an.

»Hören Sie: Wenn Sie mir helfen, werde ich noch einmal darüber hinwegsehen, dass Sie sich in meiner Wohnung breitgemacht haben. Widersprechen Sie nicht, Frau Putraczek hat es mir mitgeteilt! Sie glauben doch nicht etwa, dass ich meine Heimstatt ohne Absicherung in Ihre Hände gebe? Ich bin Professor, kein Idiot. Und nun packen Sie bitte sämtliche Literatur ein, die ich zum Themenkomplex Käse besitze, denn die Tote war eine Käserin, eine ganz fantastische noch dazu. Vacherin d'Epoigey, Pit, das müsste doch selbst Ihnen etwas sagen.« Er atmete durch. »Sie finden die entsprechenden Bücher im Blauen Salon, drittes Regal links vom Fenster. Nicht zu verfehlen. Und achten Sie bitte darauf, keines der Werke fallen zu lassen. Behandeln Sie sie wie rohe Eier. Oder um es in Ihrer Sprache zu sagen: wie Filetsteaks! Bringen Sie die Bücher dann zu mir. Ich wohne bei meinem Verwandten Jan Bietigheim, die Adresse steht in meinem güldenen Adressbuch neben dem Telefon.«

»Ich soll die Bücher ins Burgund bringen?«

»Jawohl.«

»Nach Frankreich?«

»Dort liegt es.«

»Mit meinem Auto?«

»Das wäre am vernünftigsten. So ginge es am schnellsten und Sie bekämen am meisten Bücher untergebracht.«

»Von Hamburg aus?«

»Ich wüsste nicht, wie Sie von Rio de Janeiro losfahren könnten.«

»Wollte nur sichergehen.«

»Wann gedenken Sie loszufahren?«

»Sofort. Holen Sie schon mal das Bier aus dem Kühlschrank. Bin gleich da.«

Pit legte auf. Es ging ab ins Burgund! Das passte ihm ganz wunderbar in den Kram, denn in Hamburg herrschte Taxi-Krieg. Ein Großunternehmer aus Quickborn hatte sich durch dubiose Kontakte mit den Stadtoberen Lizenzen erschlichen und machte jetzt mit seiner Flotte die besten Plätze unsicher. Der Bursche bestach im großen Maßstab Hotelportiers und Nachtclubbesitzer, damit sie seine Taxen bevorzugten. Pit hatte beschlossen zu streiken. Ein Ein-Mann-Streik – aber nichtsdestoweniger verbissen durchgeführt! Er war auf das Geld ohnehin nicht mehr angewiesen, sondern fuhr nur zum Spaß. Woher sein dickes Bankkonto rührte, hatte Pit dem Professor nie verraten. Und das, obwohl sie sich jetzt fast zehn Jahre kannten.

Er hatte Bietigheim damals im Schanzenviertel kennengelernt, als dieser seine Studenten auf eine Exkursion »Ins Herz der Currywurst« führte. Die dritte Station hieß »Bei Schorsch«, und dort hatte der Professor sich verschluckt. So sehr, dass er keine Luft mehr bekam und alle entgeistert um ihn herumstanden. Alle außer Pit. Der griff dem Professor von hinten um den Bauch und führte beherzt das Heimlich-Manöver aus. Ein kräftiger Druck, und der tückische Wurstzipfel schoss aus der Luftröhre wie ein Maulwurf, den man mit Druckluft aus dem Bau bläst.

Danach brachte Pit den völlig verstörten Professor nach Hause und setzte sich etwas zu ihm. Der Professor bemerkte erstaunt, was für ein Fleischexperte sein Lebensretter war. Es wurde ein sehr langer Abend, und obwohl die beiden beim »Sie« blieben, waren sie von diesem Abend an Freunde.

Zuerst machte Pit sich daran, den Kühlschrank des Professors leerzuräumen und alles auf dem Beifahrersitz seiner Emma zu verstauen. Pit hatte sein Mercedes-E-Klasse-Taxi nach der guten, altmodischen Tender-Lokomotive von Jim Knopf, dem Lokomotivführer benannt. Alle seine Taxis hatten diesen Namen getragen, das aktuelle Modell war Emma die Viertel vor Zwölfte.

Danach verfrachtete er die Käsebücher in den Kofferraum. Währenddessen lief in der Wohnung die ganze Zeit der Fernseher. Arte. Anderes empfing die Kiste nicht, wobei Pit es für möglich hielt, dass Bietigheim aus lauter Boshaftigkeit einen Techniker bezahlt hatte, um es für die Zeit der »Tour de Fromage« so einzurichten. Der Akademiker war zwar verschroben, aber auch ein verdammt cleverer Bursche. Pit mochte den alten Knaben sehr. Denn der Professor hatte ein gutes Herz – auch wenn er es meist nicht zeigte.

Jetzt liefen die deutsch-französischen Kulturnachrichten, und sie brachten doch tatsächlich etwas über eine tote Käserin in einem kleinen Örtchen namens Epoigey. Das musste die Ermordete sein! Der Erzbischof von Clermont, das katholische Oberhaupt des Landes, hatte einen offenen Beileidsbrief geschrieben, und auch der Vatikan eine Stellungnahme angekündigt. Für eine einfache Käserin?

Bestimmt wusste der Professor, was es damit auf sich hatte. Freudig wuchtete sich Pit hinters Steuer seiner Emma. Er liebte es, dort zu sitzen. Schon in jungen Jahren hatte er den Taxischein gemacht, um sich etwas dazuzuverdienen. Er genoss es, mit seinen Passagieren Schwätzchen zu halten und in den langen Wartepausen zu lesen. Und aus Letzteren bestand Taxifahren vor allem – es handelte sich eigentlich mehr um Taxistehen. Gutes Essen war dabei nie fern. Die Stadt kam ihm manchmal wie eine riesige Imbissbude vor, in der er sich jederzeit bedienen durfte.

Als Pit sich Richtung A1 aufmachte, schaltete er das Taxameter ein. Er wollte rein interessehalber wissen, auf wie viel Geld er mit dieser Fahrt pfiff.

Es gab ihm ein saugutes Gefühl.

Bietigheim war ein Mann der Tat. Deshalb trat er nun in seinem Maßanzug vor die Tür, mit einer messerscharfen Bügelfalte in der Hose und frisch polierten, handgenähten Lederschuhen, um den Vorderreifen seines Fahrrades zu zerstechen. Es tat ihm leid, doch es führte kein Weg daran vorbei. Zischend strömte die Luft heraus.

Danach ging er zu Jan, der im Keller der Höhle etwas über den Brand eines Bettenlagers in die Tasten haute. Erst nach einigem Murren erklärte er sich bereit, Bietigheim samt kaputtem Fahrrad nach Epoigey zu fahren. Er fragte nicht einmal, warum. Bietigheim war froh, dass Jan aus seinem Journalistenkerker emporstieg, Tageslicht sah und spürte, dass Sommer war. Und wie es Sommer war! Sogar noch mehr als am Tag zuvor. Die Straßen schimmerten in der heißen Luft wie Schlangen und die blassen Gelbtöne der Häuser erinnerten an frisch gebackenes Brot. Bietigheim genoss den Fahrtwind und grüßte freundlich jeden Radfahrer, den sie überholten.

Auf seinen Wunsch hielt Jan etwas außerhalb von Epoigey. »Wann soll ich dich denn wieder abholen?«

»Das wird nicht nötig sein. Ich radele zurück.«

»Mit dem kaputten Rad?«

»Das genau ist der Clou an der Sache!«

»Cousine Maria hat immer schon gesagt, dass du etwas verschroben bist.«

»Ich fasse das als Kompliment auf!«

»Da Maria es gesagt hat, kannst du das ruhig.«

Jan half dem Professor beim Ausladen des Fahrrads und brauste dann mitsamt Benno von Saber zu einem Fototermin mit der örtlichen Feuerwehr in Gevrey-Chambertin.

Nun denn, dachte Bietigheim, fangen wir an! Er schob sein Rad zum Dorfplatz und klingelte am Haus neben der Käserei. Der Name Faiveley stand auf dem Briefkasten. Bevor die Tür geöffnet wurde, bewegte sich ein Fenstervorhang.

»Na, das ging aber schnell«, begrüßte ihn die Frau an der Tür. Sie trug eine Kittelschürze und orangefarbene Gummihandschuhe. Irgendwie schaffte sie es, trotzdem elegant zu wirken. Französinnen, dachte Bietigheim, fabelhaft. »Kommen Sie, kommen Sie! Ich bringe Sie gleich hin.«

»Ich bin hier wegen …« Doch sie war bereits in den Tiefen des Flurs verschwunden. Bietigheim folgte.

»Weiß ich doch, ich habe ja selbst bei Ihrer Firma angerufen. So ein Unglück, sage ich Ihnen, und das gerade heute, wo wir morgen doch Besuch bekommen. Aus Paris! Aber es passiert ja immer zur falschen Zeit. So, da ist es.«

Sie zeigte auf ein Waschbecken, das ganz offensichtlich nicht mehr ablief. Bis zum Rand stand das Wasser.

»Mein Fahrrad …«, begann Bietigheim.

»Das können Sie einfach draußen stehen lassen. So, nun aber ran! Ich muss jetzt auch weiterarbeiten, der Tag hat nur vierundzwanzig Stunden. Da geht schon der Wecker, die Wäsche ist fertig, das auch noch. Sie kommen zurecht? Ich bringe Ihnen gleich einen Kaffee.«

Und weg war sie, elegant die geblümte Kittelschürze schwingend.

Der eigentliche Plan Bietigheims war folgender gewesen: Nach einer Fahrradwerkstatt fragen und die Bewohner währenddessen in ein Gespräch über Madame Poincaré verwickeln. Nun musste er stattdessen klempnern. Diese Kunst beherrschte er zwar nicht, aber für einen klugen Menschen wie ihn sollte ein wenig Dreck in einem Rohr doch kein Problem darstellen.

Der Professor hatte gerade sein Jackett ausgezogen, ordentlich über einen Küchenstuhl gehängt und sich rücklings auf ein Geschirrtuch unter die Spüle gelegt, als die Herrin des Hauses zurückkehrte.

»So, Ihr Kaffee. Schwarz, nehme ich an. Handwerker wie Sie trinken doch immer schwarz. Sind Sie schon weitergekommen? Es eilt, wissen Sie. Sehr sogar, wie damals bei unserer …«

Bietigheim fasste sich ein Herz und unterbrach sie, was er sonst nur bei seinen Studenten tat.

»Ist hier im Ort nicht vor Kurzem jemand gestorben?«

Sie spitzte die Lippen. »Eine schreckliche Sache, die

arme Madame Poincaré. Das Herz blieb einfach stehen, bei der Arbeit. Unser Bürgermeister hat sie gefunden. Sie hat nebenan gewohnt, müssen Sie wissen. Wir standen uns sehr nah, fast wie Schwestern. Seit Kindesbeinen ging ich bei ihrer Familie ein und aus. Na ja, die sind alle schon gestorben oder ausgewandert, nur Benoit ist hiergeblieben. Jetzt darf er sich trotzdem um das Erbe streiten. Irgendeine Cousine aus Australien hat offenbar einen Anwalt beauftragt, ihre Ansprüche zu vertreten. Aber viel gibt es da sicher nicht zu holen. Sie hat ja ganz bescheiden gelebt. Nun arbeiten Sie aber mal schön weiter, guter Mann. Wieso dauert das überhaupt so lange? Am Telefon wurde mir versichert, so etwas sei eine Sache von wenigen Handgriffen!«

Bietigheim zuckte zusammen und stieß sich dabei schmerzhaft die Stirn am Rohr. Das Unglück verschaffte ihm jedoch einige Sekunden, um über eine glaubwürdige Antwort nachzudenken.

»Es handelt sich leider um einen besonders schwerwiegenden Fall. Das Anti-Verstopfungs-Gel, welches ich insertiert habe, muss erst sedimentieren. Das dauert leider ein paar Minuten. Ich horche am Rohr, ob sich bereits etwas löst.«

»Ach.«

»Wie war sie denn so, diese Madame Poincaré?« Bietigheim griff sich die von der Hausbesitzerin netter- und – hätte es sich um einen echten Handwerker gehandelt – völlig unnötigerweise bereitgelegte Rohrzange. Sie war viel schwerer, als Bietigheim erwartet hatte.

»Ja, wie war sie?« Madame Faiveley seufzte schwer. »Still und bescheiden war sie und hatte ein gutes Herz, das muss man sagen. Immer mal wieder klopfte ein Clochard an der Tür – bei ihr bekam er etwas zu essen und ein Dach über dem Kopf. Aber keiner durfte es wissen. Sie lebte ja sehr zurückgezogen und nahm zuletzt gar nicht mehr richtig am Dorfleben teil. Hatte nur ihre Arbeit im Kopf, den Käse.

Sie bekam auch nur selten Post, ich habe immer mal wieder nachgeschaut. Man macht sich ja Sorgen. Sie müssen schon kräftiger drehen, guter Mann!«

Das tat Bietigheim nun hochmotiviert. Denn die Sache mit den Clochards klang nach einer Spur! Ob wohl einer in den letzten Tagen gesehen worden war? Oder gar von der Polizei aufgegriffen? Clochards gehörten in Frankreich ja zur Folklore. Touristen erwarteten stets ein paar malerische Exemplare, sonst fühlten sie sich nicht richtig im Urlaub.

Plötzlich machte es Klonk!

Und das Rohr war ab.

Madame Faiveley stieß einen glasklaren Schrei aus, Bietigheims gutes Hemd war hinüber, die frisch gebohnerte Küche ein Saustall – aber der Abfluss endlich frei.

Schnell fand sich der Professor wieder draußen bei seinem kaputten Fahrrad. Die Hausherrin gab ihm zum Abschied sehr deutlich zu verstehen, dass sie sich umgehend bei seinem Vorgesetzten zu beschweren gedachte.

Na, die würde sich wundern!

Bei den nächsten drei Häusern öffnete niemand, zwei weitere Ortsbewohner waren weder bereit ihm zu helfen, noch wollten sie etwas über Madame Poincaré erzählen. Doch dann hatte Bietigheim Glück. Ein Junge, den die Pubertät gerade mit erbsengroßen Pickeln gestraft hatte, erklärte sich bereit, das Fahrrad zu flicken – aber nur, wenn Bietigheim dafür zehn Euro berappte. Kindermund tut Wahrheit kund, dachte der Professor, zahlte und fragte während der Reparatur nach Madame Poincaré.

»Papa hat immer gesagt, die glaubt nicht an Gott, und dass sie so eine Kommunardin ist, oder so.«

»Kommunistin.«

»Das auch! Die ist nie in die Kirche gegangen, ich weiß das, ich bin Messdiener. Und im ganzen Haus hängen bei der keine Kreuze. Nicht eins! Total krass, dass jetzt der Erzbischof was zu ihrem Tod gesagt hat. Der kannte die doch gar nicht. Hier weiß keiner, was die mit dem zu schaffen hatte. Meine Mutter meint ja, die Kirche vom Erzbischof ist dem Schutzheiligen des Käses geweiht. Aber mein Vater findet, dass das totaler Blödsinn ist.«

»Ist es auch.« Bietigheim konnte sich ein Lächeln nicht verkneifen. »Der Patron der Käser ist Bischof Theodul von Sitten, ein Zeitgenosse Karls des Großen. Der wusste allerdings zeit seines Lebens weder Emmentaler, Limburger noch Romadur zu schätzen. Er erhielt die Patronage nur, weil spätere Generationen fälschlicherweise dachten, sein Attribut, eine umgedrehte Glocke, wäre ein Käsekessel.«

Der Junge sah ihn mit großen Augen an. Bietigheim war sich nicht sicher, ob ihm Speichel aus dem Mundwinkel tropfte.

»Was?«, fragt der Knilch dann.

»Nichts, nur eine Anekdote.«

»Eine was?«

»Eine kleine erheiternde Geschichte.«

»Ach, so. Erzählt mein Vater auch ständig. Das Fahrrad krieg ich nicht hin.«

»Dann gib mir bitte mein Geld wieder.«

»Ne, geht nicht. Die Arbeitszeit muss ich so oder so berechnen.«

Bietigheim wurmte es schrecklich, von einem Dreikäsehoch übers Ohr gehauen worden zu sein. Er konnte Kinder sowieso nur bedingt leiden. Sie waren laut, zeigten Älteren gegenüber nicht den nötigen Respekt und handelten ständig unlogisch. Beim Hinausgehen schnappte er sich zur Strafe den vor der Haustür liegenden Fußball und warf ihn gegen die trockene weiße Wäsche in Nachbars Garten.

An der Tür des nächsten Hauses musste er klopfen, denn eine Klingel gab es nicht.

Eine Stimme antwortete aus dem Hof. »Hier hinten!« Sie

klang wie ein grollender Sturm. Der Mann, den Bietigheim antraf, passte dazu, denn er sah aus, als hätte man ihn bei allen Stürmen der letzten sechzig Jahre vor die Tür gesetzt.

»Wo sind Sie denn reingefahren?«, fragte der Mann. »Da ist ja der ganze Reifen durch.« Während er sprach, ließ er seinen Zigarrenstumpen im Mundwinkel hängen, wo er wie ein alter, brüchiger Schlot vor sich hin rauchte.

»Können Sie mir helfen?«

»Seh ich aus wie eine Werkstatt?«

Beim richtigen Lichteinfall durchaus, dachte Bietigheim.

»Sie sind aber nicht gerade gut gelaunt. Wahrscheinlich wegen der Käsemacherin, die gestorben ist. Habe ich im Radio gehört. Ist sicher ein herber Schlag für alle hier. Kannten Sie die Tote gut?«

»Raus«, brüllte der Mann.

»Aber ich habe doch nur ...?«

»Raus habe ich gesagt, und zwar sofort.« Er griff sich eine rostige Heugabel und trieb den Professor wie eine Kuh zurück auf die Straße.

»Können Sie mir vielleicht verraten, wo ich ...?«

Nein, konnte er nicht. Denn der Mann verschwand bereits zurück in seinen Hof, einen Fluch nach dem anderen ausstoßend. Bietigheim gab vor, sie nicht zu verstehen. Dabei kannte er gerade die mit Lebensmittelbezug sehr genau aus seinem Aufsatz »Kulinarische Anspielungen in französischen Flüchen der Dreißigerjahre« – ein Riesenerfolg beim Münchner Kolloquium. Es war irgendwie schön, ein paar davon leibhaftig zu hören.

Im Laufe des trocken-heißen Tages wurden ihm noch viele weitere Türen geöffnet. Die meisten Bewohner Epoigeys waren ausgesprochen freundlich, doch brachten sie den Professor kein Stück weiter. Es war bereits nach fünf, als er an der Tür eines der letzten Häuser an der Straße Richtung Beaune klingelte, das sich als Werkstatt eines netten

Tüftlers herausstellte, der Bietigheims Fahrrad im Handumdrehen und kostenlos flickte. Was Bietigheim sehr ärgerte. Er musste schließlich noch den gesamten Osten Epoigeys abklappern! Also schob er den Drahtesel in eine Gasse und klappte sein Schweizer Offiziersmesser aus. Gerade wollte er erneut zustechen, als ihm jemand hart auf die Schulter tippte. Bietigheim ließ das Messer schnell in die Hosentasche gleiten.

Hinter ihm stand Bürgermeister Jules Bigot.

Und hinter diesem der alte Mann mit dem sturmgepeitschten Gesicht.

»Dachte ich es mir doch, der Herr Professor aus Frankfurt.«

»Aus der Hansestadt Hamburg bitte.«

»Jetzt nicht frech werden! Danke, Gérard, dass du mich benachrichtigt hast. Du wirst dieses Jahr ein paar von den guten Losen bei der Tombola bekommen.«

»Behalt deinen Dreck für dich«, antwortete Gérard und zeigte mit einem schmutzigen Finger auf den Professor. »Sorg nur dafür, dass der Kerl da wegkommt. Den können wir hier nicht gebrauchen. Der hat mich nach der alten Poincaré gefragt, als wüsste ich was über das Weib.« Er spuckte auf den Boden und verschwand.

Jules Bigot drehte sich triumphierend zu Bietigheim. »Sie hören den Willen des Volkes. Gehen Sie und lassen Sie sich hier nie mehr blicken, Herr *Professor*!« Er ließ den akademischen Titel wie etwas klingen, das die Katze vor die Tür gelegt hat.

»Ich sollte mich doch in der Nähe aufhalten. Ihre Worte.«

»Verkaufen Sie mich doch nicht für blöd, Freundchen! Sie haben die ganze Nachbarschaft ausgehorcht. Gérard war nicht der Erste, der sich bei mir gemeldet hat. Mir bleibt hier nichts verborgen.«

Der Bürgermeister blickte sich um. Die Gasse war leer. Dann trat er näher. Sehr viel näher. Das konnte Bietigheim, der stets darauf bedacht war, ausreichend Abstand zu halten, gar nicht leiden. Doch zurücktreten konnte er nicht, denn hinter ihm befand sich eine Hauswand.

»Ihre Adresse, bitte! Die in Frankfurt. Ihre jetzige Unterkunft kenne ich ja schon. Denn ich habe es mir anders überlegt. Es war äußerst unhöflich, Sie zu bitten, hierzubleiben. Sie sollten nach Hause fahren, sehr schnell sogar.« Er lächelte und reichte Bietigheim Füller und Notizblock. »Ich mag es nicht, wenn sich jemand in meine Angelegenheiten einmischt. Schon gar nicht einer wie Sie, den all das überhaupt nichts angeht. Treiben Sie keine Spielchen, das kann ich nämlich viel besser.«

»In diesem Punkt widerspreche ich Ihnen nicht«, sagte Bietigheim und händigte die Adresse aus. »Einem Mann, der einen Mord vertuscht, ist schließlich alles zuzutrauen.«

Es war das erste Mal in Bietigheims Leben, dass ihm jemand vor die Füße spuckte.

Er hätte gut darauf verzichten können.

Als er am Abend in die Höhle zurückkehrte, traf Bietigheim seinen geliebten Benno von Saber wieder. Er saß auf dem Schoß von Pit, der mit ihm eine Lyoner Cervelatwurst teilte. Die beiden wirkten äußerst zufrieden.

»Störe ich bei den Wiedersehensfeierlichkeiten?«, fragte Bietigheim und beugte sich zu dem Foxterrier, um ihn angemessen begrüßen zu können. Doch der kaute fröhlich weiter.

»Die Haustür stand offen«, erklärte Pit schmatzend. »Da bin ich einfach mal rein. Die Käsebücher hab ich alle schon in die Küche getragen. Stehen neben der Spüle. Wo kann ich denn hier pofen?«

Neben der Spüle? Dieser Mann war ein Barbar, durch und durch!

»Sie können zurückfahren. Danke für Ihre Mühe.«

»Nö, ich bleibe. Keine Widerrede, Prof! Pit macht jetzt

Urlaub. Und wissen Sie was? Ich glaube, ich such mir selber ein Plätzchen im Haus. Da hat Ihr Verwandter sicher nichts gegen. Also runter mit dir, Benno, du alter Spürhund!«

Der Foxterrier schoss an Bietigheim vorbei ins Treppenhaus und fand im obersten Stockwerk des alten Hauses tatsächlich ein unbenutztes Zimmer mit Bett für Pit. Es wäre falsch zu behaupten, der Raum sei mit Spinnennetzen überzogen gewesen. Das wäre, als würde man sagen, das Meer sei mit Wasser dekoriert. Pit holte sich ein Buch von Bietigheims Bücherstapel *(Lexikon der größten Käse-Irrtümer, Band 1)* und zerschlug sämtliche Spinnenweben. Völlig furchtlos. Er war der Meinung, die unzähligen Spinnen müssten mehr Angst vor ihm haben als er vor ihnen. Das sahen die Spinnen glücklicherweise genauso. Selbst die giftigen.

Das kleine Waschbecken im Zimmer hatte einen Hahn aus Porzellan. Pit drehte ihn auf, und ein Geräusch ertönte aus der erzitternden Leitung, das an einen kalbenden Tyrannosaurus Rex erinnerte.

»Sagen Sie Ihrem Jan, dass seine Leitungen rosten«, rief er hinunter zu Bietigheim. »Das Wasser ist ganz braun.«

»Die Farbe kommt nicht vom Rost«, informierte ihn Bietigheim. »Das sind Kakerlakenkot und Kakerlakenleichen. Die Wasserwerke verschweigen diese Information gerne. Sie sollten das Wasser eine halbe Stunde laufen lassen. Und trinken Sie es bloß nicht!«

Pit fühlte sich mit einem Mal heimisch. Es war wie im Zeltlager, nur mit einer Art Dach über dem Kopf. Jetzt fehlten nur noch klamme Klamotten und schlechtes Bier.

Jan kehrte am Nachmittag zurück. Man sah ihm an, dass eine Laus über seine Leber gelaufen war – von der Größe eines Kleinlasters. Er hielt die gerade aus dem Briefkasten gefischte Post in Händen und blätterte sie schnell durch. Dann warf er sie enttäuscht auf den Wohnzimmertisch.

Wieder kein Schreiben von Colette. Seine Laune sank noch weiter unter null.

»Adalbert, kommst du mal bitte?«

Das tat der Professor und nahm Pit zur Vorstellung gleich mit hinunter. Jan nahm den Neuankömmling gar nicht richtig wahr – obwohl man ihn kaum übersehen konnte. Er nickte nur kurz zustimmend, als er von Pits Urlaubsplänen in seinem Haus erfuhr.

»Pass auf, Adalbert, ich weiß von der Geschichte in Epoigey, von deinen Nachforschungen. Der Dorfpolizist, Benoit, hat mich eben auf dem Handy angerufen und nach dir gefragt. Nein, das trifft es nicht ganz. Er hat gedroht, dich fertigzumachen, wenn du dich nicht da raushältst. Und wo er gerade in Fahrt war, hat er mir das Gleiche in Aussicht gestellt. Der Bürgermeister muss ihm kräftig Zunder gegeben haben. Ich sage dir, der Junge ist zwar dumm – aber die Dummen sind die Gefährlichsten.«

»Setzt du mich jetzt vor die Tür?«

Jan goss sich einen Armagnac ein und nippte lange am Glas. »Ich sage nur, dass du vorsichtig sein sollst. Wenn du deine Nase zu tief in die Sache hineinsteckst, hast du bald das ganze Dorf gegen dich.«

Bietigheim goss sich ebenfalls einen Schluck ein und stieß mit ihm an. »Und du hast immerhin eine gute Geschichte.«

Jan brachte ein Lächeln zustande. »Wenn du dann noch eine nette Frau für mich findest, die mit mir nach Paris zieht, ist mein Leben perfekt.«

»Ich nehme auch eine«, rief Pit. »Ist mir egal, wo sie hinziehen will. Ich bin da völlig flexibel.«

Der Professor holte seinen Strohhut vom Kleiderhaken und wandte sich an Jan. »Ich werde mich nun nach Dijon begeben. Wenn man nämlich wirklich etwas über Käsereien erfahren will, muss man mit denjenigen reden, die mit ihnen Handel treiben.«

»Und ich«, verkündete Pit, »werde an meinem ersten Urlaubstag erst einmal die Beine hochlegen! Und etwas Wurst dabei vertilgen.«

»Benno würde das sicher freuen«, sagte der Professor. »Aber wenn Sie schon unbedingt hierbleiben wollen, würde ich Sie gerne um einen weiteren Gefallen bitten. Könnten Sie sich für mich ein wenig durchfressen?«

»Ja, ist denn schon Weihnachten?«

»Jemand muss mit den Maîtres der umliegenden Spitzenrestaurants reden. Die tratschen gerne, und Käse ist sicher eines ihrer Lieblingsthemen. In je mehr Spitzenrestaurants Sie am Tag essen gehen, umso besser.«

»Na, wenn es unbedingt sein muss ...« Pit lächelte verschmitzt.

»Aber ziehen Sie sich ordentlich an!«

»Klar.«

Bietigheim wurde das unangenehme Gefühl nicht los, dass ordentliche Kleidung für Pit bedeutete, den groben Dreck von den Stiefeln zu klopfen.

Kopfschüttelnd trank Jan den restlichen Armagnac in einem Schluck aus. »Das ist eine Riesenschnapsidee, ich sag es ganz offen. Die lynchen euch, und bald baumelt ihr am höchsten Baum von Epoigey.«

Bietigheim reckte das Kinn. »Ich lasse mich doch von ein paar Bauernlümmeln nicht ins Bockshorn jagen! Mit Hamburger Akkuratesse sammeln wir jetzt alle Informationen, die es zu Madame Poincaré gibt, und befragen wen und wann wir wollen. Wenn dann alle Hinweise auf dem Tisch liegen«, er schlug zur Demonstration auf das wackelige Exemplar vor ihm, »schnappen wir uns den Mörder, damit dieser armen Käserin Gerechtigkeit widerfährt. Und das Gute ist: Wir haben die ganzen Semesterferien Zeit!«

Bietigheim bestand darauf, mit dem Fahrrad nach Dijon zu fahren. Mörderjagd, schön und gut, jedoch im angemessenen Tempo! Der Professor war sehr eigen, was Fortbewegungsmittel anging. Schiffe und Bahnen hatten seinen Segen, Autos und Busse waren notwendige Übel, doch Flugzeuge widersprachen fundamentalen physikalischen Gesetzen. So viel Tonnen Stahl sollten eigentlich schnurstracks auf den Boden stürzen, weshalb er auch nie eines dieser Teufelsdinger betreten würde. Hätte Gott gewollt, dass Menschen fliegen, hätte er ihnen Propeller wachsen lassen.

Benno von Saber hatte es sich mit seiner Kuscheldecke im Korb bequem gemacht, und Bietigheim trug den Strohhut, obwohl der Himmel bedeckt war. Es fühlte sich einfach richtig an, außerdem schmeichelte die Krempe seinem Gesicht.

Das Radeln entspannte den Professor, und er fand wieder zu der Souveränität zurück, für die er im Kollegium der Universität so gerühmt wurde. Dijon war seiner Stimmung ebenfalls zuträglich, denn er liebte die kleine Metropole des Burgunds, weil sie es schaffte, Stadt und doch auch Dorf zu sein.

Es gab unzählige Käsehändler in Frankreich, doch nur sieben, die den Titel *Maître fromager affineur* tragen durften. Sie waren die Meister der kunstvollen Vollendung und Verfeinerung von Käselaiben. Hervé Picard war ein solcher Affineur, bereits in der dritten Generation. Sein Geschäft befand sich in der Rue Bannelier, nahe der prachtvollen, nach Pariser Vorbild erbauten Markthalle Dijons gelegen. In Bordeaux hatte er vor Kurzem eine Dependance eröffnet und für die *France Soir* schrieb er eine Käsekolumne. Moderne Affineure waren keine Gnome mehr, die ihr ganzes Leben im Reifekeller verbrachten und mit ihren Käsen sprachen. Das war Romantik. Sie waren Geschäftsleute, ja, sogar Medienstars. Und in Frankreich gab es kaum einen bedeutenderen als Hervé Picard.

Nachdem der Professor einige Zeit mit großen Augen

vor der Schaufensterauslage gestanden hatte, trat Hervé Picard zu ihm hinaus.

»Sie dürfen ruhig hereinkommen, bei mir ist es auch kühler als hier draußen.« Er trug einen braunen Kittel mit dem Wappen der Familie – und seine berühmten roten Schuhe.

Bietigheim folgte der Einladung umgehend. Hinein ins Paradies der weiterverarbeiteten Milchprodukte. Er wusste vor lauter Pracht gar nicht, wohin er blicken sollte. Von duftigen, weichen Weißschimmelkäsen wie Camembert und Brie über die äußerst aromatischen Rotschmierkäse bis hin zu den Blauschimmelkäsen – den Bleus – und den Ziegenkäsen – den Chèvres – fand sich alles, was das Herz begehrte. Auch Konfitüren, Senf, Honig und Weine, welche die angebotenen Käse ideal ergänzten, konnte man hier in höchster Qualität erwerben. Besonders faszinierte Bietigheim ein Vacherin du Haut-Doubs, der so reif und flüssig war, dass ein Marmorkeil ihn am Fortlaufen hindern musste.

Nur ein berühmter Käse fehlte.

Der von Madame Poincaré.

»Darf ich Ihnen vielleicht etwas empfehlen?«, fragte Hervé Picard.

Bietigheim räusperte sich und überlegte, wie er anfangen sollte. Doch benebelt vom Käseduft, wollte ihm keine Idee kommen.

»Sie wissen, dass Sie sich in einem Käsegeschäft befinden, oder?« Hervé Picard lächelte.

Erst jetzt ging dem Professor auf, dass er durch sein langes Schweigen wohl einen leicht debilen Eindruck machte. Das galt es zu ändern!

»Ich würde gerne etwas Käse mitnehmen. Vielleicht ein Stück Grand Vatel? Ich schätze diesen Artisanal-Käse mit seinem fast butterartigen Geschmack. Sein 75-prozentiger Fettanteil dank der mit Rahm angereicherten Milch schreckt mich ü-ber-haupt nicht. Einfach göttlich! Oder soll es eher ein seltener Fermier Brebis für mich sein? Fantastisch sieht auch der Banon aus. Ich liebe es, wie dieser kleine Bergkäse in Branntwein getaucht und in ein Kastanienblatt gewickelt wird.«

»Sie kennen sich aber sehr gut aus, Monsieur. Ich bin beeindruckt.« Hervé Picards Gesicht sagte etwas ganz anderes: Was bist du nur für ein elender Besserwisser. »Jemand wie Sie weiß sicher auch, woher das Wort *fromage* stammt?«

Er wollte ihn also vorführen. Na, der würde sich wundern!

»In Homers *Odyssee* lesen wir, wie Odysseus und seine Mannen sich in der Höhle des einäugigen Zyklopen Polyphem verstecken. Dort melken sie Schafe und Ziegen, lassen die Milch gerinnen und stellen sie in Weidenkörben beiseite. Daher stammt auch das Wort *fromage*, vom griechischen *formos*, dem Weidenkorb des Zyklopen.«

Hervé Picard rückte einen Stuhl für Bietigheim vor. »Wollen wir uns nicht setzen?«

Schade, dachte der Professor. Gern hätte er noch zum Besten gegeben, dass die ersten echten Beweise für die Existenz von Käse sich in sumerischen Schriften um 3000 vor Christus fanden und schon die Kelten in Frankreich ausgeprägte Käsetechniken entwickelt hatten. Na ja, vielleicht ergab sich später noch die Gelegenheit. Erst einmal klärte er Hervé Picard auf, mit wem er es zu tun hatte. Bietigheim genoss das anerkennende Nicken des nun lächelnden Affineurs. Dieser war wie ausgewechselt, mit einem Mal die Freundlichkeit in Person.

»Und Sie sind extra zu mir gereist? Dann wollen Sie sicher meinen Reifekeller sehen.«

Das Allerheiligste?

»Merci, Monsieur Picard. Merci infiniment! Merci!«

Bei Franzosen musste man immer dick auftragen mit dem Dank, so dick wie seine Großmutter die Butter aufs Brot geschmiert hatte.

»De rien, Monsieur Bietigheim, c'est avec plaisir.«

Schweigend folgte er dem Affineur die steinernen Stufen hinunter in den alten Kreuzgewölbekeller, der sich weit in die Unterwelt Dijons erstreckte. Das Thermometer am Eingang zeigte kühle acht Grad. Auf langen Tischen und in Holzregalen lagen die gelben Schätze. Hervé Picard griff sich eine Art kleinen Hammer, mit dem er auf einen der großen Beaufort-Laibe schlug, einen Bergkäse aus Savoyen, der daraufhin einen Reife versprechenden Ton von sich gab. Dann drehte er das Hämmerchen und fuhr mit dem hohlen Stil in den Käse hinein. Eine Probebohrung. Nach mehrmaligem Drehen zog er ihn wieder heraus und prüfte Konsistenz sowie Farbe, bevor er Bietigheim ein Stück anbot.

»Und?«, fragte Hervé Picard.

»Eine Woche muss er noch.«

Der Affineur lachte auf. »Und Sie sind *Deutscher*? Wie kann ein Deutscher so viel über Käse wissen?«

»Und wie kann ein Franzose keinen Vacherin d'Epoigey von Madame Poincaré in seinem Geschäft führen?«

Der Affineur wurde ernst. »Sie haben doch sicher von dem Todesfall gehört? Danach wurde alles aufgekauft.«

»Es war kein Todesfall. Es war Mord. Sie wurde mit einem Messer im Rücken aufgefunden.«

»Aber die Zeitungen …«

Hervé Picard sah ihn ungläubig an, doch Bietigheims Gesichtsausdruck fegte jeden Zweifel hinweg.

»Die Gendarmerie hält den Deckel drauf. Wegen des Käsefests in Epoigey. Ich war zufällig vor Ort.«

Der Professor wusste, dass Studenten nur dann mit der Wahrheit herausrückten, wenn man sie überrumpelte. Vielleicht funktionierte diese Technik auch hier.

»Wer könnte sie getötet haben?«

Hervé Picard sah ihn entgeistert an.

»Ein Affineur vielleicht?«, setzte Bietigheim nach.

»Was wollen Sie damit sagen?«

»Oder ein anderer Käser?«

Sein Gegenüber stützte sich auf einen der langen Tische. »Die arme Madeleine. Das hat selbst sie nicht verdient.«

»Was meinen Sie damit?«

Er blickte schuldbewusst auf. »Wir hatten unsere Differenzen. Aber nicht nur wir. Sie hat viele in den Wahnsinn getrieben. Zugesagte Lieferungen kamen nicht an, der Preis oder die Menge wurden nach Belieben von ihr geändert, je nach Madeleines Laune. Als Affineur bekommt man in solchen Fällen Probleme mit den Restaurants, die darauf zählen, dass man den berühmten Vacherin d'Epoigey für sie besorgt. Mehr als einem von uns ist dadurch ein Großauftrag entzogen worden. Das alles hat sie nie geschert.« Er fuhr sich mit der Hand durchs Haar. »Vor drei Monaten hat sie es dann auf die Spitze getrieben. Angeblich hatten ihr Bakterien die Produktion einer ganzen Woche verdorben. Ein Dungkäfer soll Listerien eingeschleppt haben, daran können Menschen sogar sterben. Und was macht Sie? Erhöht bei ihrer neuen Produktion gleich den Preis, um die Verluste auszugleichen. Sie müssen nicht denken, dass sie den je wieder gesenkt hat. Doch solch einen Tod wünscht man keinem. Nicht einmal seinem ärgsten Feind. Wo ist sie denn ...?«

»Im Reifekeller. Mit einem Käsemesser.«

»Mon Dieu.«

Bietigheim ließ dem Affineur Zeit, er sollte sich ruhig sammeln. Vielleicht gab er ja noch etwas Erhellendes von sich. In der Zwischenzeit schnupperte der Professor versonnen an den umliegenden Käsen. Hier würde er gerne einmal eine ganze Nacht verbringen! Was für eine Wonne.

»Ich muss ganz dringend jemanden anrufen. Bin gleich wieder zurück, Professor.«

Und weg war Hervé Picard.

Und weg blieb er.

Auch eine Viertelstunde später war er noch nicht zurückgekehrt.

Als Bietigheim zur Tür des Reifekellers hochstieg, fand er diese fest verschlossen. Er klopfte und rief. Doch keine Reaktion.

Dann ging das Licht aus.

Und die Kälte glitt mit klammen Fingern an seinen Beinen empor.

Pit schwitzte, als er das *Le Chalet bleu* in der Rue Jeannin in Autun betrat. Zum einen wegen der Hitze, zum anderen aus Vorfreude. Bei der Wahl dieses Restaurants hatte er sich ganz von persönlichen Vorlieben leiten lassen. Auf der riesigen, sich davor erstreckenden Place du Champ de Mars, hatten sich einst beim Viehmarkt die weißen Charolais-Rinder gedrängt, weswegen sich das Haus auf schmackhafte Rindfleischgerichte spezialisiert hatte. So liebte Pit die Traditionspflege! Auch das Interieur des *Le Chalet bleu* gefiel ihm auf Anhieb: gestärkte weiße Tischdecken, einladend große Korbstühle sowie ein großes, kitschiges Wandbild.

Unruhig kam der Maître d'Hôtel zum Eingang geeilt, ganz offensichtlich der Ansicht, dass ein solcher Berg aus schwarzem Leder hier nicht hinpasse. Die Begrüßung des glatzköpfigen Riesen bestätigte ihn in seiner Vermutung.

»Mein Name ist Pit – und ich futtere Ihnen heute die Bude leer!« Er zeigte die Scheine in seinem Portemonnaie. Der Maître d'Hôtel wies ihm einen Platz ganz hinten in der Ecke zu, neben der Küchentür. Doch Pit setzte sich einfach ans Fenster, nachdem der Livrierte entschwunden war.

Er bestellte das neungängige »Menu Dégustation«. Immerhin musste er viel Zeit im Restaurant verbringen, um das Vertrauen der Belegschaft zu gewinnen. Außerdem bestand der vorletzte Gang aus »Les Fromages de Bourgogne et d'ailleurs«. Passte also wunderbar.

Schnell kamen die Grüße aus der Küche, welche Pit mit einem Happs verschlang. Er nannte es Einatmen. Dann ließ er die Küche mit leeren Tellern zurückgrüßen. Je schneller er diesen Krimskrams aß, umso rascher würden die richtigen Gänge aufgetragen werden. Währenddessen verwickelte er den Kellner in ein erstes Gespräch. Sein Französisch hatte Pit sich am Hamburger Flughafen angelesen, dort stand man immer so schön lang am Taxistand. Alles für eine Freundin aus der Normandie. Sie konnte kein Wort Deutsch – aber er nach zwei Jahren Französisch wie ein gebürtiger Normanne. Die Augen des Kellners zuckten immer häufiger in Richtung Küche. Doch Pit ließ ihn nicht aus den Fängen.

Dann fielen die Franzosen ein.

Großfamilien.

Alter: von 1–99 Jahren, wie es auf Brettspielen immer stand. Sie waren bester Stimmung und sehr hungrig. Pit wusste, was dies bedeutete: Das Tempo der heranrauschenden Speisen würde sich deutlich verlangsamen. Und die Kellner hätten weniger Zeit für ihn.

Nun hieß es schnell handeln, in die Küche gehen und ein bisschen Druck machen. Und vor allem prüfen, ob sich das Essen kriminaltechnisch lohnen würde. Denn er hatte heute schon in drei anderen Restaurants gegessen und jeweils zum Schluss feststellen müssen, dass weder der berühmte Käse kredenzt wurde, noch jemand etwas über Madame Poincaré wusste.

Er wartete nicht, bis der Kellner außer Sichtweite war, sondern stampfte kurzerhand in die Küche, grüßte die vor Schreck erstarrten Köche und fand schnell den gläsernen Käsewagen. Was hatte sein Vater ihn gelehrt? Dreistigkeit siegt! Und tatsächlich: Der gesuchte Käse lag dort – zur leichteren Identifizierung hatte Bietigheim ihm einen Laib gezeigt. Pit hob ihn empor. Dann stand plötzlich der Mann mit der größten Kochmütze vor ihm und riss Pit den Käse aus der Hand. Der hagere Bursche mit Adleraugen überragte selbst den Rocker um einiges.

»Was haben Sie hier zu schaffen? Sie wollen mir doch nicht erzählen, dass Sie die Toilette suchen?«

»Ich wollte nur ...«

»In die Küche dürfen keine Gäste. Raus!«

»Aber es geht um diesen ...«

»Raus habe ich gesagt. Das ist eine strenge Regel hier. Wo kommen Sie überhaupt her?«

»Aus Russland. Sibirien. Zehn Jahre Gulag«, antwortete Pit todernst und grunzte. Der Koch blickte verwirrt, senkte dann die Stimme. »Das hier ist Sperrbereich.«

»Ist das nicht der Käse der verstorbenen Madame Poincaré?«

»Ist er, und jetzt gehen Sie bitte zurück an Ihren Tisch.«

»Ich würde sehr gern mit Ihnen ein bisschen quatschen. Ihr Essen ist nämlich ganz großes Tennis. Pit ist übrigens mein Name.« Er reichte ihm seine Pranke.

Zögerlich schlug der Koch ein. »Starker Händedruck. Sportler?«

»Rugby.«

»Ehrlich? Ich auch! Gedrängehalb.« Der Koch grinste.

»Verbinder«, entgegnete Pit. Ein echter Kollege, spielte die Position neben ihm. Ein Bruder sozusagen.

»Ich komme gleich an Ihren Tisch, Pit. In Ordnung?«

»Alles klar! Mein Fleisch bitte blutig. Und viel. Ich hab nämlich Kohldampf.«

Zurück am Tisch grinste Pit über das ganze Gesicht. Jetzt konnte er beruhigt essen. Und die Speisen kamen plötzlich richtig flott. Das Menü war famos, einfache Kost, aber mit frischen Zutaten und perfekt zubereitet. Immer wieder streichelte Pit stolz seinen Bauch, der sich heute weiter der perfekten Kugelform annäherte.

Mitsamt dem Käsewagen erschien schließlich auch der Koch.

»Ich hoffe, es hat dir geschmeckt?«

»Wun-der-bar! So gut schmeckt es bei uns in Russland nicht.«

»Tut mir leid wegen des kleinen Missverständnisses eben. Die Küche ist nun einmal mein Heiligtum.«

»Vergessen und vergeben! Aber was ist denn jetzt mit dieser toten Käserin? Wird's denn jetzt überhaupt noch Vacherin d'Epoigey geben?«

Der Koch setzte sich und nahm seine Toque ab. »Ich fürchte, nein.«

»Und was wirst du jetzt machen? Ich mein wegen deiner Käseplatte?«

Er zuckte mit den Schultern. Die mittlerweile ordentlich angeschickerten Familien redeten und lachten so laut, dass Pit sich vorlehnen musste, um die Antwort des Kochs zu verstehen.

»Mehr anderen Käse kaufen. Vor allem den Thillon von Jean-François Vesnin. Wie die selige Madame Poincaré produziert auch er Fermier, die Rohmilch kommt also nur von eigenen Tieren. Viele andere Käse sind Artisanal, also handwerklich hergestellt, jedoch aus zugekaufter Milch, die zum Teil auch pasteurisiert sein darf. Die meisten Käse haben allerdings bloß Coopérative- oder Industriel-Qualität – das ist die Massenware. Fermier ist das Beste vom Besten. Vesnin ist nun der bedeutendste Käser dieser Tradition im Burgund. Jetzt muss ich mich aber entschuldigen, die Küche ruft. Vorher bekommst du natürlich einen Käseteller, Rugbyspieler-Größe!« Er zwinkerte.

Der Koch rief den Kellner herbei, damit er für den exotischen Gast etwas zusammenstellte. Für Pits Geschmack fehlte Fleisch auf dem Teller, aber ansonsten war es sehr lecker.

Doch plötzlich fühlte er sich nicht mehr wohl.

Eigentlich war Pit davon ausgegangen, dass er mehrere Mägen besaß. So wie eine Kuh. Einen für Fleisch, noch einen für Fleisch, einen für Alkoholika, einen für Sättigungsbeilagen, einen für Süßes – sowie einen verkümmerten für Obst und Gemüse. Und dass es dadurch schlicht unmöglich war, dass sein Verdauungssystem versagte.

Zumindest war ihm Derartiges nie zuvor passiert.

Als Pits Gesicht einen leicht grünlichen und an der Nasenspitze ockerfarbenen Ton annahm, rief der Oberkellner panisch den Notarzt.

Kurze Zeit später durchsuchte eine Schwester im Krankenhaus von Dijon Pits Sakko, um Namen und Adresse des Bewusstlosen zu erfassen. Sie fand jedoch nur einen kleinen handgeschriebenen Zettel. »Letzte Warnung!« stand darauf. Auf Deutsch, sehr krakelig geschrieben. Da sie kein Deutsch konnte und eine ordentliche Person war, warf sie ihn fort.

Es würde schon nichts Wichtiges sein.

KAPITEL 3

Die Schönheit der Charolais-Rinder

Im Traum sah Jan eine Horde kleiner Zwerge mit Zipfelmützen durch sein Haus in Meursault jagen. Als er die Augen öffnete, kam jedoch nur ein hechelnder Benno von Saber auf ihn zugetrabt. Ohne Zipfelmütze, dafür mit irrem Blick. Er bellte auf. Wie konnte aus einem so kleinen Hund ein solcher Lärm dringen? Jan drückte seinen Kopf ins Kissen. Vielleicht lag es auch an der Flasche Wein, die er gestern allein gelehrt hatte, weil seine beiden Untermieter nicht zur Nachtruhe erschienen waren. Ohne etwas zu sagen.

Sollten sie doch bleiben, wo der Pfeffer wuchs!

Was seines Wissens nach Indien war.

Doch Benno von Saber, der sich nun wild im Kreis drehte, um seinen eigenen Stummelschwanz zu jagen, ließ ihn unruhig werden. Es sah dem guten Adalbert so gar nicht ähnlich, seinen vierbeinigen Gefährten allein zu lassen. Als Jan ihm über den Kopf strubbelte, sauste er davon in den nächsten Raum, und so ging es bis auf den Speicher. Doch kein Bietigheim. Und auch kein Pit.

Jan beschloss, erst einmal zu frühstücken und seinem Hirn lebenswichtige Vitamine in Form eines Croissants und einer Tasse schwarzen Kaffees zuzuführen. Also hieß es einkaufen. Auf dem Dorfplatz fand sich nur François, der örtliche Säufer, mit der schätzungsweise vierten Flasche Bier in der Hand. Er verschenkte morgens keine Zeit, um auf Touren zu kommen.

Die Verkäuferin im kleinen Supermarkt bedachte Jan mit einem kurzen Lächeln, und er spürte Wärme durch seinen Körper fließen. Er lächelte viel zu charmant zurück, was ihm im selben Moment peinlich war. Mein Gott, wenn ihn schon ein einfaches Lächeln aus dem Konzept brachte, wie sollte er da jemals wieder einen Kuss überleben? Er beschloss, aus dem Kaffee einen doppelten zu machen, und trug seine Einkäufe zurück in die Höhle, wo ihn Benno bereits im Flur erwartete. Jan hob den Terrier auf den Arm und trug ihn in die Küche, wo er ihm etwas Thunfisch auf ein Tellerchen löffelte. Dann stellte er das Radio an, setzte den Kaffee auf, betrachtete ihn versonnen beim Durchlaufen und lehnte sich mit der gefüllten Tasse im Stuhl zurück. Die Lokalnachrichten begannen gerade. Gut, denn die Kraft zum Zeitunglesen war ihm noch nicht in die Glieder geflossen. Es reichte gerade, um ins Croissant zu beißen.

»Die Lebensmittelfirma Frombel hat Interesse an der Käserei Epoigey der kürzlich verstorbenen Elisabeth Poincaré bekundet. Die Übernahme müsse schnell realisiert werden, so ein Sprecher des Unternehmens, damit die für die Qualität des Käses wichtigen Mikroorganismen nicht verloren gehen.«

Hätte Jan nicht übermenschliche Selbstkontrolle bewiesen, wäre ihm der heiße Kaffee durch die Nase herausgespritzt. Das musste er unbedingt Adalbert erzählen! Die Leiche der armen Madame Poincaré war noch nicht einmal kalt, da nagten schon die Geier an ihr.

Und wenn er sich nicht täuschte, nagte Benno gerade an seinem Schuh. Das Verschwinden seines Herrchens brachte ihn anscheinend um den Verstand.

Einen normalen Menschen hätte Jan einfach auf dem Handy anklingeln können. Aber es handelte sich um Adalbert, und der sah Handys als Fluch der Moderne an. Wie fast alles, seit Erfindung der Dreifelderwirtschaft.

Jan blickte auf die Uhr. Er hatte noch etwas Zeit, bevor er um zehn in die Redaktion musste. Adalbert wollte doch einen Affineur in Dijon aufsuchen. Nur welchen?

Das war ungefähr so, als wollte man eine ganz bestimmte Currywurstbude in Berlin finden.

Na gut, nicht ganz so schwer. Aber er nahm zur Sicherheit Spürhund Benno mit.

Jan hatte stets das Gefühl, Dijon dufte nach Senf. Was natürlich Blödsinn war. Es duftete nach Lebkuchen. Obwohl weniger scharf als das gelbe Gold, hatte diese Spezialität die Mauern der Stadt mit ihren würzig-süßen Aromen durchtränkt. Köstlich.

Zurzeit roch Jan allerdings nur Käse, denn er stand vor dem Geschäft eines Affineurs in der Rue Bannelier. Es war geschlossen, nirgendwo brannte Licht. Und doch stand Adalbert Bietigheims Fahrrad angekettet davor. Es war nass vom Nieselregen, der in der Nacht gefallen war. Das sah ihm so überhaupt nicht ähnlich. Menschen wie er zogen immer eine Tüte über den Sattel, wenn sie ihren fahrbaren Untersatz länger alleine ließen. Aber vor allem ließen sie ihn nicht über Nacht draußen stehen.

Seit fünf Minuten stand Jan nun schon vor dem Laden, der ihm wie eines der Rätselbilder vorkam, bei denen man die Fehler finden muss. Irgendetwas stimmte nicht, doch Jan kam nicht darauf, was es war. Benno legte sich derweil zu einem kurzen Nickerchen auf den Bürgersteig. Der Terrier hatte die Suche also aufgegeben – und das würde er jetzt auch machen müssen. Adalbert würde schon wieder auftauchen, seinen albernen Strohhut an die Garderobe hängen und …

Strohhut.

Strohhut!

Da hing er. Drinnen. An der Garderobe. Dabei hielt Adalbert ihn so in Ehren. Nie würde er den Hut irgendwo vergessen. Jan suchte am Türrahmen nach einer Klingel. Gab es nicht. Stand denn irgendwo eine Notfall-Telefonnummer – für den Käse-Super-Gau in der heimischen Stube? Ebenfalls Fehlanzeige.

In diesem Straßenzug lebten viele alte Dijoner, man kannte sich seit Jahren und wusste, wer wann die Gardinen wusch. Deshalb klingelte Jan einfach beim Nachbarhaus. Eine Dame öffnete, die wie von einem verblichenen Foto einer längst vergangenen Epoche wirkte. Ihr Kragen war aus Spitze, ihre Frisur aus Beton. Sie wusste nichts, nein, überhaupt nichts, der Affineur sei ja eigentlich nicht von hier, aber trotzdem anständig, nein, heute käme er sicher nicht, das wisse sie genau, das Geschäft sei geschlossen, aber sonst wisse sie nichts. Aber vielleicht könne Martine weiterhelfen, die arbeite schließlich bei Monsieur Picard und wohne direkt gegenüber. Ob er auf einen Kaffee hereinkommen wolle?

Jan lehnte lächelnd ab. Ein andermal gerne. Sie strich ihm über die Wange. So ein hübscher junger Mann wie er solle nicht ohne Ehering am Finger herumlaufen, sonst könnten einige Frauen auf dumme Gedanken kommen ...

Jan verabschiedete sich schnell.

Madame Martine war Gott sei Dank zu Hause. Sie war allerdings nicht ganz so entgegenkommend wie Hervé Picards Nachbarin. Kein Wunder, denn um ihre Haare war ein Handtuch gebunden, sie steckte im Bademantel und tropfte das Parkett nass.

Jan konnte gut mit Menschen, das hatte ihn zu einem erfolgreichen Journalisten werden lassen – bevor ihn die Liebe in die Provinz verschlug. Bei Madame Martine, das wusste Jan, hatte er nur eine Chance, wenn er die einzige ihm zur Verfügung stehende Waffe einsetzte: Benno von Saber. Denn hinter der frisch geduschten Dame des Hauses erspähte Jan das Geflecht eines Hundekorbes samt einer durchgelegenen Decke.

Er hob den kleinen Terrier empor.

»Schau traurig!«, flüsterte er ihm ins Ohr. Und Benno gehorchte tatsächlich – was allerdings auch daran liegen mochte, dass er es nicht leiden konnte, von jemand anderem als Adalbert Bietigheim hochgehoben zu werden.

Jan sah, dass seine List funktionierte.

»Oh, was hat denn der Kleine?«

»Wir haben seinen Lieblingsknochen in der Fromagerie von Monsieur Picard verloren. Es bricht ihm das Herz. Die ganze Nacht hat er geheult.« Benno heulte auf. »Alles habe ich versucht, um ihn zu trösten, aber nichts hat geholfen. Er frisst nicht mehr und ist schon ganz kraftlos.« Benno ließ sich hängen. Oder war das nur Einbildung?

»Reden Sie nicht weiter! Rettung naht. Hat Ihnen Clotilde gesagt, wo Sie mich finden? Bestimmt. Das Weib kehrt immer die Straße, auch wenn kein Staubkörnchen dort liegt. Nur um jemanden zum Schwätzen zu finden. Diesmal war es ja ausnahmsweise mal zu etwas nütze. Ich werf mir nur schnell etwas über.«

Dies dauerte – bei aller Tierliebe – eine halbe Stunde. Dann aber stand eine andere Frau vor Jan. Rund zehn Jahre jünger, mit rosigen Wangen, vollen Lippen und einem größeren Busen.

Jan trug Benno der Tarnung halber die ganze Strecke. Madame Martine sah immer wieder auf die Uhr und schüttelte dabei den Kopf. »Eigentlich müsste er um diese Uhrzeit da sein. Die Käse müssen schließlich jeden Tag gepflegt werden. Und außer ihm darf das nur Rolland machen, aber der ist gerade im Urlaub. Sehr merkwürdig. Hervé ist sonst sehr gewissenhaft. Die Käse sind so etwas wie seine Kinder.«

Hoffentlich verkaufte er die nicht ebenfalls pfundweise.

Sie schloss klackend die alte Tür auf. Der Laden roch, als hätte er eine Lüftung nötig.

»Oh, da ist ja auch mein Strohhut!«, sagte Jan, als er eintrat.

»Ihrer?«, Madame Martine sah ihn skeptisch an. »Das ist nicht Ihrer. Der gehört einem älteren Herrn, der gestern Nachmittag hier war.«

»Sieht genau aus wie meiner. Na, der Bursche wird sich sicher ärgern, das schöne Stück vergessen zu haben. Was war das denn für einer?«

Nun beäugte ihn Madame Martine kritisch. »Wer sind Sie wirklich, und was wollen Sie hier?«

Er atmete tief durch und streckte dann die Hand aus. »Mein Name ist Jan Bietigheim, und ich bin auf der Suche nach meinem Verwandten Adalbert, dem dieser Hut gehört und der seit gestern verschwunden ist.«

»Sie haben mich also angelogen. Raus! Sofort!«

»Aber ...«

»*Sofort.*«

Doch warum sollte er auch bleiben? Hier war Adalbert ganz offensichtlich nicht. Die Lichter waren aus, es war nichts zu hören, die Tür zum Büro im Hinterzimmer stand offen, auch dort saß niemand. Jan öffnete bereits die Ladentür, als Benno sich plötzlich benahm, als hätte er neue Batterien eingesetzt bekommen. Er sprang an einer schweren dunklen Tür hoch, kratzte und bellte.

»Was ist dahinter?«, fragte Jan derart streng, dass die überraschte Madame Martine ihm ohne Zögern antwortete.

»Der Käsekeller.«

»Haben Sie einen Schlüssel?«

»Das hier ist der Generalschlüssel«, sagte sie mit Blick auf den Bund in ihrer Hand. Noch bevor sie die Tür richtig geöffnet hatte, schoss Benno kläffend durch den Spalt und rannte die dunklen Natursteinstufen hinunter.

Als Jan im Keller ankam, fand er statt einer Adalbert-Bietigheim-Leiche einen quietschvergnügten Universitätsprofessor vor.

»Aha, nun erfolgt meine Vertreibung aus dem Paradies!«, begrüßte er Jan fröhlich. »Ein Stück Brie de Meaux zum Frühstück gefällig?« Mit seinem Schweizer Offiziersmesser schnitt er großzügig eine Ecke ab. »Käse immer wie eine Torte schneiden, ganz wichtig. Das ist das Erste, was ich meinen Studenten im Käseseminar predige.«

Der Professor stand neben einem Bett aus ... ja, aus was eigentlich? Jan ging näher heran. Was wie eine löchrige Matratze aussah, war in Wirklichkeit eine Ansammlung von Weißschimmelkäsen, die dort, wo Adalbert gelegen hatte, nun leicht eingedellt waren. Als Kopfkissen hatte er einen großen Laib Hartkäse ausgewählt. Der Professor bemerkte den verwunderten Blick seines Verwandten. »Habe wunderbar darauf geschlafen und geträumt wie ein Neugeborenes. Die Käse wärmen angenehm von unten. Wirklich herrlich, könnte ein Trend werden. Camembett statt Camembert.«

»Was machen Sie denn hier unten?«, wollte nun Madame Martine wissen.

»Monsieur Picard hat mich wohl aus Versehen eingesperrt und vergessen. Ein schreckliches Missverständnis, nehme ich an. Wo steckt er denn jetzt, der Maître?«

Madame Martine zog ihr Handy hervor und ging damit die Treppe hinauf, weil sie im Keller keinen Empfang hatte. Jan und der Professor folgten ihr und lauschten dem Gespräch.

Am anderen Ende der Leitung war die Frau von Monsieur Picard. Dieser sei am Vortag ganz plötzlich verreist, noch vor dem Abendessen, und hätte selbst ihr nicht gesagt, wohin. Ans Handy würde er nicht gehen. So kenne sie ihn gar nicht, in dreiundzwanzig Jahren Ehe sei so etwas noch nie vorgekommen. Und dass er jemanden aus Versehen im Keller einsperre, sehe ihm gar nicht ähnlich. Vielleicht handele es sich bei dem Mann ja um einen Einbrecher?

Madame Martine antwortete, dass er danach weiß Gott nicht aussehe.

»Etwas ist faul im Staate Dänemark«, befand Adalbert Bietigheim.

Jan suchte seine Taschen nach einer Kopfschmerztablette ab. »Und im Königreich Burgund erst recht!«

Der Professor blickte noch lange in den Rückspiegel, um auszuschließen, dass ihnen jemand folgte.

»Ich wollte es in der Fromagerie nicht sagen, aber niemand ist so vergesslich, einen Kunden im Keller einzuschließen. Etwas hat Monsieur Picard aus dem Konzept gebracht, und zwar völlig. Ich habe lange darüber nachgedacht, bin unser Gespräch mehrmals Wort für Wort im Kopf durchgegangen. Der entscheidende Moment war, als ich erzählte, dass es kein normaler Todesfall war, sondern Mord. Da flackerte Angst in seinen Augen auf.«

»Du meinst, weil er selbst der Täter …?«

»Nein.«

»Dann bleibt ja nur, dass er Angst hat, das nächste …«

»Das meine ich. Jawohl.«

»Das sollten wir der Polizei sagen!«

»Dank des Bürgermeisters von Epoigey ermittelt sie noch nicht wegen Mordes. Deshalb müssen wir nun schnell neue Erkenntnisse gewinnen, denn wenn der Mörder tatsächlich nochmals zuschlagen sollte, können nur wir ihm zuvorkommen.«

Jan seufzte. »Adalbert, machen wir uns doch nichts vor. Wer sind wir schon?«

»Wir sind Bietigheims!«, antwortete der Professor und begann zu singen, wie es schon seine Vorfahren taten. Die Bietigheims waren trotz ihrer genetischen Ausfälle – zum Beispiel Tante Marthe aus Uelster – stolz auf ihr Geschlecht. Und sie hatten ein Lied, das ein jeder von ihnen nur mit Tränen in den Augen hervorbrachte: »Der Bietigheim-Husar«. Jans Herz pochte laut, als er mit einstimmte, er konnte einfach nicht anders. Adalbert intonierte gerade die vierte Strophe, seine liebste, denn es ging um Kulinarik.

Im letzten Dorf da kehrt ich ein
Und trank dort den Tokayerwein
Tokayer aus Magyar
Tokayer aus Magyar
Tokayer du bist mild und gut
Du bist das reinste Türkenblut
Für'n Bietigheim-Husar
Für'n Bietigheim-Husar

Sie blickten sich kurz in die Augen, die nun aufloderten, denn es folgte der Refrain!

Dunja Dunja Dunja Tisa
Bas maderem trem kordijar
Te-de-rei, te-de-ra, te-de-rei, te-de-ra
Als Bietigheim-Husar!

Sie hatten keine Ahnung, was der Refrain bedeutete, doch es klang richtig schmissig.

Benno hielt es nicht mehr aus und streckte den Kopf aus dem fahrenden Auto. Seine empfindlichen Ohren hatten das Gejaule viel zu oft ertragen müssen. Die Zunge flatterte ihm aus dem Mund wie eine nasse Flagge.

Mit einem Lachen beendete das Bietigheim-Duo die Familienhymne. Sie fuhren eine ganze Weile, bis der Professor wieder den Mund aufmachte.

»Und Pit ist ebenfalls nicht zur Nacht zurückgekehrt?« Er zog sich am rechten Ohrläppchen, wie immer, wenn ihn etwas irritierte. »Ist dein Kühlschrank vielleicht leer?«

Jan schüttelte den Kopf. »Bier ist zumindest genug da.«

»Wer weiß schon, was in seinem Kopf vorgeht? Ich nicht. Und ich will es auch gar nicht wissen. Darüber nachzudenken verrenkt einem nur das Hirn.«

»Und was willst du jetzt tun?«

»Wegen Pit? Warten. Wegen des Mordes? Der Spur des

Affineurs können wir kaum folgen, wobei ich dich bitten möchte, einen Zeitungsartikel über sein Verschwinden zu schreiben und die Ohren in der Redaktion offenzuhalten. Der Spur des Geldes dagegen kann gefolgt werden!«

»Und wohin führt sie?«

»Einerseits zu den Erben – andererseits zu Madame Poincarés ärgstem Konkurrenten Monsieur Vesnin.«

»Du glaubst doch nicht ernsthaft, der redet mit dir über den Mord?«

Bietigheim spürte den fragenden Blick wie einen lästigen Käfer auf der Haut. »Mit dem einzigen Professor für Kulinaristik in Deutschland? Vermutlich nicht. Aber mit seinem überaus fleißigen Praktikanten wird er sicherlich so einiges besprechen. Vor allem, da dieser ebenso begabt wie hochintelligent ist.«

Jan tat erstaunt. »Doch nicht etwa so wie du?«

»Du hast es erfasst!«

Sie waren schon nahe Meursault, als Benno plötzlich aufbellte. Doch auf dem Feld, das an ihnen vorbeirauschte, waren nur ein paar prächtige weiße Charolais-Rinder zu sehen. Breit und kraftvoll, wunderbares Fleisch mit wenig Fett. Einige blickten gelangweilt in die Gegend, doch die meisten hatten die Köpfe zum Grasen gesenkt. Bis zu anderthalb Kilo legten sie pro Tag an Gewicht zu – da konnte selbst Pit nicht mithalten.

Der Professor schaute sich die Rindviecher genauer an.

Komisch.

Irgendwas stand dort bei ihnen auf der Weide.

Etwas Großes, Schwarzes. Ein Bär?

Er legte gerade seine Pranke auf eine stattliche Kuh.

Um Gottes willen!

»Bremsen!«, schrie Bietigheim. Obwohl Schreien sonst gar nicht seine Art war.

Jan legte eine Vollbremsung hin, obwohl auch das eigentlich nicht seine Art war. Die Reifen quietschten.

Bietigheim hatte den Bären erkannt. Es war Pit.

Schnell parkten sie am Straßenrand und stapften zu dem hünenhaften Taxifahrer hinüber, der geradezu liebevoll eine Kuh streichelte.

»Was haben Sie mit dem Rind vor? Wollen Sie etwa reinbeißen?«

»Noch nicht.« Pit lachte und wuschelte dem weißen Riesen über den Kopf. »Tolle Tiere sind das. Denen geht es hier richtig gut. Super Luft, sattes Gras, so was gibt's in Hamburg nicht.«

»Wo sind Sie die Nacht über gewesen?«, fragte Jan, der sich nicht näher an die Rinder herantraute.

»Stehe ich jetzt der spanischen Inquisition gegenüber? Darf man nicht einmal ein paar Stunden im Krankenhaus verbringen?«

Selbst das Rind schien erstaunt. Und lauschte im Folgenden bedächtig Pits Erzählung. Ihm hatte der Magen ausgepumpt werden müssen, wobei der Arzt nicht genau sagen konnte, was Pit Falsches gegessen hatte. Es schien ihn allerdings auch nicht sonderlich zu interessieren. Fasziniert war er dagegen von Pits Verdauungssystem, das seiner Meinung nach mit Teflon ausgekleidet sein musste, um diese Reizung so schnell wegstecken zu können. Pit erzählte dies voller Stolz und eigentlich mehr dem Rind als den beiden menschlichen Weidegängern.

»Und wo steht jetzt Ihr Taxi?«

»Noch vor dem Restaurant in Autun. Da lasse ich mich gleich von einem französischen Taxi hinkutschieren. Mal schauen, wie die Kollegen hier arbeiten. Oder möchte mich einer der Herren fahren?«

In diesem Moment hätten die beiden Bietigheims eine olympische Goldmedaille im Synchronkopfschütteln gewinnen können.

Auf dem Weg zurück zum Wagen nahm sich Bietigheim den alten Freund zur Seite, der den Kühen gerade einen Abschiedsgruß zurief: »Wir sehen uns – auf dem Teller!«

»Ich habe eine weitere Aufgabe für Sie«, begann der Professor. »Eine Spur in diesem Mordfall führt zu irgendwelchen Clochards, die die Madame wohl des Öfteren beherbergt hat. Sie müssen herausfinden, ob in den letzten Tagen einer bei ihr war. Mischen Sie sich unter dieses Volk, Sie verfügen da sicherlich über eine größere Affinität als ich.«

»Ich übersetze das mal in normales Deutsch: Ich soll zu den Pennern, weil ich da hinpasse?« Bietigheim antwortete nicht, sondern blickte auf den Boden. »Wenn Sie nicht der wären, der Sie sind, Professor, würde ich Ihnen jetzt einen satten Punch auf die Nase verpassen.«

»Aber ich bin der, der ich bin. Ganz gewiss sogar!«

»Das ist schade.«

»Ansichtssache.«

Pit legte seinen Arm um Bietigheim. »Man muss Sie einfach lieb haben.«

Das Fahrrad quietschte, als Professor Adalbert Bietigheim vor der Käserei von Monsieur Vesnin zum Stehen kam, die das vollkommene Gegenteil zu der von Madame Poincaré darstellte. Es fing schon damit an, dass dieses Gebäude neu war. Brandneu. Der Putz strahlte noch in ... wie mochte man die Farbe nennen? Neonhimbeer? Und das davorstehende Plexiglasmodell eines Käses sah aus wie von einem anderen Stern – einem Stern mit sehr schlechtem Geschmack. Das Haus selbst schien aus mehreren Dreiecken zu bestehen, gebildet aus Fensterscheiben und Metallstreben, die bei einem Erdbeben planlos ineinandergestürzt waren.

Bietigheim streckte das Kreuz und atmete durch. Bis spät in die Nacht hatte er in der Fachliteratur geschmökert, sich alles angelesen, was zu den Käsen der Region, ihrer Historie, ihrer Herstellungsweise, ihrem korrekten Verzehr geschrieben stand. Nichts würde ihn mehr überraschen können. Frohen Mutes missachtete er das Hunde-verboten-Schild, weshalb eine weiß bekittelte Dame umgehend auf ihn zugestürmt kam:

»Ihr Hund muss draußen bleiben.«

»Das ist nicht mein Hund.«

»Sie halten ihn doch an der Leine. Es ist auch völlig egal, wem er gehört. Er darf hier nicht rein!«

»Er gehört sich selbst. Und er möchte hinein. Er mag nämlich Käse.«

»Ist aber nicht gut für Hunde. Wir haben einen Hundeparkplatz, wenn Sie mir bitte folgen wollen.«

Der Hundeparkplatz war nichts weiter als ein Stock, an dem man die Leine befestigen konnte. Ein darauf angebrachtes Metallschild zeigte einen brav sitzenden Dalmatiner mit heraushängender Zunge und strahlenden Augen. Immerhin brachte die Kitteldame Benno von Saber einen Wassernapf. Kostenloser Service des Hauses. Der Foxterrier wusste es zu danken, indem er vor ihren Augen auf den Parkplatz pinkelte. Er war und blieb ein kleiner Revoluzzer.

»Ich möchte bitte zu Monsieur Vesnin, Madame.«

»Das geht leider nicht. Er hat heute furchtbar viele Termine.«

»Es wird zu seinem Vorteil sein.« Der Professor reichte ihr seine Visitenkarte. Dank des Wappens der Hansestadt konnte sie einfache Gemüter beeindrucken.

»Behalten Sie Ihre Visitenkarte, so eine kann sich heute ja jeder am Computer ausdrucken.«

»Ich bin Professor Adalbert Bietigheim von der Universi ...«

»Wollen Sie Käse kaufen?«

»Ich? Wieso?«

»Wenn Sie ein Kilo Käse kaufen, egal, welcher Sorte, lasse ich Sie zu ihm.« Sie lächelte wie ein alter Haifisch.

»Wie bitte?«

»Sie können auch verschiedene Stücke nehmen, die zusammen ein Kilo ergeben. Ganz wie es Ihnen beliebt. Wenn Sie möchten, können Sie auch gerne noch etwas darüber nachdenken. Aber dann müssen es anderthalb Kilo sein.«

»Was? Weshalb denn?«

»Weil Monsieur Vesnin dann weniger Zeit hat, von der er Ihnen etwas abzwacken kann. Angebot und Nachfrage.« Sie blickte auf ihre Armbanduhr. »Oh, es sind schon 1 Kilo und 100 Gramm.« Sie tippte dagegen. »120 Gramm.«

»Ist ja gut. Stellen Sie mir etwas zusammen.«

»Ah, ich merke schon, ein echter Kenner, also nur vom Besten.«

Und teuersten, dachte der Professor, und fühlte sich ausgenommen wie eine Weihnachtsgans. Die erpresserische Verkäuferin ging mit ihm zur Kasse und griff auf dem Weg scheinbar wahllos Käse aus den Kühlregalen. Hinter diesen hing ein Bild von ihr an der Wand. »Mitarbeiterin des Monats«. Und daneben noch eins und noch eins – es waren nur Fotos von ihr. Sie hielt diesen Titel anscheinend seit Eröffnung der Käserei. Ungeschlagener Champion in allen Klassen.

Kurze Zeit später – und mit 1150 Gramm Käse beladen – stand Bietigheim dem Käsemagier gegenüber.

Auf Fotos sah er größer aus. Viel größer. Und dünner. Sowie, nun ja, majestätischer. Monsieur Vesnin war dem Aussehen nach ein Wurzelgnom, vom Benehmen her jedoch ein Sonnenkönig.

»Sie wünschen?«

»Ich möchte ein Praktikum bei Ihnen absolvieren.«

»Sie möchten bei mir ein Praktikum absolvieren?« Er sprach sogar, als wäre er der rechtmäßige Regent des Landes.

»Jawohl, und zwar sofort.«

»Sofort? Das kann nicht Ihr Ernst sein.«

»Meine Hände habe ich bereits gewaschen.«

»Sie sind alt.«

»Erfahren.«

So kam Bietigheim nicht weiter. Und die Erwähnung seiner Kulinaristik-Professur würde vermutlich gar nichts bringen. Doch die Schwachstelle Monsieur Vesnins war unübersehbar. Der Zwerg war stolz. Genau an diesen Stolz galt es zu appellieren.

»Wirklicher Käse ist wie Wein«, begann der Professor. »Er muss aus ganzem Herzen geliebt werden. Erst wer ihn liebt, erkennt Abweichungen von industriell genormter, seelenloser Perfektion als Qualität und Charakter. Nur wer ihn liebt, kann eine neue Landschaft entdecken. Ihre Käse sind für mich wie das Zentralmassiv. Und keine Gegend liebe ich mehr.«

Monsieur Vesnin fuhr sich durch die wallenden Zwergenhaare.

»Eine Woche!« Er hob seinen winzigen Zeigefinger. »Eine Woche versuchen wir es. Und dann entscheide ich weiter. Es gibt keine Bezahlung, kein Mittagessen, keine Unterkunft.«

»Nicht nötig, nicht nötig«, beeilte sich der Professor zu sagen. »Schließlich ist es eine Ehre, hier zu lernen.«

Vesnin zog die Augenbrauen empor. »So ist es. Melden Sie sich bei Emanuelle im Käselabor. Durch die Plexiglastür links. Sie wird Ihnen alles erklären.«

Bevor Monsieur Vesnin es sich anders überlegen konnte, verschwand der Professor mit einer Verbeugung in Richtung Käselabor. Es sah genauso aus, wie man es sich vorstellte. Ein ganz normales Labor. Mit Käse. Darin: eine junge Frau, Studentenalter, den blonden Schopf unter einem Haarnetz verknotet.

»Hallo, ich bin Adalbert Bietigheim, der neue Praktikant. Sie müssen Emanuelle sein.«

Die junge Frau drehte sich nicht einmal um. »Wie viel Käse hat Ihnen unser Verkaufsschlachtschiff aufgebrummt?«

»1150 Gramm.«

»Nur? Sie muss Sie echt ins Herz geschlossen haben. Mal sehen, ob Sie die erste Woche hier überstehen.«

»Wieso?«

»Dieser Tage ist Monsieur Vesnin schlecht gelaunt.« Sie blickte auf ihre Armbanduhr. »Ich glaube, es ist Zeit für meine Zigarettenpause. Rauchen Sie eine mit?«

Bietigheim bejahte diese Frage. Verbrüderung mit dem arbeitenden Volk!

Als sie draußen ihre Lungen teerten, ließ Emanuelle die Tür nicht aus den Augen. Sie wollte sicherstellen, dass die Luft rein war (bis auf den Zigarettenqualm).

»Hör zu, du scheinst ganz nett zu sein. Deshalb ein gut gemeinter Rat: Hau lieber ab, solange du noch kannst. Der Käsegott grollt nämlich fürchterlich.«

»Wieso? Was stimmt nicht im Himmel?«

»Wir hatten ein bakterielles Problem. Es hat ihn den Käse einer ganzen Woche gekostet. So was schlägt voll ins Kontor. Das darf nicht passieren.«

»Es sieht ehrlich gesagt nicht aus, als würde ihm ein bisschen Verdienstausfall was ausmachen.«

Sie stieß lange ihren Rauch aus. »Sieht so aus, stimmt. Der erfolgreiche, millionenschwere Großunternehmer.«

»Ist das etwa nicht so?«

»Wer bin ich? Seine Pressesprecherin? Und wieso hast du plötzlich so ein Funkeln in den Augen?«

»Man will halt genau wissen, für wen man arbeitet. Also: Hat er Geldprobleme oder nicht?«

»Er hat viel Geld in die neue Käserei hier gesteckt, es gibt auch einen Relaunch des Logos. Ein PR-Büro aus Paris steckt dahinter. Die Investitionen müssen alle erst mal wieder reinkommen. Aber wie ich ihn einschätze, baut er dann eine riesige Käsefabrik und verschuldet sich noch mehr.«

In diesem Moment sah der Professor Monsieur Vesnin. Er stand in der Tür.

Wie lang mochte er schon gelauscht haben?

»Wie schön, dass Sie sich schon bekannt gemacht haben. Ein gutes kollegiales Verhältnis unter meinen Angestellten ist mir sehr wichtig. Wir arbeiten hier mit flachen Hierarchien. Sehen Sie, Adalbert, ich habe mir etwas ganz Besonderes für Ihren ersten Tag überlegt. Sie sollen gleich zu Beginn die wichtigste Arbeit eines Käsers kennenlernen.«

»Ach, das ist ja ganz wunderbar!«

»Nicht wahr?«

»Was ist es denn? Käselaibe wenden? Das Lab hinzufügen? Die Käseharfe schwingen?«

»Nein.« Jetzt lächelte der Käser wieder. »Das Labor putzen.«

Es war gar nicht so einfach, auf dem Land einen Clochard zu finden. Die meisten lebten in Städten, denn dort blieben sie weitestgehend unbehelligt. Außerdem gehörten sie vor allem in diesen zur Folklore. Auf dem Land wurden sie schnell zu Maskottchen – oder zum Amüsement der Jugend. Doch wie Pit bereits herausgefunden hatte, zogen immer mal wieder welche durch das Burgund, brauchten Unterschlupf, ein Dach über dem Kopf, eine heiße Suppe. Und wenn ein Clochard das fand, hatte er es mit der Weiterreise plötzlich nicht mehr ganz so eilig.

Genau so einen musste Pit finden.

Er parkte sein Taxi am Ortseingang von Epoigey und ging zu Fuß weiter. Denn je langsamer man sich bewegte, desto mehr nahm man wahr. Er hatte oft genug in Hamburger Innenstadtstaus gestanden, um das zu begreifen. Wie viele wunderbare Imbissbuden waren ihm erst im dichten Verkehr ins Auge gefallen!

Schon nach wenigen Schritten war klar, dass er in diesem pittoresken Dörfchen auffiel wie eine Sushi-Rolle im Schnitzelpalast. Schwarze Rocker von der Größe einer Litfaßsäule verirrten sich wohl selten ins Burgund. Er bemerkte die sich verräterisch bewegenden Gardinen und die plötzlich in Schlössern gedrehten Schlüssel. Die Straße vor ihm war menschenleer, und er kam sich vor wie in einem Italo-Western kurz vor high noon.

Was ihm sehr gefiel.

Als er auf dem Dorfplatz ankam, glich dieser einem Ameisenhaufen. Ein unwahrscheinliches Gewusel begleitete den Aufbau einer großen Bühne in Käseform, von Ständen und Theken, Bänken und Tischen. Doch alles schien in geordneten Bahnen zu verlaufen – jede zweibeinige Ameise wusste, was sie zu tun hatte. Ein Banner, das gerade von zwei zeternden Männern aufgehängt wurde, verriet, dass hier morgen das Käsefest stattfinden würde.

Kein Platz für einen Clochard, die störten nur bei solchen Zurschaustellungen lokaler Glorie.

Pit machte sich deshalb auf die Suche nach Brückenunterführungen, Gullydeckeln mit Pappkartons, regensicheren Bänken und unverschlossenen Weinbergshäuschen. Doch nirgendwo fand er den Unterschlupf eines Clochards, ja, nicht einmal Spuren eines solchen. Es schien, als hätte nie einer in Epoigey auch nur eine Nacht verbracht.

Doch es gab noch andere Zeichen.

Und Pit kannte sie.

Dafür musste er jedoch näher an die Häuser heran, die Türrahmen in Augenschein nehmen, manchmal auch die Briefkästen.

Jetzt wogten die Gardinen regelrecht.

Pit suchte nach Zinken, wie die Markierungen der Clochards genannt wurden. Damit teilten sie einander mit, was bei Bettelei an der jeweiligen Tür zu erwarten war. Es gab Zeichen für bissige Hunde, für Häuser, bei denen es lohnte, sich fromm zu stellen, oder für Türen, an denen Betteln verboten war. Pit kannte jedes davon. Denn er liebte einfach alles, was mit Geheimzeichen, mysteriösen Gesellschaften, Verschwörungen und Betrügereien großen Ausmaßes zu tun hatte. Elvis' vorgetäuschter Tod, die gefälschte Landung auf dem Mond, das Ufo in der Area 51 – ihm machte keiner was vor.

Jetzt näherte er sich dem Haus von Madame Poincaré. Hier sah er ganz genau hin, ließ nicht einmal die Holzplanken des Zaunes unkontrolliert. Es dauerte etwas, sogar ziemlich lange, doch schließlich wurde Pit fündig.

Und wie er fündig wurde.

»Was treiben Sie da?«

Jemand tippte ihm auf die Schulter. Das konnte Pit überhaupt nicht leiden.

»Können Sie sich ausweisen?«

Pit drehte sich um. Langsam und ehrfurchtgebietend baute er sich zu voller Größe auf. Hoch wie breit.

»Wer will das wissen?«

»Gendarme Benoit Sokal.«

»Kossitzke«, brummte Pit, nahezu ohne den Mund zu öffnen. Dann starrte er das dünne Männchen an.

Und sah etwas.

Kurzerhand knöpfte er dem verdutzten Gendarme die Jacke auf, was den Gesetzeshüter erzittern ließ.

»Hab ich doch richtig erkannt, ein T-Shirt von der AC/DC-Jubiläumstour! Das gab's nur auf den Konzerten. Cool. Warst du dabei? Etwa in Paris? Das muss der Wahnsinn gewesen sein.«

In Benoits Gesicht wurden die Rollläden hochgezogen. »Das beste Konzert meines Lebens! Ich durfte zu meinem achtzehnten Geburtstag hin.«

»Mann, da wär ich so gern dabei gewesen ... Aber immerhin habe ich den Bootleg.«

»Ehrlich?« Benoits Augen funkelten.

»Ja, sogar dabei. Willst du ihn dir brennen? Darfst du das überhaupt als Gendarme?«

Benoit lächelte schief. »Muss ja keiner wissen.« Plötzlich verschwand sein Lächeln wieder. »Die Leute haben sich über dich beschwert.«

»Ich hab nichts gemacht.«

»Du würdest hier rumlungern.«

»Ich gehe doch nur spazieren.«

»Du hast dir das Haus von meiner Großtante aber sehr genau angeschaut.«

»Gefällt mir halt. Und? Ist sie nett?«

»Sie war. Sie ist gestorben. Vielleicht hast du davon gehört.«

Pit schüttelte den Kopf.

Benoit begann zu erzählen. Vom Käse seiner Tante und dass er diesen noch nie gemocht hatte, wie ungern er deshalb zu ihr in die Käserei gegangen war und wie er die alte Frau trotzdem ins Herz geschlossen hatte. Weil sie einmal die älteren Jungs aus seiner Schule zusammengefaltet hatte, als sie ihn in den Müllcontainer schmeißen wollten.

Es sprudelte nur so aus Benoit heraus. Pit war ein verdammt guter Zuhörer, was seinen Job als Taxifahrer sehr viel einfacher machte. Er konnte wie auf Knopfdruck seinen Zuhörmodus einschalten, in dem er eine interessierte Ruhe ausstrahlte und die Worte förmlich aus den Fahrgästen zog. Doch heute musste er sehr mit sich kämpfen, denn langsam bekam er wieder Hunger, und Hunger bedeutete schlechte Laune.

Zum Schluss seiner Ausführungen holte Benoit tief Luft und berichtete vom Tod seiner Großtante, was seine Augen leicht glasig werden ließ. Pit fand, es war an der Zeit, ihm seine Pranke brüderlich auf die Schulter zu legen.

»Wow, ganz schöner Schlag. Und macht der Ort irgendwas Besonderes zu ihren Ehren? Da wird der Bürgermeister sicher selbst die Grabrede halten.«

Benoit schüttelte den Kopf. »Nein, der hat anderes zu tun. Erst einmal steht das Käsefest an, und dann ist er sowieso immer unheimlich beschäftigt. Als größter Bauunternehmer vor Ort kein Wunder.«

»Was baut er denn so?«

»Alles. Aber am liebsten Fußballplätze.«

»Ich hab hier gar keinen gesehen.«

»Nein, die gibt es bei uns auch nicht.«

Hinter ihnen wurde lautstark ein Fenster geöffnet und gleich wieder geschlossen. Benoit rückte seine Mütze zurecht. »Ich muss wirklich wissen, was du hier gemacht hast. Sonst gibt's Ärger mit dem Bürgermeister.«

Pit boxte ihm freundschaftlich gegen die Schulter, wodurch Benoit fast umfiel. »Komm mal näher. Siehst du das hier? Für so was interessiere ich mich. Ist mein Hobby.« Er deutete auf ein paar Kerben am Zaunpflock. »Ein Halbkreis, darauf ein Kreuz. Das bedeutet: Kein Mann im Haus. Darunter ein Kreis mit einem Strich von links unten nach rechts oben: Übernachtung möglich. Ein gerader Strich und drei vertikale Striche darüber: Hier gibt es etwas.«

Benoit kam näher und deutete auf das unterste Zeichen. »Und die beiden Kreise da nebeneinander?«

Pit überlegte kurz, ob er es Benoit sagen sollte. Die Wahrheit war immer besser, entschied er sich.

»Es bedeutet: Frau liebt Männer.«

Benoits aschfahle Haut verriet Pit, dass der Gendarme genau verstanden hatte, was diese beiden harmlosen, mit Schwung gezeichneten Kreise über seine Anverwandte aussagten.

KAPITEL 4

Für ein Glas voll Crème de Cassis

Es war die größte Beerdigung im »engsten Familienkreis«, die der Professor je gesehen hatte. Denn der engste Familienkreis bestand offensichtlich aus sämtlichen Bewohnern der Côte d'Or.

Bietigheim konnte Beerdigungen nicht leiden – vor allem seine eigene versuchte er tunlichst zu vermeiden. Doch um diese hier kam er nicht herum, denn die Käserei von Monsieur Vesnin rückte mit voller Mannschaft an. Dem Professor passte das ausnahmsweise sehr gut in den Kram. Zum einen wollte er Madame Poincaré seinen Respekt zollen, zum anderen interessierte es ihn zu hören, was die Menschen über diese große Käserin zu sagen hatten. Die Physik ging davon aus, dass sich nichts so schnell wie Licht bewegte.

Sie irrte.

Gerüchte waren schneller.

Der Bürgermeister mochte zwar den Deckel über den Mord halten, doch der Dampf quoll längst empor. Die Bewohner Epoigeys wussten, dass etwas nicht stimmte, und ein Großteil schien mit der Hoffnung gekommen zu sein, hier und heute die Wahrheit zu erfahren. Immerhin würde der Erzbischof von Clermont, Pierre Roux, höchstpersönlich die Zeremonie durchführen. Auf dem Weg zur Grabstelle schwoll das Flüstern immer weiter an.

Der Professor nahm die Trauergäste in Augenschein.

Nah am Grab, neben dem Bürgermeister, dort wo traditionell die engsten Angehörigen standen, fand sich nur

Benoit. Etwas weiter entfernt und aus Respekt in Arbeitsmontur: die berühmtesten Käsemacher Frankreichs, Égly Ouriet aus Savoyen, Jacques Feuillate aus Izeste, der junge Davide Aleppo aus Korsika und sogar François de Boisy aus Hoch-Savoyen, der legendäre Schöpfer des besten aller Reblochon-Käse. Seit sechzehn Jahren hatte den Mann niemand mehr zu Gesicht bekommen. Verbittert hatte er seine Käserei aufgegeben, nachdem seine Schafsherde gestohlen worden war. Sie waren wie Kinder für ihn gewesen.

Es waren sogar Käser aus anderen Ländern anwesend. Holländer, wie Johann Cornelis, der Magier des Goudas, Schweizer wie Roland Raufli, in dessen Emmentaler mehr Geschmack als Löcher steckten, Justin Hengst, der Käser des in der größten deutschen Tropfsteinhöhle gereiften Atta-Käses, und sogar ein Brite, Wallace Park aus Gloucestershire, der Erfinder des Stinking Bishop. Europas Käse-Adel.

Wie gerne hätte Bietigheim sie alle auf der Stelle in ein Fachgespräch verwickelt, über die richtige Milch, die Geheimnisse der Reifung und – selbstverständlich – die soziokulturelle Bedeutung von Rotschmierkäse.

Auch einige Affineure waren zugegen, nicht jedoch Hervé Picard. Es gab immer noch kein Lebenszeichen von ihm, der Professor hatte vor der Beerdigung in seinem Geschäft nachgefragt.

Jetzt baute sich der Erzbischof am Grab auf. Er war bedeutend jünger als Bietigheim erwartet hatte, seine Haare verfügten sogar noch über einen Rest Farbe, und er trug keine Brille. Der Robenträger war sicher noch keine sechzig Jahre alt, in klerikalen Maßstäben also ein junges Bürschlein. Das Getuschel über den Grund seiner Anwesenheit schwoll an. Manche vermuteten, dass es an Madame Poincarés Lebensstil lag, welcher wie der einer Heiligen gewesen sei. Andere, dass der Erzbischof einfach ausnehmend gerne ihren Käse gegessen hatte.

Die Ansprache des Kirchenmannes war so lang und langweilig wie befürchtet, und natürlich ging er mit keinem Wort auf die wirkliche Todesursache ein, sprach nur von der Liebenswürdigkeit der Toten, ihrer gütigen Art – dabei war sie ein harter, alter Knochen gewesen. Aber so etwas sagte man natürlich nicht laut.

Bietigheim nutzte die Zeit, um die Trauernden genau zu beobachten. Weilte der Mörder vielleicht unter ihnen? Stand in irgendein Gesicht unterdrückter Triumph geschrieben?

Nein, in keinem.

Und doch sah Bietigheim an diesem Morgen etwas, das ihn nicht mehr losließ. Vielleicht, weil er nicht gleich einordnen konnte, was es zu bedeuten hatte. Nun machte es sich bezahlt, dass er einen Platz auf einem leicht ansteigenden Rasenstück gewählt hatte. So konnte er beobachten, wie am Grab Abschied genommen wurde und ob Erde oder Blumen auf dem bereits heruntergelassenen Sarg landeten.

Ein Mann warf noch etwas anderes auf das schwarz polierte Eichenholz, wobei er seine Hand bewusst so hielt, dass niemand es sah. Doch Bietigheims Blick war scharf wie der eines jungen Adlers, geschult durch jahrelanges Beobachten der Pfuschversuche seiner Studenten. Und so konnte er erkennen, wie etwas Blassgelbes zusammen mit viel Erde auf den Sarg klatschte.

Fraglos ein Stück Käse aus Madame Poincarés Produktion.

Professor Bietigheim kam eine Träne, denn dies war eine ganz wundervolle Geste. Sicher hätte sie es sich gewünscht, wie die Pharaonen mit ihren wertvollsten Besitztümern ins Jenseits einzugehen.

Doch was, wenn es kein Stück ihres eigenen Käses war? Was, wenn es nur ein industrielles Massenprodukt war? Dann handelte es sich um einen Racheakt größtmöglicher Brutalität. Der Mann warf gleich noch eine Hand Erde hinterher, die den Käse vollends bedeckte, und blickte sich nervös um. Niemand außer Bietigheim schien seine Tat bemerkt zu haben. Ohne auch nur einem der Verwandten sein Beileid auszusprechen, entfernte er sich rasch vom Grab.

Bietigheim kannte den Käsewerfer. Es handelte sich um Madame Poincarés Nachbarn, der ihn bei seinen Nachforschungen mit einer Heugabel bedroht hatte. Dem Getuschel der Trauerenden zufolge ein Cassis-Bauer. Der Professor hörte sich um, wie der Mann hieß. Gérard Brunot.

Diesen Namen würde er sich gut merken.

Nach der Zeremonie ging die Trauergesellschaft zum Leichenschmaus über. Obwohl Bietigheim die wunderbaren, vollreifen, um nicht zu sagen zum Himmel stinkenden Käse bereits erschnuppern konnte und sich seine Nüstern vor Freude weiteten wie die eines galoppierenden Araberhengstes, widerstand er der Versuchung mitzugehen, war ganz *mens sana in corpore famelico*. Ein gesunder Geist in einem hungrigen Körper. Denn der Professor hatte Wichtigeres zu tun.

Der Lehrkörper der Hamburger Universität mochte eine verschworene Gemeinschaft sein, doch gegen Epoigey war er ein geradezu offenherziges Kaffeekränzchen. Es passierte kaum, dass die Bürger Blicke hinter die Fassade zuließen. Besonders nicht vom Professor, dem Fremden, dem Deutschen. Doch in jedem Dorf gab es eine geschwätzige Menschengattung. Nein, nicht die Friseure, die waren Meister der Kommunikation und wussten stets genau, wer was hören wollte – und durfte.

Der Professor hatte jemand anderen im Visier: den Dorfpfarrer. Dieser hatte soeben Benoit als engsten Verwandten der Verstorbenen betreut. Predigen durfte er heute ja nicht. Wenn der Erzbischof spricht, muss das geweihte Fußvolk schweigen.

Der Dorfgeistliche war eine sympathische Erscheinung. Die Nase rot, die Wangen rosig, wie ein großes, gerade gestilltes Baby. Die gesunde Gesichtsfarbe schien allerdings von der segensreichen Wirkung ausgiebigen Messweinkonsums herzurühren. Fraglos ein Gottesmann, zu dem die Landbevölkerung des Burgunds Vertrauen fassen konnte.

Er würde wissen, ob hier regelmäßig Clochards durchzogen, denn Gotteshäuser waren für sie oftmals Horte der Einkehr.

Bietigheim hatte den Pfarrer gerade in die Kirche Saint-Jean gehen sehen, in Begleitung einer Frau in Schwarz. Er rief Monsieur Vesnin kurz zu, dass er zum Leichenschmaus nachkomme, und ging schnellen Schrittes zum Gotteshaus. Es stammte aus dem 13. Jahrhundert, war jedoch noch ganz im Stil der Romanik erbaut. Eine dunkle Festung des Herrn, keine Preisung seiner Glorie. Sie schien menschenleer, doch aus dem Beichtstuhl erklangen Stimmen. Das heißt, eigentlich nur eine.

Die der Frau. Sie weinte.

Die Kirche hallte stark, und Bietigheim kam nicht umhin, zuzuhören. Aber da einiges nur schwer zu verstehen war, ging er ein paar Schritte näher. Und noch ein paar.

»... was soll ich denn nur tun? Ich habe Schuld auf mich geladen. Und jetzt ist sie tot.«

Bietigheim sog die Luft scharf ein. Eine schlechte Angewohnheit, das wusste er, aber er konnte nichts dagegen tun. Wenn ihn etwas sehr überraschte, passierte es einfach.

Die Beichtende hatte es auch gehört.

Jetzt stürmte sie an ihm vorbei, ohne den Professor auch nur eines Blickes zu würdigen, die Hände vor die tränenden Augen gehalten. Sie war noch jung, groß und schlank, brünettes Haar fiel ihr über die Schultern. Ihre Haut war braun gebrannt, doch von keiner Sonnenbank, sondern vom Original. Fraglos eine Schönheit.

Der kugelige Kopf des Priesters lugte aus der Kabine hervor.

»Wo ist sie hin?«

Der Professor zeigte auf das Kirchenportal. »Ganz schnell raus.«

»Sie ist unglaublich fix. Das war sie schon als Kind.«

Der Priester schien keineswegs schockiert von dem, was ihm gerade anvertraut worden war. Dabei hatte es ganz klar nach einem Mordgeständnis geklungen.

»Wie heißt sie?«

Jetzt erst nahm der Priester Bietigheim in Augenschein und trat aus dem Beichtstuhl. »Kennen wir uns?«

Bietigheim streckte ihm die Hand entgegen. »Professor Dr. Dr. Adalbert Bietigheim, Inhaber des einzigen deutschen Lehrstuhls für Kulinaristik, Universität Hamburg.«

Der Priester beugte sich vor und schaute auf das Namensschild an Bietigheims Käserei-Montur. »Und jetzt arbeiten Sie bei Vesnin als«, er setzte seine Brille auf, *»Praktikant?«*

»Aus Leidenschaft für den Käse. Wer war denn nun die junge Dame? Eine adrette Erscheinung.«

»Das kann man wohl sagen.«

»Stammt sie aus dem Ort?«

»Ja. Béatrice ist hier aufgewachsen. Jetzt leitet sie das Weingut ihres Onkels in Nuits St. Georges. Domaine Henri Coche-Leflaive. Ein wunderschönes Herrenhaus, ganz viele alte Möbel. Ach, das hätte ich jetzt beinahe vergessen.« Er ging zurück zum Beichtstuhl und zog eine Flasche Wein aus seiner Kabine. »Sie bringt mir immer was mit. Ist eigentlich eine Gute.« Er streichelte die Flasche.

»Eigentlich?«

Der Priester ging nicht auf Bietigheims Nachfrage ein. »Wie kann ich Ihnen helfen?«

»Gibt es Clochards hier in Epoigey?«

»Warum fragen Sie?« Das pausbäckige Gesicht wurde plötzlich ganz ernst.

»Beichtgeheimnis?«

»Dann kommen Sie mit.«

Kurze Zeit später fand sich Bietigheim im Beichtstuhl wieder.

»Einen Augenblick noch«, bat der Priester.

Bietigheim hörte, wie die Weinflasche geöffnet wurde und der Geistliche einen langen Schluck nahm. Die Trinkgeschwindigkeit ließ auf einige Routine schließen. Aber was den Professor noch mehr beeindruckte, war, dass der Priester ganz offenbar einen Korkenzieher dabeihatte.

»Legen Sie los.«

Und das tat Bietigheim. Die ganze Wahrheit über den Mord an Madame Poincaré. Der Dorfpfarrer musste währenddessen mehrmals tief Luft holen.

»Hat die Frau, die soeben fortgelaufen ist, etwas damit zu tun? Ich kam nicht umhin, etwas ihrer Beichte mitzuhören. Das ist sonst nicht meine Art, ich bin Hamburger, wie ich bereits zu Beginn unseres Gespräches anmerkte, und wir Norddeutschen respektieren die Privatsphäre sehr. So bin ich erzogen worden.« Bietigheim wartete. »Vater?«

Mit einem Ploppen verließ die Weinflasche wieder die Lippen. »Beichtgeheimnis.«

»Auch bei Mord?«

»Egal, bei welchem Verbrechen.«

Bietigheim fand, dass er nun ein ausreichend gutes Verhältnis zum Priester aufgebaut hatte, um ihm eine direkte Frage stellen zu können. Außerdem musste dieser mittlerweile so viel intus haben, dass sein Sicherheitssystem heruntergefahren war.

»Was glauben *Sie* denn, wer Madame Poincaré getötet hat? Wer könnte einen Grund gehabt haben? Ein Clochard?«

»Ich habe in Epoigey weder einen Clochard gesehen noch von einem gehört. Ich wüsste auch nicht, warum einer von denen ihr was tun sollte. Aber ich will Ihnen gerne verraten, was ich glaube.«

»Ich höre.«

»Ich glaube … an Gott.« Ein trockenes Lachen war zu hören. »Und Sie sollten dem Bürgermeister vertrauen. Er weiß, was er tut.«

»Warum sind Sie sich da so sicher?«

Der Dorfpfarrer kam mit seinem Mund ganz nah an das hölzerne Gitter, das sie trennte.

»Weil er mein Bruder ist.«

Damit, dachte Bietigheim, war das Gespräch wohl beendet.

Doch eine Frage musste er noch stellen. Vielleicht würde er wenigstens darauf eine vernünftige Antwort bekommen.

»Wieso ist der Erzbischof hier? Madame Poincaré war nicht gläubig.«

Das hatte zumindest der Junge aus der Nachbarschaft erzählt, als Bietigheim mit seinem kaputten Fahrrad hausieren gegangen war.

»Sie sind ein sehr neugieriger Deutscher. Und Sie lassen nicht locker.«

Bietigheim schwieg, er spürte die Antwort wie einen schweren Stein heranrollen.

»Sie war schwach im Glauben, doch trotzdem großzügig zur Kirche. Ausgesprochen großzügig. Und so etwas vergisst die Kirche nicht.«

Also Spenden. Aber warum nur? Wer nicht ans Himmelreich glaubt, versucht auch nicht, es sich zu erkaufen.

Doch bevor Bietigheim nachhaken konnte, kam jemand hereingerannt und rief nach dem Pfarrer. Eine Frauenstimme, hysterisch.

»Gérard ist zusammengebrochen. Ich glaube, er ist tot!«

Pit wäre lieber in der Kühle der Nacht mit Emma durch Dijons Altstadt gesaust, um dort Clochards zu finden. Doch er musste die Strecke tagsüber und zu Fuß zurücklegen. Dabei war es elend heiß geworden, die feuchten Reste des morgendlichen Nieselregens verdampften in der Mittagshitze. Wäre er ein Clochard, hätte er sich jetzt ein schattiges Plätzchen gesucht und bis zum Einbruch der Dunkelheit Siesta gehalten. Dann hätte er nett gegrillt, am liebsten ein ganzes Schwein.

Pit konzentrierte seine Suche deshalb auf die schattigen Seitenstraßen, abseits der Restaurants und Feinkostläden, die seinen Bauch anlockten, verführerisch wie Loreley persönlich. Um nicht den Verstand zu verlieren, hatte er sich ein paar Andouilles gekauft, die im Wesentlichen aus dem Gekröse von Schlachttieren bestanden.

Die Tüte war leer, ehe er um die nächste Ecke bog.

Dabei hatte sein Begleiter Benno von Saber nur ein kleines Würstchen abbekommen.

Pit hoffte sehr, heute eine echte Spur zu finden. Denn dann wäre der Professor glücklich, und wenn er glücklich war, kochte er. Und wie er kochte! Küchenklassiker, deren Rezepte er bis aufs Gramm recherchiert hatte. Natürlich verwendete er nur die besten Zutaten, und so verrückt der Professor auch sein mochte, er würzte wie ein Gott, hatte keine Angst vor Sahne, Schmand, Crème fraîche und stellte immer den passenden Wein auf den Tisch. Bietigheim kochte alles – nur nichts mit Minze. Die verabscheute er mehr als der Teufel das Weihwasser.

Pit war derart in Gedanken, dass er fast gegen einen Baum gerannt wäre, der plötzlich vor ihm auftauchte. Unberechenbar diese Dinger.

Darunter lag … ein Clochard.

Treffer!

Pit setzte sich neben ihn und reichte seinen Flachmann hinüber, gefüllt mit Linie-Aquavit. Zwar nicht eiskalt, aber gesund war das Zeug auch ungekühlt.

Der Mann erwachte und griff mit sicherer Hand zu.

»Kennst du eine Madame Poincaré?«

Als der Bursche den Kopf schüttelte, riss Pit ihm den Schnaps wieder aus der Hand. »Sicher?«

Nicken.

»Tut mir leid, Meister.« Pit erhob sich wieder. Doch als er die traurigen Augen des Clochards sah, wurde sein großes Herz weich. »Okay, aber nur einen Schluck!«

Es wurde ein langer Schluck. Pit wartete ab. Beim Trinken störte man einfach nicht.

Drei Clochards später war sein Flachmann leer, weswegen er eine Flasche Crème de Cassis kaufte. Das war ohnehin ortstypischer. Außerdem fiel es Pit um einiges leichter zuzusehen, wie die Flasche sich leerte, denn der schwarze Johannisbeerlikör war ihm viel zu süß.

Der Flascheninhalt war bereits auf die Hälfte geschrumpft, als er ihn traf.

Er saß im Parc de la Colombière, am Ufer der Ouche. Pit bemerkte erfreut, dass er die Augen offen hatte und diese zudem aussahen, als habe er sich noch nicht komplett das Hirn weggesoffen.

»Hallo, ich bin Pit. Ist der Platz hier noch frei?«

Der Clochard klopfte auf den Rasen neben sich. »Diese bequeme, naturgepolsterte Sitzgelegenheit stelle ich dir gerne zur Verfügung.«

Pit ließ sich langsam auf dem Boden nieder, um Dijon nicht unnötig zu erschüttern. »Wie heißt du?«

»Nenn mich einfach Dow Jones, das machen alle. Wegen des Aktienindexes, weißt du.«

»Nee, weiß ich nicht.«

»Ich war früher Investmentbanker, aber ich habe es schon vor der Krise nicht mehr ausgehalten und mich entschieden, auf der Straße zu leben. Frei wie der Wind, verstehst du?«

Pit kannte kaum Investmentbanker, aber dieser Clochard sah definitiv nicht wie einer aus.

»Klar«, erwiderte er trotzdem. »Kann ich gut verstehen, dass du dem Job den Rücken gekehrt hast.«

Dow Jones lächelte zufrieden. Seine Zähne waren überraschend gut in Schuss. Nicht einer fehlte, und in dem dreckigen Gesicht blitzten sie wie Perlen.

»Und was machst du so?«, fragte Dow Jones.

»Taxifahren«, sagte Pit nicht ohne Stolz. »Aber von Haus aus bin ich Rocker. Und ich schreibe einen Krimi.«

»Ach, echt?«

»Ja. Seit zwölf Jahren. Der wird richtig gut.«

»Musst du mir unbedingt geben, wenn er fertig ist.«

Okay, die Freundschaft war geschlossen, sogar ohne Crème de Cassis. »Willst du einen Schluck?«, fragte Pit trotzdem.

»Nein, ich lebe abstinent. Auch mit dem Rauchen hab ich aufgehört. Zerfrisst dir die Lunge.«

Dow Jones war komisch. Aber auf eine gute Art. Deshalb stand Pit auf, entschuldigte sich kurz, kaufte im nächsten Supermarkt einen Epoisses, dazu in der Bäckerei ein frisches Baguette und teilte alles brüderlich mit dem Clochard.

»Ich suche wen, der jemanden kennt. Und zwar eine Madame Poincaré.«

»Gefunden«, antwortete Dow Jones. »Was willst du wissen? Madeleines Adresse?«

»Sie ist tot.«

Dow Jones hörte auf zu kauen. »Scheiße, 'ne tolle Frau.«

»Kanntest du sie gut?«

»Hab drei Mal bei ihr Urlaub gemacht. Bist du etwa von der Polizei? Siehst nicht so aus.«

»Nur ein Freund der Familie. Ich habe die Zinken am Haus gefunden.«

»Du meinst die neuen?« Dow Jones nahm sich den Rest des Baguettes. Er hatte wirklich einen gesunden Appetit.

»Gibt es auch alte?«

»Am Baum, wenn sie nicht endlich einer abgeritzt hat. Das ist nämlich eine interessante Geschichte mit der Madeleine. Die alten Jungs haben mir erzählt, dass es früher in Epoigey kein einziges Haus gegeben hat, in dem man auch nur irgendwas bekommen hätte. Inklusive Madeleines. Vom Hof verscheucht hat sie damals alle. Doch dann, das muss jetzt rund vier Jahre her sein, änderte sich das von einem Tag auf den anderen.«

»Wie habt ihr das denn rausgefunden? Die alten Zinken haben doch sicher vor ihr gewarnt?«

»Klar, es klopfte ja auch niemand – sie kam raus! Der einohrige Nicolas machte gerade ein Nickerchen auf der Dorfwiese. Der kann überall pennen, egal, welcher Lärm um ihn herum tobt. Und sie lud ihn auf eine Tasse Kaffee und ein Käsebrot ein. Er hatte Schiss, logisch. Aber noch mehr Durst und Hunger. Also ging er mit.«

Dow Jones zog sich seelenruhig Schuhe und Socken aus und tauchte die Füße in die kühle Ouche.

»Und?«, hakte Pit nach.

»Wie ein König, so hat sie Nicolas behandelt. Der bekam nur das Beste zu essen. Und ein warmes Bett.«

»Ich habe die beiden Kreise gesehen.«

»Die beiden Kreise. Tja, die hat er gemalt. Aber nach dieser Nacht hat sie nie mehr einen von uns zu sich in die Kissen geholt. Und glaub mir, Dicker, das haben einige versucht. Sie war nicht die Jüngste, klar, aber irgendwann stellst du keine hohen Ansprüche mehr und bist glücklich über ein bisschen Zärtlichkeit. Falls du willst, kannst du mit in meinen Karton kommen, in der Nähe der Basilique Notre-Dame-de-Fourvière – wenn die Straßenreinigung ihn nicht wieder mitgenommen hat. Guter Platz, da kriegst du viel zusammen, wenn du einen schönen Hut hast.«

So nett Dow Jones war, Pit konnte sich Schöneres vorstellen.

»Aber bei Madame Poincaré konnte man weiterhin übernachten und was essen?«

»Berge! Ich bin einmal extra wegen des Essens zu ihr

und fast eine Woche geblieben. Und ich war nicht der einzige Clochard dort. Das war fast wie im Hotel, nur dass Kost und Logis frei waren. Aber man musste immer darauf achten, nicht gesehen zu werden, wegen der Nachbarn. Das war der Madame wichtig, keiner durfte davon wissen. Deshalb sind wir immer erst nachts gekommen und nicht von der Straße, sondern über die Wiese.«

»Und es gab nie Streit, keiner wollte ihr etwas Böses?«

»Wieso fragst du?«

»Weißt du, wer als Letzter bei ihr war? Und wann?«

»Nee, da führt doch keiner Buch. Aber in den letzten zwei Wochen sicher keiner. Da waren hier in Dijon kulinarische Wochen. Das ist wie Weihnachten und Ostern zusammen. Sogar Sterneköche kommen, und den Touristen sitzt die Börse locker.« Dow Jones lehnte sich näher. »Holst du noch eine Runde Käse und Baguette? Und dann machen wir es uns in meinem Karton gemütlich ...«

Mit einem Mal fiel Pit ein unwahrscheinlich dringender Termin ein. Doch bevor er sich davonmachte, holte er für Dow Jones noch ein schönes, frisches Baguette und ein großes Stück Beaufort. Unter Brüdern der Straße.

Gérard war Gott sei Dank nur ein bisschen tot. Ein Schwächeanfall, wobei man zugeben musste, dass er mit seinen offen stehenden Augen tatsächlich aussah, als hätte er sein letztes Glas Pinot getrunken.

Der Notarzt kam schnell, und als er wieder weg war, herrschte eine geradezu gelassene Atmosphäre. Es war doch nur Madame Poincaré zu betrauern! Alles halb so schlimm. Es wurde sogar gelacht.

Monsieur Vesnin sah aus, als wollte er noch etwas länger bleiben, so sehr genoss er die Aufmerksamkeit, welche ihm heute zuteilwurde. Vor allem von Seiten der Gastronomen.

Ihm fiel gar nicht auf, dass der Professor sich aus dem Staub machte. Bietigheim hatte vor, zur Nachmittagsschicht pünktlich zurück in der Käserei zu sein, und musste die Zeit bis dahin effektiv nutzen. Er wollte der jungen Frau aus dem Beichtstuhl hinterher, solange sie noch aufgebracht war und sich nicht unter Kontrolle hatte, denn nur so hatte er die Chance auf ein Geständnis. Der Mord an Madame Poincaré wäre aufgeklärt, die Täterin überführt und seine Tour de Fromage könnte endlich weitergehen. Er brauchte lediglich einen guten Vorwand, der ihm die Haustür öffnete und am besten gleich noch ein Gespräch mit der Unbekannten ermöglichte.

Als Käserei-Praktikant kaum zu schaffen.

Als Kulinaristik-Professor sehr unwahrscheinlich.

Aber der Presse gab man keinen Korb!

Und der Professor hatte die Presse in der Familie.

Jan würde genau wissen, um wen es sich bei der Unbekannten handelte, und als Journalist musste er einfach nur vorgeben, einen Bericht über sie schreiben zu wollen. Nachdem Bietigheim endlich ein Telefon gefunden hatte – selbst beim Ausleihen weigerte er sich, ein Handy zu benutzen –, klingelte er bei Jan durch. Wie sich herausstellte, hatte er sogar Zeit und Lust auf die kleine Charade. Er musste erst am Nachmittag zur Eröffnung eines neuen Campingplatzes und schien froh, eine hübsche Winzerin besuchen zu dürfen.

Auch auf die Gefahr hin, dass sie eine Mörderin war.

Das Gut lag etwas außerhalb von Nuits Saint Georges, an der Rue des Fleurières, wie ein ankerndes Schiff inmitten des Rebenmeers. Von dem prachtvollen Herrenhaus bröckelte allerdings bereits der Putz ab, und etliche Dachschindeln fehlten. Moos bedeckte die Regenrohre, und aus den Bodenritzen spross das Unkraut. Doch das bedeutete im Burgund wenig. Hier zeigte man seinen Reichtum nicht.

Jan drückte dem Professor eine Kamera in die Hand. »Du bist jetzt der Fotograf. Ich stelle die Fragen. Aber einfach wird das nicht. Niemand gesteht freiheraus einen Mord, und gerade Journalisten zeigt man nicht sein wahres Gesicht.«

»Aber doch sicher einem so Netten wie dir.« Der Professor klopfte ihm linkisch auf die Schulter.

»Du bist viel gerissener, als ich gedacht hätte.«

»Bitte, keine Schmeicheleien. Erledige einfach deinen Auftrag.«

»Zu Befehl, Herr Feldmarschall.«

»Jetzt nicht frech werden!«

Jan grinste und ging voraus. »Ich werde dich René nennen.«

Der Professor brummte: »Nein, nenn mich Antoine, wie den großen Koch Marie-Antoine Carême.«

Nach kurzem Klingeln wurde die Tür geöffnet, doch nur einen Spalt breit.

Die Winzerin selbst erschien. Ihre Augen waren verquollen, einige Strähnen ihres langen schwarzen Haars hatten sich aus dem Band gelöst, das sie zu einem Pferdeschwanz bändigte.

»Hallo, Madame«, begrüßte Jan sie. »Ich bin Jan Bietigheim von der *Gazette de Côte d'Or.* Entschuldigen Sie bitte, dass ich unangemeldet vorbeischaue, aber wir starten eine Reihe über junge Winzerinnen im Burgund und würden liebend gerne mit Ihnen beginnen. Leider ist es sehr eilig, weswegen ich Ihnen sehr verbunden wäre, wenn Sie ein ganz klein wenig Zeit für mich hätten. Das ist übrigens mein Kollege René, der die Fotos schießt.«

Der Professor verbeugte sich leicht. »René *Antoine,* es ist mir eine Ehre.«

Béatrice Leroy stieß die Tür auf. »Kommen Sie herein. Heute ist allerdings ein schlechter Tag. Wir hatten einen Trauerfall in der Familie.«

Eine Lüge! Und, wie Bietigheim erfreut bemerkte, eine schlechte noch dazu. Mademoiselle Leroy blickte dabei auf den Boden und ihre Stimme wurde dünner. Es würde ein Kinderspiel sein, sie zu entlarven. Der Professor lächelte und hörte erst auf damit, als Mademoiselle Leroy ihn verständnislos ansah.

»Entschuldigen Sie bitte. Mein Beileid«, murmelte er schnell.

»Meins auch«, ergänzte Jan. Und es wirkte sogar, als meinte er es ernst. Fiel er etwa auf diese tiefbraunen Augen herein, dieses engelsgleiche Antlitz? Waren bei ihm schon sämtliche Sicherungen durchgebrannt? In Bietigheims Leben gab es nur eine einzige Frau, und die war unerreichbar. Hildegard zu Trömmsen hieß sie, die Leiterin der »Hanseatischen Gesellschaft zur Förderung der internationalen Käsekultur sowie verwandter Milchprodukte insbesondere Magerquark, Molke und Joghurt«. Die Grande Dame des Käses, eine Frau mit Wangenknochen wie aus Marmor gemeißelt.

Bietigheim versank unwillkürlich in Erinnerungen an die Teestunden der göttlichen Hildegard zu Trömmsen. In ihrem Grünen Salon, bei englischem Gebäck und philosophischen Exkursen über Gott und die Welt. Bietigheim bemerkte kaum, wie er Mademoiselle Leroy in den Probierraum folgte. Die Wände dort waren unverputzt und bestanden aus grob gehauenen Steinen. Auf dem dunklen Holztisch befanden sich einige Preislisten sowie ein großer blütenförmiger Spucknapf aus grünem Glas.

»Möchten Sie etwas probieren?«

Bevor Jan etwas sagen konnte, nickte der Professor bereits. Alkohol löste schließlich die Zunge. Doch Mademoiselle Leroy wartete auf eine Antwort von Jan. »Sehr gerne«, sagte dieser. »Vielen Dank, dass Sie sich die Zeit für mich nehmen.«

Hatte er gerade »für mich« gesagt? Der Professor fragte sich, ob er in Luft aufgegangen sei, ohne es zu merken.

Mademoiselle Leroy holte den ersten Wein sowie große

Gläser, goss ein, schwenkte und nahm einen prüfenden Schluck. Sie spuckte nicht aus. Dann füllte sie ihr Glas abermals. Und trank es leer. Erst danach blickte sie auf und beschrieb den Tropfen in Worten, die so fein gesponnen waren wie ein Seidentuch.

Doch der Wein schmeckte dadurch nicht besser.

Er war grauenhaft. Das Blut einer alten Fledermaus konnte nicht widerlicher sein. Jan jedoch strahlte und ließ sich nachschenken. Auch er spuckte nicht. Der Professor dafür umso mehr. Jeden Tropfen dieses Gebräus wollte er aus seinem Mund entfernen, seine Geschmacksknospen waren schließlich von höchstem Wert.

Es war Jan, der schließlich versuchte, das Gespräch auf Madame Poincaré zu lenken.

»Entschuldigen Sie bitte, wenn ich frage, aber wer ist denn verstorben?«

»Wollen Sie darüber etwa auch in der *Gazette de Côte d'Or* berichten?«

»Nein, um Gottes willen.« Fast sah es aus, als wollte er ihre Hand greifen. Doch dann faltete er die seinen.

Mademoiselle Leroy schluckte. »Sie war eine ... Tante.«

Jetzt war Madame Poincaré sogar ihre Tante. Das wurde ja immer schöner!

»War sie schon alt?«, fragte Jan nach.

»Ja, ja, sehr alt.«

»Wie ist sie denn gestorben? Musste sie lange leiden?«

»Nein, es ging alles sehr schnell.«

Der Professor hätte am liebsten gesagt: Vielleicht weil Sie ihr das Käsemesser in den Rücken gestoßen haben? Doch er hielt sich zurück.

»Hatten Sie denn viel Kontakt?«, hakte Jan nach.

»Einmal wöchentlich.« Die Antwort kam schnell und war ihr danach fast unangenehm. So, als hätte sie zu viel preisgegeben.

»Dann standen Sie sich sehr nah?«

»Sie war wie eine, ja, wie war sie eigentlich? Wie eine Lehrerin, eine strenge. Und doch ein Mensch mit zwei Seiten. Sie konnte geizig sein, aber auch sehr großzügig. Sie konnte einem die Ängste nehmen oder einen wütend machen. So wütend! Warum musste sie mich nur immer so wütend machen …«

Jan war fantastisch! Der Professor nahm ihm sogar seine Anteilnahme ab. Da es ihm vor lauter Aufregung heiß wurde, öffnete er den obersten Knopf seiner Jacke. Darunter trug er noch immer die Käserei-Schürze – kein Wunder, dass er sich vorkam wie in einem Dampfgarer.

Plötzlich hielt Mademoiselle Leroy inne und starrte den Professor an.

»Entschuldigen Sie mich bitte einen Augenblick, ich muss dringend jemanden anrufen.«

Sie rannte fast aus dem Zimmer.

»Was ist denn passiert?«, flüsterte Jan dem Professor zu. »Es lief doch alles gut. Und egal, was du denkst, sie war es nicht.«

»Der gleichen Ansicht bin ich auch.«

»Niemals könnte eine Frau wie sie … Was hast du gesagt?«

»Ich sehe die Sache wie du. Trotzdem hat sie etwas mit dem Mord zu tun. Und wäre sie nicht weggelaufen, hätten wir es vielleicht schon erfahren.« Er grübelte. »Oder auch nicht. Für die Wahrheit muss sie noch viel mehr Wein trinken. Obwohl sie bereits sehr aufgewühlt ist.«

»Du kannst manchmal richtig widerlich sein.«

»Ich bin nur logisch.«

Als Mademoiselle Leroy wiederkam, sah sie überhaupt nicht logisch aus.

»Raus! Alle beide!«

»Aber …?« Jan hob die Arme wie ein Unschuldsengel.

»Das ist wirklich das Allerletzte! Sich hier als Journalisten ausgeben und mich aushorchen. Was geht Sie das alles an?« Mademoiselle Leroy wandte sich an Bietigheim. »Sie verrückter Professor! Ja, ich weiß, wer Sie sind. Ich habe Sie schließlich eben noch auf der Beerdigung gesehen. So einer wie Sie fällt da auf. Zuerst habe ich mich nicht erinnert, aber als ich dann Ihre weiße Schürze bemerkte, wusste ich Bescheid und habe gleich unseren Pfarrer angerufen. Und jetzt scheren Sie sich raus. Ich will Sie beide nie wieder sehen!«

»Aber …« Jan startete einen neuen Anlauf.

»Raus!«

Sie drückte die beiden vors Haus und warf die Tür scheppernd hinter ihnen ins Schloss. In einem Buster-Keaton-Stummfilm wäre von der Wucht das ganze Gebäude umgefallen.

Jan lehnte seine Stirn gegen die gemauerte Wand. »Aber … scheiße!«

»Ich hätte es nicht ganz so blumig ausgedrückt«, sagte Bietigheim, »aber in der Sache hast du vollkommen recht.«

Die Flüssigkeit stammte aus dem vierten Magen eines noch Milch saugenden Wiederkäuers (in diesem Fall eines Kalbs), nannte sich Lab und wurde nun vom Professor zur warmen, pasteurisierten Milch gegeben. Dadurch entstand »feste Milch«, die Gallerte, welche zum Bruch geschnitten und von der Molke getrennt werden musste.

Über die Molke freuten sich die Schweine.

Über das, was aus dem Bruch wurde, der Professor.

Die Hauptarbeit in der Käserei blieb allerdings das Putzen. Egal, ob Abtropftische, Kessel, Formen und Werkzeuge, Käsebretter oder einfach nur die Böden – alles musste gesäubert, gebürstet, geschrubbt und abgespritzt werden. Sämtliche Putzeinheiten waren zudem samt exakter Uhrzeit auf Klemmbrettern festzuhalten. In Monsieur Vesnins Betrieb wurden fraglos mehr Protokolle als Käse produziert.

Diesen Ordnungssinn schätzte der Professor zwar, war aber trotzdem froh, nun eine andere Arbeit verrichten zu dürfen. Jetzt galt es, den Bruch in Formen zu schöpfen, ihn zu pressen und danach in ein Salzbad zu tauchen. Der Käsegeschmack entstand dann während der Reifung durch die Milchsäuregärung sowie den Abbau von Fett und Eiweißstoffen im Käselaib.

Genau so erklärte es der Professor seinen Studenten.

Doch jetzt war es sechs Uhr morgens und Bietigheim hatte keinen, dem er sein Wissen weitergeben konnte. Dabei brauchte er dringend jemanden, mit dem er über all die Spuren und Hinweise reden konnte, die in seinem Kopf schäumten wie Federweißer. Lediglich Monsieur Vesnin befand sich bereits in der Käserei – und der stand für den Professor ganz klar unter Mordverdacht. Egal, wie putzig der kleine Käser auch aussehen mochte.

Durchs Fenster konnte er sehen, wie Monsieur Vesnin gerade draußen bei seiner Lieblingsherde stand. Sie war nicht im Hauptstall untergebracht, sondern hatte eine eigene, perfekt klimatisierte Behausung samt Panoramafenstern zum Hinausschauen und bekam das beste, mit Bergkräutern angereicherte Futter. Diese Kühe gaben die Milch für das nur in geringer Menge produzierte Prunkstück des Hauses, den mit Marc de Bourgogne eingeriebenen Thillon.

Bietigheim tauchte gerade die nächste Fuhre in Salzlake, als vor ihm ein unfassbar runder Käse aus der trüben Flüssigkeit auftauchte, weiß wie der Mond in einer strahlenden Nacht und von so vollkommener Form, dass der Professor seinen Blick nicht davon lösen konnte.

»Na, du.«

Das Morgenlicht spiegelte sich in dem feuchten Käse.

»Du kleiner Käse, du.« Er stupste ihn mit der Fingerspitze an. »Bist ja ganz ein Hübscher.«

Der Käse antwortete nicht. Doch irgendwie gewann der

Professor den Eindruck, einen guten Zuhörer vor sich zu haben.

»Sag mal, du als Käse, was meinst denn du, wer eine Käserin wie Madame Poincaré umgebracht haben könnte? Pass auf, ich erkläre dir, wer in Frage kommt. Da hätten wir zum einen Mademoiselle Leroy, eine junge Winzerin aus Nuits Saint Georges, die Schuld auf sich geladen und mit Madame Poincaré gestritten hat. Nur worüber und wann? Und warum behauptet sie, dass die Käserin ihre Tante gewesen sei?«

Der Käse trocknete etwas an der Oberfläche.

»Dann die Clochards. Warum ist die Madame von einem Tag auf den anderen spendabel geworden? Scheinbar ja auch der Kirche gegenüber. Selbst der Papst lässt seine Anteilnahme ausrichten, *der Papst*!«

Der Käse sah nun richtig lecker aus.

»Und weißt du, wem ich ebenfalls nicht traue? Dem Bürgermeister. Dieses ganze Verheimlichen eines Mordes wegen eines Käsefests. Würdest du dich von so einem essen lassen? Na? Ich mich auch nicht!« Der Professor musste lächeln, als er sich Jules Bigot als Kannibalen vorstellte. Wobei, wenn einer fähig wäre, Menschen zu essen, dann dieser Bursche. »Nachdem ich erfahren habe, dass er der größte Bauunternehmer vor Ort ist, habe ich Nachforschungen anstellen lassen. Von meinen studentischen Hilfskräften, daheim im schönen Hamburg. Die sollen schließlich nicht denken, die vorlesungsfreie Zeit sei dazu da, eine ruhige Kugel zu schieben! Folgendes ist mir gestern Abend mitgeteilt worden: Jules Bigot lebt mit seiner Schwester in Epoigey, er war nie verheiratet, was nicht bedeutet, dass sein Interesse eher dem eigenen Geschlecht gilt. Ganz im Gegenteil. Es gehen sogar Gerüchte, dass er nur deshalb immer wiedergewählt wird, weil all seine unehelichen Kinder für ihn stimmen müssen. Nun zu seiner Politik: Trotz vollmundigen Versprechen hat er es nicht geschafft, die Touristenzahlen, vor allem die der Schlafgäste, in Epoigey zu steigern. Sein Plan eines Käsespielparks für Kinder im Grundschulalter – mit Käsebimmelbahn, berühmten Käse in überlebensgroßen Modellen, 3-D-Käsekino und Kuhkarussell – wurde zum Gespött der Lokalpresse. Die Einführung des Käsefests in Epoigey gilt als seine einzige politische Leistung. Aber würde so jemand die einzige Käserin vor Ort ermorden?« Der Käse sagte nichts. Er überlegte wohl noch. Der Professor beschloss, dem kleinen Kerl die restlichen Verdächtigen vorzustellen, damit er zu einem abschließenden Urteil gelangen konnte.

»Vergessen wir nicht unseren *Maître fromager affineur* Hervé Picard aus Dijon. Aus Versehen hat der mich sicher nicht in den Keller gesperrt, und aus Versehen ist er sicher auch nicht spurlos verschwunden. Aber welchen Grund sollte er für den Mord haben? Er hat mit Madame Poincarés Käse Geld verdient, vielleicht unregelmäßig, weil sie mal so, mal so lieferte, aber immerhin. Ein Mord aus Liebe kommt bei dem Altersunterschied wohl eher nicht in Frage, und für Rache haben wir kein Indiz.«

Der Professor kam mit dem Mund ein Stück näher an den kleinen, schnuckeligen Käse. »Mal unter uns und ganz ehrlich, wäre dein Käser zu einem Mord fähig? Er hat das stärkste Motiv. Jetzt ist er endlich die Nummer eins in der Region. Und finanziell schien bisher nicht alles so rosig zu sein, wie es von außen aussieht, nicht wahr? Du brauchst nichts sagen, das weiß ich sowieso schon.«

So ein Gespräch mit einem Käse war wirklich eine erfreuliche Sache. Das sollte er viel häufiger tun, ein Käse widersprach auch deutlich seltener als ein Student.

Der Professor blickte sich um. Monsieur Vesnin war nicht mehr zu sehen, vermutlich weilte er immer noch irgendwo bei seiner geliebten Herde.

Also war die Luft rein!

Nur einen kleinen Blick ins Büro wollte er werfen, das

der Käser stets unverschlossen ließ. Warum auch nicht? Normalerweise traute sich ohnehin keiner hinein.

Wie sich herausstellte, war der Sonnengott des Käses in Bürodingen ein totaler Chaot, was man allerdings erst auf den zweiten Blick sah. Auf den ersten sah man einen leeren Acrylschreibtisch mit mattem Aluminiumgestänge, einen weißen Computer rechts auf der Ecke sowie glänzende Mahagonischränke.

Doch zog man die Schubladen auf, kam einem ein Wust an Papieren entgegen. Eine Schublade, das fand Bietigheim schnell heraus, war der Posteingang, eine andere der Ausgang. Und in allen weiteren wartete unerledigter Kram. Simplify your Ablagesystem.

Der Professor wusste zwar nicht, was genau er suchte, aber nach kurzer Zeit hatte er es gefunden: ein Schreiben des Käsegiganten Frombel, der Umschlag stark zerknittert, so als hätte Vesnin ihn oft durch die Finger gleiten lassen. Bietigheim lugte aus der Bürotür.

Noch immer kein Käser im Anmarsch.

Die Lasche des Umschlags löste sich wie von selbst. Es war ein Angebot für die Käserei, und es war enorm hoch dotiert. Monsieur Vesnin sollte den Betrieb nach der Übernahme sogar weiterleiten. In dem Schreiben war ein Termin genannt, an dem Claude Bourcin, der Geschäftsführer von Frombel Europe, höchstpersönlich die Käserei besuchen würde.

Der Termin war in exakt vier Stunden.

Also streckte Frombel nicht nur die Fühler nach Madeleine Poincarés Bauernhof aus, wie Jan ihm erzählt hatte. Der Appetit des Käsegiganten auf kleine Produzenten war noch größer.

Die große Uhr der Käserei klingelte.

Zeit fürs Melken.

Der große Kuhstall lag gleich neben der Käserei. Das war insofern ungewöhnlich, als die meisten Betriebe ihre Milch von dort geliefert bekamen, wo das Land günstig und die Weiden groß waren. Monsieur Vesnin sah es jedoch als Teil der verkaufsfördernden Folklore an, die Kühe bei sich zu halten. Zudem liebte er – obwohl er dies niemals zugeben würde – seine Tiere. Nie wurde er in ihrer Gegenwart laut, selbst dann nicht, wenn ihn einer seiner Mitarbeiter beim Melken störte. Sogar alte Kühe, die nur noch wenig Milch gaben, behielt er und kümmerte sich um sie.

Der Professor melkte mit der Hand aus jeder Zitze ein wenig Milch, um zu prüfen, ob Blut darin war, was auf eine Entzündung gedeutet hätte. Dann legte er vorsichtig die Melkwerkzeuge an. Das Vakuum begann die Milch aus den Zitzen zu saugen. Jetzt musste er nur noch ab und an am prallen Euter rütteln, wie ein ungeduldiges Kalb, das mit Kopfstößen die letzten Tropfen Milch herausholen will. Im Anschluss ans Melken wurden Monsieur Vesnins Kühen die Zitzen mit pflegender Salbe eingerieben, auch das ein außergewöhnlicher Service.

Nach getaner Arbeit blickte der Professor auf die Weide, wo Monsieur Vesnins Lieblingsherde immer noch stand.

Die Kühe sahen sehr glücklich und zufrieden aus.

Ihre Augen waren geradezu glasig, die Mäuler standen offen. Sie gaben keinen Laut von sich – und lächelten fast. Sie machten sich nicht einmal die Mühe, lästige Fliegen mit dem Schwanz zu verscheuchen.

Ihr Käser war nirgends zu sehen.

Bietigheim lief zurück in die Käserei. Nirgendwo ein Monsieur Vesnin. Der Professor rief nach ihm. Keine Antwort.

Dann rannte er hinaus zum exklusiven Stall der Lieblingsherde, vor dem die Tiere so unnormal lethargisch herumstanden. Bietigheim spurtete atemlos zwischen ihnen hindurch und fand seinen Arbeitgeber auf dem Boden des Stalls.

Monsieur Vesnin lag auf dem Rücken, doch sein Gesicht

war nicht zu erkennen. Denn der ganze Kopf war mit einer roten Paraffinhülle bedeckt. Vor dem Versand wurden die Käselaibe in dieses Wachs getaucht, weil es luftundurchlässig war und den Reifeprozess beendete.

Auch der Reifeprozess von Monsieur Vesnin war nun beendet.

Der ab dem Hals Konservierte war tot.

KAPITEL 5

Nachts sind alle Käse grau

»Und dann?« Jan rückte seinen Stuhl nach vorn. Sie saßen zusammen im Garten, den er seine grüne Insel nannte, der jedoch eher einem schulterhoch eingemauerten Unkrautversuchsfeld ähnelte. Obwohl die Grünfläche nicht mehr als zwanzig Quadratmeter maß, hatte Benno von Saber es geschafft, spurlos darin zu verschwinden.

»Dann«, fuhr Bietigheim fort, »bekam ich es mit der Angst zu tun. Denn das Paraffin war noch warm. Der Täter – oder die Täterin – konnte also immer noch da sein. Vielleicht genau hinter mir, bereit, mich ebenfalls zu paraffinieren.«

»Schönes Wort«, grunzte Pit, der in der rissigen Hängematte lag wie eine Kegelrobbe. »Manchen Fahrgast in meinem Taxi würde ich auch gern paraffinieren.«

»Weiter«, drängte Jan.

»Ich griff mir als Bewaffnung den Melkschemel und drehte mich blitzschnell um. Und da, genau hinter mir, stand …« Bietigheim riss die Augen auf.

»Jetzt mach es doch nicht so spannend!«

»… mit irrem Blick …«, der Professor kicherte, »… eine *Kuh*!«

Jan zündete sich nervös eine Zigarette an. »Erzähl schon weiter, der Mörder war also nicht mehr da.«

»Zumindest habe ich ihn nicht gesehen«, antwortete der Professor. »Wenn ich Pech habe, er allerdings mich. Und vielleicht befürchtet er, dass ich ihn erkannt habe. Dann könnte mich bald Ungemach erwarten.«

»In Form des Todes«, sagte Pit trocken.

»Das subsummiere ich unter Ungemach. Könnte ich wohl noch etwas Kaffee bekommen?«

Jan stand missmutig auf und kehrte mit der ganzen Kaffeemaschine zurück, die er in die Außensteckdose stöpselte. Eigentlich war die für einen Rasenmäher gedacht. Doch er besaß ohnehin keinen.

»Jetzt aber weiter!«

»Ich habe mich noch ein wenig umgesehen, vorsichtig, nach Hinweisen auf dem Boden, aber nichts gefunden. Danach habe ich die Kühe untersucht, um herauszufinden, woher ihr augenscheinlicher Glückszustand kommt, ob ihnen vielleicht eine Droge injiziert wurde. Doch ich konnte keine Einstichlöcher finden. Allerdings bin ich kein Arzt, und selbst wenn ich einer wäre, hätte ich aufgrund des dichten Fells wohl lange suchen können. Natürlich habe ich danach die Polizei gerufen, jedoch die in Dijon, damit diesmal nichts vertuscht wird. Und ich habe den Polizisten auch gleich alles berichtet, was ich von dem ersten Mord weiß. Es ist mir mittlerweile nämlich egal, was Epoigeys Bürgermeister mir angedroht hat. Da läuft ein irrer Killer frei herum, der dringend gestoppt werden muss, denn sonst lebt bald kein Käsemacher im Burgund mehr.«

»Bist du wahnsinnig?« Jan hätte sich beinahe an seiner brennenden Zigarette verschluckt. »Jetzt wissen sie, dass du zwei Leichen gefunden hast!«

»Langsam bekomme ich Übung darin.«

»Das macht Sie sehr verdächtig«, brummte Pit, die Augen noch geschlossen. »Dazu kommt, dass Sie verschroben sind und ein Fremder aus Deutschland. So einem traut man alles zu. Selbst raffiniertes Paraffinieren.«

»Ach, Unsinn«, tat Bietigheim den Einwand ab. »Ich bin international hoch respektiert, mein Ruf ist makellos. Ich habe nichts zu befürchten. Soll ich nun weiterberichten, oder kommt noch ein unsinniger Einwand?«

Pit wandte ihm den Rücken zu und fiel dabei fast aus der Hängematte. »Erst mal nicht.«

»Gut so. Nun, ich bin dann noch so lange geblieben, bis die Spurensicherung das Paraffin abgenommen hat. Anscheinend ist Monsieur Vesnin bewusstlos geschlagen worden, bevor er seine ... Hülle verpasst bekam. Aber getötet hat ihn wohl erst das Paraffin. Er ist erstickt.«

Jan stand auf, denn der Kaffee war durchgelaufen. »Beim ersten Mord war es ein Käsemesser, jetzt Käsewachs. Warum nicht einfach erschießen?«

»Zu laut«, erwiderte Bietigheim.

Jan stellte eine Tasse vor ihm ab. »Es gibt doch Schalldämpfer.«

»An die kommt man aber nicht so einfach heran. Wüsstest du, wo solch eine Waffe zu beziehen wäre? Ich nicht.«

»Ich schon.« Pit griff in seine Lederjacke und zog eine Pistole heraus. »Immer am Mann.«

Jan hob abwehrend die Hände »Was ist denn das?«

»Eine Colt Detective Special, Kaliber 38, die wurde nach den Wünschen amerikanischer Polizisten entwickelt. War gar nicht teuer.«

»Die habe ich jetzt nicht gesehen«, sagte der Professor.

»Die habe ich auch nicht gezeigt«, sagte Pit und steckte die Waffe wieder ein.

Jan gab lila Lavendelzucker in seinen Kaffee und rührte schnell um. »Es bleibt dabei: Der Mörder hätte es sich einfacher machen können. Wenn er keine Pistole benutzen will, dann eben immer ein Messer, damit kann er ja umgehen. Deshalb denke ich ...«

»... er will ein Zeichen setzen«, unterbrach ihn der Professor. »Es gibt einen Adressaten für diese morbiden Mitteilungen. Und vielleicht würde Monsieur Vesnin heute noch leben, wenn Bürgermeister Jules Bigot den ersten Mord nicht vertuscht hätte. Umso dringender müssen wir uns fragen: Wer soll die Botschaft erhalten, und warum? Finden wir den Adressaten, finden wir den Mörder. Finden wir den Adressaten nicht, finden wir bald vielleicht erneut eine Leiche. Und ein weiterer Käse droht der französischen Gesellschaft abhandenzukommen. Dies ist ein echter Aderlass für Frankreichs Käsekultur! Ich mache mir ernsthaft Sorgen, dass sie all ihrer meisterlichsten Exponate beraubt wird. Und das Herz der Franzosen besteht aus Käse!«

Jan stürzte den heißen Kaffee hinunter. Eigentlich hätte der ihm den Schlund verbrennen müssen, doch Jan verzog keine Miene. »Ich muss dringend zu Mademoiselle Leroy. Allein. Nimm's mir nicht übel, Cousin, aber sie schien dich nicht ins Herz geschlossen zu haben. Ich muss sie warnen, sie muss über die Morde Bescheid wissen. Vielleicht ist sie die Adressatin.«

Da suchte anscheinend jemand einen Vorwand, um die junge Dame abermals besuchen zu können. »Falls sie allerdings doch die Täterin ist«, sagte der Professor, »musst du dir darum keine Sorgen machen.«

Jan schüttelte verständnislos den Kopf. »Ein bisschen Menschenkenntnis, nur ein bisschen, und du wüsstest, was du da gerade für einen Blödsinn geredet hast.«

Das Telefon klingelte. Es war noch ein ganz altmodisches, das tatsächlich mit einem echten Rington klingelte und kein elektronisches Tüdelü von sich gab. Der Professor musste stets lächeln, wenn es ertönte.

Jan erschien im Türrahmen.

»Das war die Redaktion. Ich muss sofort nach Epoigey und Fotos schießen. Heute Nacht ist eingebrochen worden. Ihr werdet nicht glauben, wo.«

»Bei Madame Poincaré«, sagte der Professor und erntete ein Nicken. »Und was wurde entwendet?«

»Anscheinend kein Geld oder Wertsachen.«

»Sondern?«

»Ein gutes Dutzend Käselaibe.«

Jan fand Mademoiselle Leroy im Weinberg. Sie band die rankenden Reben an gespannten Drähten fest, damit sie im Herbst schwere Trauben tragen konnten und nicht abknickten. Geschickt griffen ihre Hände zu, ohne auch nur ein Blatt zu verletzen. Sie trug ein Haartuch, einen dicken Pullover und abgewetzte Jeans.

Jan fand diese Kombination zum ersten Mal in seinem Leben attraktiv.

Er parkte seinen Wagen an der N 74 und blieb fürs Erste sitzen.

Denn er wusste nicht, ob er überraschend hinter Mademoiselle Leroy auftauchen oder lieber gut erkennbar auf sie zugehen sollte. In seinen Gedanken nannte er sie natürlich längst bei ihrem Vornamen. Béatrice.

Die Entscheidung wurde ihm abgenommen.

Denn Mademoiselle Béatrice Leroy erkannte Jan und kam mit wütenden Schritten auf ihn zu. Sie löste sogar ihr Haarband und schwang es wie eine Peitsche.

Okay, Friedenspfeife rauchen sah anders aus.

Jan beschloss, aus dem Wagen zu steigen, um nicht im Sitzen den Skalp zu verlieren.

»Was wollen *Sie* denn hier!«, rief sie ihm schon von Weitem entgegen.

Das *Sie* bedeutete: Sie Wurm, Sie unverschämter Lügner, Sie modriger Dreck unter den Fingernägeln.

»Ich wollte Sie sprechen«, antwortete Jan.

Sein *Sie* hieß: Sie wunderbare, bezaubernde und leider auch ein wenig wütende Winzerin.

Leider überhörte Mademoiselle Leroy das.

»Wer wollen Sie diesmal sein? Der Präsident? Wollen Sie mir den Orden der Ehrenlegion verleihen? Nur her damit!«

Jetzt stand sie ganz nah und Jan konnte den Duft ihrer Haare riechen. Apfelshampoo. Vermutlich Boskoop.

»Ich bin wirklich Journalist.« Er zeigte ihr seinen Presseausweis. »Und ich hätte tatsächlich einen Artikel über Sie geschrieben, das war nicht gelogen.«

»Aber es ...«

»Ja, es war trotzdem nur vorgeschoben. Mein Begleiter hat – aus Versehen! – gehört, was Sie zum Dorfpfarrer bei der Beichte sagten, zumindest einige wenige Sätze. Dass Sie Schuld auf sich geladen haben, was Madame Poincaré betrifft.«

Béatrice Leroys Blut schien im Bruchteil einer Sekunde in den Weinberg geflossen zu sein, so blass war sie plötzlich. Zusätzlich stand ihr Mund offen. Ihr schöner Mund, wie Jan bemerkte, mit unglaublich blassrosa Lippen. Sie sah nun aus, als müsste sie unbedingt in den Arm genommen werden – doch vermutlich würde sie ihm bei dem Versuch die Rebschere ins Herz stechen und mehrfach umdrehen.

»Mein Begleiter hat sich Sorgen gemacht«, bemühte Jan sich zu erklären. »Er ist so jemand.« Dann schüttelte er den Kopf. »Nein, ich erzähle Ihnen jetzt die ganze Wahrheit, keine Lügen mehr: Er dachte, Sie hätten etwas mit dem Mord an Madame Poincaré zu tun.«

»Dem Mord? Was für einem Mord? Ihr Herz hat doch einfach aufgehört zu schlagen! Was reden Sie denn da?«

»Ihr Herz hat aufgehört zu schlagen, weil ein Käsemesser darin steckte.«

Wenn sie bluffte, tat sie es überzeugend. Jan musste ihr wohl alles von Anfang an erzählen. Immerhin hatte er nun ihre volle Aufmerksamkeit. »Setzen wir uns in meinen Wagen, ja?«

Wie in Trance sank Béatrice Leroy auf den Beifahrersitz und ließ sich von Jan alles erzählen, über die Morde, die Vertuschungsaktion des Bürgermeisters und die Initiative Adalbert Bietigheims. Währenddessen heizten die steil einfallenden Sonnenstrahlen Jans schwarz lackierten Wagen bis zum Siedepunkt auf.

»Ich verstehe nicht, wie jemand Madeleine ermorden konnte.«

Jan fuhr mit den Fingerspitzen nervös über das Lederlenkrad. »Aber sie war doch kein einfacher Mensch, Sie hatten doch auch Streit mit ihr. Ist es okay, wenn ich frage, worum es ging? Nicht für die Zeitung ...«

»... sondern nur, weil Ihr Begleiter so neugierig ist.«

Sie blickte hinaus auf die Straße.

»Ja ... und nein. Ich würde es selber gerne wissen. Denn ich kann mir überhaupt nicht vorstellen, dass Sie etwas mit einem oder jetzt sogar zwei Morden zu tun haben könnten.«

Nun blickte Béatrice Leroy ihn an, zum ersten Mal, seit sie im Wagen saßen, und eigentlich war es das erste Mal überhaupt, dass sie ihn wirklich ansah, offen dafür, was sie sah. Ihr Blick tanzte umher, schien jeden Winkel seines Gesichts zu untersuchen.

Dann schluckte sie kurz. »Okay, aber danach reden wir nie wieder darüber: Ich habe nichts, aber auch gar nichts mit dem Mord an Madeleine zu tun. Ebenso wenig wie mit dem an Monsieur Vesnin, den ich nur flüchtig kannte. Glauben Sie mir?«

Bevor Jans Kopf nachdenken konnte, antwortete sein Mund bereits. »Ja.«

»Worüber ich mit Madeleine gestritten habe, ist meine Privatsache und geht niemanden etwas an. Vor allem niemanden von der Presse.«

»Verstehe ich völlig. Aber ...« Jan traute sich kaum zu fragen, doch es musste sein. »Warum haben Sie mich bei unserem ersten Treffen angelogen und behauptet, Sie wären mit der Toten verwandt, sie wäre Ihre Tante?«

»Weil es sich so angefühlt hat. Sie war wie eine Tante für mich. Von klein auf.«

Die nächste Frage schien Jan sogar noch schwerer über die Lippen zu gehen. »Was ist, wenn Sie die Nächste auf der Liste des Mörders sind?«

»Ich? Wieso denn ich?«

»Waren Sie am Tag von Madame Poincarés Tod vielleicht bei ihr, haben Sie den Mörder dort unter Umständen gesehen? Oder könnte der Mörder vielleicht denken, Sie hätten ihn gesehen?«

Wieder dieser Blick von ihr, als gelte es, hinter seine Maske zu blicken.

»Nein, wir hatten uns am Abend zuvor gestritten. Da war sie noch sehr … lebendig.«

»Sie wollten ›streitsüchtig‹ sagen.«

Sie spitzte die Lippen. »Habe ich aber nicht.«

Jan reichte ihr seine Visitenkarte. »Rufen Sie mich an, wenn Sie Hilfe brauchen. Ich komme. Egal, wann.«

»Warum? Weil eine gute Story für Sie herausspringt?«

»Jetzt hören Sie doch auf damit. So einer bin ich nicht.«

Béatrice Leroy öffnete die Beifahrertür. »Ich muss wieder in den Weinberg.«

Sacht legte Jan seine Hand auf ihre Schulter. »Ich hätte noch zwei Fragen. Bitte. Die erste lautet: Wer könnte Madame Poincaré und Monsieur Vesnin umgebracht haben?«

»Und die zweite?«

»Würden Sie bei Gelegenheit mal mit mir essen gehen?«

Béatrice Leroy stieg aus und beugte sich zurück ins Wageninnere. »Zu Ihrer ersten Frage: Reden Sie mit dem Bürgermeister. Aber achten Sie darauf, dass er genug getrunken hat.«

»Und zur zweiten Frage?«

»Nein.«

Béatrice Leroy schlug die Wagentür zu.

Die Sonne war schon ein beachtliches Stück weitergezogen, als Jan den Wagen wieder anließ.

Professor Adalbert Bietigheim kannte seine Stärken.

Mit dem Bürgermeister von Epoigey einen trinken zu gehen gehörte nicht dazu.

Das konnten andere besser, allen voran Pit, der mit Leichtigkeit einen Schwarzmeer-Kosakenchor unter den Tisch und wieder hoch soff. Deshalb war dieser auch mehr als erfreut, solch eine Aufgabe zu übernehmen. Vor allem, weil der Professor ihm das Geld für die Unternehmung zur Verfügung stellte.

Bietigheim selbst verbrachte die Zeit damit, sämtliche Literatur zum Thema »Glückliche Kühe« zu studieren, immer wieder bei Affineur Hervé Picard anzurufen, nur um von unterschiedlichen Mitarbeitern zu hören, dass dieser auf unbestimmte Zeit verreist sei, sowie einen Vortrag vorzubereiten. Die »Hanseatische Gesellschaft zur Förderung der internationalen Käsekultur sowie verwandter Milchprodukte insbesondere Magerquark, Molke und Joghurt« würde nämlich am nächsten Tag im Rahmen ihrer Burgund-Rundreise in Beaune eintreffen – und hatte sich Erhellendes von ihm über die Käse der Region gewünscht.

Er genoss es, zur Abwechslung wieder von Büchern statt Leichen umgeben zu sein.

Dies war seine Welt. Es war wie ein Heimspiel beim Fußball.

Leider klingelte spät am Abend das Telefon und riss ihn aus seinen Studien. Natürlich war es Pit. Es hatte sonst niemand ein derartiges Talent, ihn in den unpassendsten Momenten zu stören.

»Hallo, Professore.«

Bietigheim verzog das Gesicht, diesen Spitznamen schätzte er nicht sonderlich. »Machen Sie es bitte kurz. Hatten Sie Erfolg?«

»Also die Sache verhält sich so. Der Bürgermeister ist leider nicht im Dorfgasthof *L'Auberge du Vigneron* aufgetaucht. Mir wurde gesagt, dass er auf dem Käsefest zu tun hat. Also bin ich da hin. Und meine Güte, war das ein Ding! Alles da, was man sich von so einem Fest erhoffen kann: ein *Apéritif concert*, ein Spielmannszug, Käse- und Wein-Verkostungen,

Stände mit Gegrilltem, ein Rummelplatz und es wurden sogar vierzig *amouillantes* versteigert – das sind trächtige Kühe. Ein Käsewettessen gab es natürlich auch. Der Sieger darf sich jetzt mit dem Titel ›*Plus Gros Mangeur*‹ schmücken, der größte Esser. Überall auf den Straßen roch es nach Grillfleisch, zerlaufendem Käse und Crêpes, die sich wie hauchdünne goldgelbe Spinnweben auf den flachen Eisen ausbreiteten.«

»Sie werden ja richtig poetisch.«

»Es geht ja auch um Essen! Das Tollste war aber das *Repas campagnard,* ein riesiges rustikales Büffet. Unter einer Markise hatten sie lange Tische aufgestellt, von oben mit einer Kette aus nackten Vierzig-Watt-Birnen beleuchtet. Da konnte man nach Lust und Laune schlemmen.«

»Und dort haben Sie den Bürgermeister angetroffen?«

»Nein, der war schon weg. Ich habe mich aber, um die Zeit zu nutzen, mit ein paar anderen Dorfbewohnern angefreundet. Ging ganz leicht, nachdem ich ihnen ein paar Runden spendiert habe.« Im Hintergrund war mehrstimmiger Gesang zu hören.

»Mit meinem sauer verdienten Geld! Haben Sie denn wenigstens etwas Sinnvolles in Erfahrung gebracht?«

»Jau! Welchen Wein man hier besser nicht saufen sollte.«

»Das ist alles?«

»Kommen Sie her.«

»Ich habe kein Interesse, mit Ihnen zu trinken. Zwei Bücher warten noch darauf, von mir auf relevante Artikel hin durchgearbeitet zu werden, und dann geht es ins Bett.«

»Wir sollten die Nacht zusammen verbringen.«

»Wie bitte?«

Pit lachte grunzend. »Vor Madame Poincarés Haus. Wir legen uns auf die Lauer und schauen, was passiert.«

»Verschonen Sie mich mit Ihren Kindergartenspielchen.«

»Einer von meinen neuen Saufkumpanen hat mir erzählt, dass der Käsedieb bei Madame Poincaré von der Nachbarin überrascht wurde und Hals über Kopf fliehen musste. Er konnte vermutlich nicht alles mitnehmen, was er klauen wollte. Wenn er auch nur ein kleines bisschen so ist wie ich, dann will er den Job zu Ende bringen. Und zwar möglichst schnell. Also heute Nacht. Lassen Sie uns zusammen die Augen offenhalten. Nur wir zwei beide, was meinen Sie?«

»Das können Sie auch gut alleine.«

»Da habe ich aber keine Lust drauf, das ist langweilig. Außerdem ist diese Mordsache eigentlich Ihr Steckenpferd. Ich reite nur ein bisschen mit.«

Der Professor schwieg. Denn so ungern er es zugab, Pit hatte recht. Mit allem.

»Kommen Sie schon!«, setzte dieser nun nach.

Der Professor schüttelte den Kopf. Über die ganze Situation und darüber, was er nun tun würde.

»Aber nur zwei, drei Stunden. Und Benno kommt mit.«

»Aber klaro. Der kleine Stinker kann uns bewachen.«

Und so kam es, dass der Professor kurze Zeit später mit Pit und Benno von Saber unter einer Eiche des Dorfplatzes auf einer Picknickdecke saß. Die Fenster von Madame Poincarés Haus, die zur Kuhweide hin gingen, waren alle sehr klein, sodass sich unmöglich jemand hindurchzwängen konnte. Wer ins Haus wollte, musste es durch die Türen oder Fenster auf der Frontseite tun oder durch den Stall kommen.

Und all das hatten sie im Blick.

Schon nach kurzer Zeit war der Professor das Schweigen leid.

»Mein lieber Pit, ich möchte Sie an meinen neuesten Erkenntnissen teilhaben lassen. Es geht um glückliche Kühe. Ich habe diesbezüglich nämlich Bemerkenswertes herausgefunden. Wussten Sie zum Beispiel, dass sich

Kühe beim Fressen und Schlafen besonders häufig in Nord-Süd-Richtung ausrichten? Dies deutet auf einen bisher unbekannten Sinn für Magnetismus hin. Diese Ausrichtung, so wird gemutmaßt, steigert das Wohlbefinden und wirkt sich auch auf die Milchproduktion positiv aus. Um es so zu formulieren, dass auch Sie es verstehen: Es gibt mehr Milch. Man denkt sogar schon darüber nach, Ställe zukünftig in Nord-Süd-Ausrichtung zu erbauen. Doch so faszinierend diese Untersuchungsergebnisse sind, eine Erklärung für den Glückszustand der Kühe bei Madame Poincaré und Monsieur Vesnin liefern sie nicht.«

»Mhm.« Pit sah neidisch auf Benno von Saber, der eingeschlafen war.

»Eine britische Forschungsgruppe«, fuhr der Professor ungerührt fort, »ist zu dem Ergebnis gekommen, dass Kühe mit Namen wie Daisy, Buttercup oder Bessie mehr Milch produzieren als ihre anonymen Artgenossinnen.«

Was Pit in diesem Moment noch nicht wusste, war, dass dies nur der Beginn von Professor Bietigheims Spontanvorlesung zum Thema »Das Konstrukt Glück bei Rindviechern – Neueste Studienergebnisse im kritischen Diskurs« war. Auch ohne Immatrikulation bekam er die volle Vorlesungszeit spendiert.

Es war gegen zwanzig nach drei, als er endlich erlöst wurde.

Ein großer Schatten schlich zum Haus der toten Käserin und betrat es durch die Vordertür. Anscheinend besaß der Dieb einen Schlüssel.

»Los, hinterher!«, sagte Pit.

»Und was, wenn er uns angreift? Wir haben doch keine …« Waffe, wollte der Professor ergänzen. Doch dann erinnerte er sich an Pits Colt. »Vergessen Sie's.«

»Und du, Benno, bist ruhig!«, ermahnte Pit den Foxterrier, der aufgewacht war und nun freudig bellte. Der Professor musste ihm etwas von Georg Friedrich Händel vorsummen, denn Benno von Saber liebte Barockmusik über alles. Bietigheim wählte *Die Ankunft der Königin von Sheba.* Der Titel klang zwar nach Katzenfutter, doch nichts machte den kleinen Flohfänger glücklicher. Schon nach wenigen Takten hörte er auf zu bellen. Und als Bietigheim ihm versprach, vor dem Einschlafen noch etwas aus der *Feuerwerksmusik* zum Besten zu geben, verwandelte sich Benno von Saber in den folgsamsten Hund des Planeten.

Kühl blies der Nachtwind, als das ungleiche Trio sich der Käserei näherte.

Sie erreichten die offenstehende Haustür.

»Warten oder hinein?«, fragte der Professor leise. Wobei er Warten deutlich bevorzugte.

Pit gab keine Antwort, sondern trat ins Haus.

»Also gut«, flüsterte Bietigheim. »Dann werden wir, das heißt vor allem Sie, diese Unperson auf frischer Tat ertappen.« Er folgte Pit, Benno übernahm die Nachhut. Das Haus lag im Dunkeln, der Eindringling hatte keinen Lichtschalter umgelegt. Nur eine Tür war geöffnet.

Die zum Käsekeller natürlich.

Ein Rascheln war von dort zu hören, ein Schnaufen sowie schwere Schritte.

Der Professor hielt den Atem an. Was, wenn der Mann sie bereits gehört hatte und ebenfalls eine Schusswaffe besaß? Was, wenn er zuerst schoss und dies auch noch gekonnt?

»Lassen Sie uns wieder gehen«, raunte er Pit zu. *»Sofort!«*

Das Rascheln hörte auf, das Schnaufen ebenso, die schweren Schritte jedoch kamen näher.

Der Professor zog Pit an der Schulter. Doch genauso gut hätte er versuchen können, einen Andengipfel zu bewegen.

»Angriff ist die beste Verteidigung«, sagte Pit.

Dann trat er in den Reifekeller. Das heißt, er sprang in den Reifekeller, brüllend und mit erhobenen Fäusten.

Bietigheim hielt dies für keine gute Idee.

Wäre er jetzt im Reifekeller, und ein Monster wie Pit tauchte plötzlich auf, würde er entweder einen Herzinfarkt erleiden oder das Nächstbeste nach ihm werfen. Selbst wenn es ein Käse wäre.

Erstaunlicherweise sah das der Einbrecher genauso.

Doch warum nur einen Käse werfen, wenn ein ganzes Holzbrett davon in Reichweite steht?

Es klatschte, als die hoch reifen Rotschmierkäse in Pits Gesicht zerplatzten. Und es krachte, als das schwere Brett auf den Boden fiel.

Dann drückte sich der Schatten ruppig an Pit vorbei, raste durch die Käserei und hinaus in die Dunkelheit. Einen Korb, gefüllt mit Madame Poincarés Käsen, hielt er fest an sich gedrückt.

Bietigheim würde später behaupten, es sei seine äußerst vorsichtige und besonnene Wesensart gewesen, die ihn davon abgehalten hatte, den Mann anzugreifen.

Pit war eher der Meinung, der Professor habe sich feige in der hintersten Ecke hinter dem Sofa verkrochen, anstatt ihm zu Hilfe zu eilen.

Doch immerhin war er mutig genug gewesen, die Augen offen zu halten. Und so hatte er zu seiner großen Überraschung den Käsedieb erkennen können.

Es war der alte Gérard.

Die »Hanseatische Gesellschaft zur Förderung der internationalen Käsekultur sowie verwandter Milchprodukte insbesondere Magerquark, Molke und Joghurt« war eine Institution. Es handelte sich um eine Vereinigung mit viel altem Geld, zu dem sich ganz nach Hamburger Tradition gern junges hinzugesellte. Die wohlhabenden Mitglieder leisteten sich in diesem Jahr einen Ausflug ins Burgund, dessen Höhepunkt ein Besuch der berühmten Hospices Civils aus dem fünfzehnten Jahrhundert in Beaune war, berühmt durch ihre vielfarbigen Dächer, die auf keiner Postkarte der Region fehlen durften. Nach einer Führung durch das Museum im Hôtel-Dieu sah das Programm einen Vortrag im prachtvollen Königssaal vor. Referent in Sachen lokale Käsespezialitäten war selbstverständlich die Koryphäe des gelben Goldes: Ehrenmitglied Professor Dr. Dr. Adalbert Bietigheim. Der Hochverehrte – er trug zur Feier des Tages die ihm erst kürzlich von der Krimpenerwaard verliehene goldene Gouda-Medaille am Band – hatte sich bereits im Museum zur Gruppe gesellt. Zu seinem größten Bedauern war Hildegard zu Trömmsen nicht mit dabei, die Frau, für die er in einer schwachen Stunde gar einen Liebesbrief verfasst, ihn jedoch niemals abgesandt hatte. Sie ließ sich wegen einer leichten Erkältung entschuldigen. Bietigheim versuchte, seine Enttäuschung zu verbergen, während er eine schiere Ewigkeit vor dem Prunkstück des Museums verbrachte, dem Polyptychon des Jüngsten Gerichts, einem Meisterwerk des flämischen Kunstmalers Rogier van der Weyden.

»Herr Professor, wir müssten dann.«

Der Schatzmeister der Gesellschaft, ein Mann, dessen Haarwuchs sich komplett auf seine Ohren konzentrierte, stand leicht gebeugt neben ihm. »Alle sind schon sehr erwartungsfroh.«

Bietigheim atmete tief durch und machte sich auf den Weg. Als er im Saal mit seinem beeindruckenden Kronleuchter eintraf, saßen bereits alle auf ihren Plätzen und tuschelten miteinander. Nachdem er seinen Vortragstext im perfekten Winkel zur Pultkante ausgerichtet hatte, begann er mit einem kurzen Räusperer.

»Sehr geehrte Käsesüchtige!« Dieser kleine Scherz brachte das Publikum stets zum Lächeln. So auch heute. »Ich sehe es an manchem prall gefüllten Ränzlein, Sie haben bereits einige der kalorienhaltigen Gaumenfreuden des Burgunds genießen dürfen. Bœuf Bourguignon, das geduldig mit gutem Rotwein und Gemüsen geschmorte

Rindfleisch, Poulet à la Crème, das Hühnchen in Sahnesauce. Gerichte, bei deren Erwähnung man sich unwillkürlich die Lippen leckt. Ich persönlich ziehe dennoch Lapin à la Moutarde, das Kaninchen in Dijon-Senfsauce vor – vor allem, wenn ich als Aperitif einen Kir aus Aligoté und Cassis genießen durfte. Gerne würde ich Ihnen über die kulturhistorische Bedeutung von Jambon Persillé oder Escargots de Bourgogne erzählen – doch was sind Schinken in Aspik und Weinbergschnecken mit Kräuterbutter schon gegen Käse?« Zustimmendes Raunen ertönte. »Gegen Epoisses.« Uh! »Ami du Chambertin« Oh! »Oder Bouton de Culotte, den Hosenknopf?« Das Raunen klang nun fast ekstatisch. Ja, so kitzelte man seine Zuhörerschaft!

Wie gern hätte er Hildegard zu Trömmsen nun vor Begeisterung schnalzen gehört.

»Im Folgenden werde ich Ihnen die berühmtesten Käse der Region näherbringen. Selbstverständlich erhalten Sie jedes Mal ein kleines, perfekt temperiertes Stück des vorgestellten Wunderwerks zur Dégustation. Beginnen möchte ich mit dem Délice de Bourgogne, schließlich wurde er bereits im achtzehnten Jahrhundert von dem großen Gastrosophen Jean Anthèlme Brillat-Savarin kreiert. Für seine Erzeugung wird pasteurisierte Kuhmilch mit Crème fraîche angereichert, was ihm seine große Cremigkeit verleiht. Seine Rinde besteht aus weißem Edelschimmel und ...«

»Herr Professor!«

»... seine höchste Perfektion erreicht der Käse zwischen Juni und November.«

»Eine Frage bitte, Herr Professor.«

»Der Käse wird Ihnen nun gereicht. Er ist drei Wochen gereift, das ist ideal.«

Die Serviererinnen schwärmten mit silbernen Tabletts aus. Die Käsestücke waren dank der in ihnen steckenden Zahnstocher ohne Kleckerei zu essen. So liebte es die Gesellschaft.

»Herr Professor.«

Wer störte ihn denn da so penetrant? Fragen während eines Vortrages waren unhöflich. Einen Studenten hätte er kurzerhand zusammengestaucht, doch es handelte sich leider um ein Mitglied der Gesellschaft.

»Ja, bitte.«

Es war Davide Aleppo, der junge Käser aus Korsika, den er schon auf der Beerdigung gesehen hatte. Der Professor hatte ihn im letzten Jahr zum Ehrenmitglied der Gesellschaft vorgeschlagen, was dank dessen hervorragender Deutschkenntnisse auf allgemeine Zustimmung gestoßen war. Fraglos ein hochbegabter Käsevirtuose.

»Was hat es mit dem Mord an Monsieur Vesnin auf sich? Sie sollen die Leiche entdeckt haben.«

Plötzlich waren wieder alle Blicke auf ihn gerichtet. Selbst der Schatzmeister sah von seinem Käsestück auf. Natürlich, sie mussten es erfahren haben, viele von ihnen waren des Französischen mächtig und lasen morgens die örtlichen Zeitungen.

»Nun ja, ich habe ein Praktikum bei ihm absolviert und dann ... eine sehr unangenehme Geschichte.«

Bietigheim wollte jetzt lieber zum Epoisses übergehen und erläutern, dass er nicht, wie die Legende besagte, von Zisterzienser-Mönchen zu Beginn des sechzehnten Jahrhunderts erfunden wurde, sondern von einfachen Bäuerinnen. Das musste die Gesellschaft unbedingt erfahren! Und dass Napoleon den Käse liebte, die Produktion im Zweiten Weltkrieg jedoch einschlief und erst 1956 von einem Monsieur Berthaut wieder aufgenommen wurde. Beim Epoisses reichten sich Weltgeschichte und Käsegeschichte die Hand.

Doch der junge Korse nutzte das Zögern des Professors und stand auf. »Wir haben alle gelesen, dass Monsieur Vesnin mit einem Melkeimer niedergeschlagen wurde. Aber daran sei er nicht gestorben. Er sei erstickt. Wie erstickt man bitte in einer Käserei?«

Die Augen seines Publikums wurden noch größer.

»Das gehört nicht hierher. Es handelt sich um laufende Ermittlungen, in die auch ich keinen Einblick habe. Ich bin in keiner Weise qualifiziert, mich zu diesem Mordfall zu äußern.«

Der Schatzmeister hob fordernd die Augenbrauen. Es sah aus, als würden zwei Bären auf seiner Stirn kämpfen. »Frau zu Trömmsen hat uns persönlich gebeten, Sie danach zu fragen. Wir haben heute Morgen mit ihr telefoniert. Sie möchte auf dem allerneuesten Stand sein.«

Der Professor kam ins Grübeln. Wie beeindruckt würde Hildegard zu Trömmsen wohl sein, wenn sie erführe, dass er diesen Fall aufklärte! Da musste er wohl oder übel von seinen Ermittlungen berichten.

»Also gut«, begann er gönnerhaft und vergaß im Folgenden auch nicht zu erwähnen, dass er ebenfalls die Leiche von Madame Poincaré entdeckt hatte und bereits daran sei, den Mörder dingfest zu machen. Er habe eine heiße Spur und die Polizei vor Ort sei leider vollkommen unfähig.

Die Israeliten konnten nicht mehr gestaunt haben, als Moses das Rote Meer teilte.

»Und ich verrate Ihnen noch etwas. Als ich die Leichen fand, waren die Kühe ungewöhnlich glücklich, wie unter Drogen. So etwas habe ich noch nie in meiner langen Beschäftigung mit Milchvieh gesehen. Und dann gleich zwei Mal – jeweils kurz nach einem Mord. Es muss da einen Zusammenhang geben. Vielleicht lehne ich mich weit aus dem Fenster, doch ich wage zu sagen: Wer das Rätsel der glücklichen Kühe löst, findet den Mörder. Die Polizei achtet natürlich nicht darauf, es sind ja nur Rindviecher! Doch ich frage: Warum fanden sich stets Kühe in einem unnatürlichen Glückszustand, wenn die Morde geschahen? Was macht der Mörder mit ihnen – und warum? Das Mysterium der Kühe ist keine Nebensache, es ist ein so ungewöhnliches Rätsel, dass seine Lösung uns alles über den Täter verraten wird.«

Es blitzte. Jemand schoss ein Foto von ihm. Doch es war kein Mitglied der Gesellschaft. Seiner professionellen Ausrüstung nach zu schließen, musste der Mann von der Presse stammen. Der Professor hatte ihn zuvor gar nicht bemerkt. Jetzt ging er, rannte sogar beinahe hinaus, ein hochzufriedenes Lächeln im Gesicht. Als habe er gerade den Jackpot geknackt.

Der Professor sammelte sich.

»Gerne können Sie mir im Anschluss an den Vortrag noch weitere Fragen zur Mordserie stellen, doch nun warten perfekt temperierter Käse und sorgfältig recherchierte Informationen auf Sie – und wir sollten beide nicht warten lassen.«

Er erntete ein Lachen und arbeitete im Folgenden souverän alle großen Käse des Burgunds ab. Als sich das Publikum am Ende des Vortrags erhob, ging Bietigheim auf Davide Aleppo zu.

»Sie sind doch noch einige Zeit hier, nicht wahr?«

»Ja, wieso? Die Studienreise geht noch drei Tage.«

»Ich könnte Ihre Hilfe brauchen, als Insider der Käsebranche.«

»Jederzeit.« Er reichte dem Professor seine Visitenkarte mit Handynummer. »Wir wohnen …«

»… im besten Haus am Platze, wie es sich gehört für die Gesellschaft.«

Hinter dem jungen Mann hatte sich bereits eine Schlange gebildet. Alle begehrten, mit dem Professor über die Leichenfunde zu parlieren. Doch der Käser aus Korsika hatte noch eine letzte Frage.

»Etwas habe ich eben noch vergessen. In unserem Hotel geht das Gerücht, Monsieur Vesnins Patentochter sei des Mordes verdächtig, weil sie alles erbt. Ist sie auch Ihre Hauptverdächtige?«

»Nein. Die Dame ist mir leider nicht bekannt.«

»Es ist eine Winzerin aus Nuits Saint Georges. Ihr Name ist Béatrice …«

Der Professor wusste leider, wie der Satz weiterging.

»… Leroy.«

Währenddessen standen zwei Männer vor einem Hof in Epoigey, der zwar alt und verfallen war, dessen Mauern jedoch massiv in den Himmel ragten wie die Wälle einer Burg.

Benno von Saber hob unbeeindruckt sein Beinchen an einer von ihnen.

Der Professor hatte Pit und Jan vor dem Mann gewarnt, der hier wohnte und nicht nur nachts bei Madame Poincaré Käse stahl, sondern auch rauchte wie ein Schlot, ach was, wie ein ganzes Kohlekraftwerk. Jan drängte darauf, den Burschen schnell zu überführen, denn er müsse dringend noch zum Weingut von Mademoiselle Leroy. Ein paar Fotos wolle er dort schießen, das Weingut sei so wild romantisch und das Licht heute so fantastisch.

Es fing gerade zu nieseln an.

Pit konnte es kaum erwarten, Gérard gegenüberzustehen. Er hatte zwar einen illustren Freundeskreis, aber ein Einbrecher war nicht darunter. Na gut, einer, aber Käse hatte der nie gestohlen. Nur Damenunterwäsche und Whisky. Sonst nichts. Ein Mann mit Prinzipien.

Gérard Brunots Haustür war abweisender als ein Sargdeckel. Ohne Klingel, nicht einmal ein Klopfer war dran. Pit und Jan gingen deshalb in den Hof, doch auch dort fand sich der Hausherr nicht.

»Die Hintertür ist verschlossen«, sagte Jan. »Lass uns gehen und später noch einmal wiederkommen.«

»Stimmt, du willst das super Licht ausnutzen«, sagte Pit und blickte hoch zu den sich auftürmenden Wolken.

»Unter anderem«, antwortete Jan grinsend.

»Wir sollten kurz noch im Garten nachsehen.«

Dieser, vielmehr eine kleine Länderei, erstreckte sich hinter dem Hof. Eine Hütte stand gute zwanzig Meter entfernt. Vermutlich bewahrte Gérard dort allerlei Gerätschaften auf. Noch etwas weiter hinten gab es einen hohen Holzzaun, zum Gutteil von Efeu überwuchert. Eine Tür war darin eingelassen. Was dahinter lag, ließ sich nur erahnen.

»Da gehen wir hin«, sagte Pit.

Benno von Saber lief kläffend vor.

»Spätestens jetzt weiß Gérard, dass jemand zu Besuch kommt«, seufzte Jan. »Dank unserer kleinen hechelnden Polizeisirene.«

»Vielleicht ist unser Käseklauer auch gar nicht da.«

Doch. Er war da. Im Blaumann trat er aus dem umzäunten Areal.

»Könnte das geheime Käselager sein«, flüsterte Pit.

»Quatsch«, erwiderte Jan. »Eher eine Hanfplantage.«

Gérard verschränkte die Arme über der breiten Brust. Er sah anders aus als sonst. Kein Stumpen hing in seinem Mundwinkel. »Was wollen Sie auf meinem Grund und Boden?«

»Quatschen«, rief Pit. »Über deinen Einbruch bei Madame Poincaré.«

Gérard versteinerte. Er hatte den Mund schon zu einer Antwort geöffnet, doch dann trat die Kiefersperre ein.

Sie waren immer noch ein gutes Stück Weg von ihm entfernt.

»Sehr subtil«, sagte Jan leise zu Pit.

»Nein, voll in die Fresse. Nur das verstehen solche Typen.«

Das Leben fuhr mit einem Schlag in Gérard zurück. »Ich weiß nicht, wovon Sie reden.«

Pit wandte sich lächelnd an Jan. »Volltreffer! Er verjagt uns nicht. Und warum: weil er erst herausfinden will, wie viel wir wirklich wissen. Und er ist sich sicher, dass er uns was vorspielen kann. Aber nicht mit Pit!«

Die letzten Meter bis zu Gérard schwiegen sie. Pit straffte die Schultern und trat vor ihn. Er war einen guten Kopf größer als Gérard und ein handelsübliches Graubrot breiter. Doch der Bauch des Bauern war gewaltig. Da konnte selbst Pits nicht mithalten. Fraglos eine mächtige Waffe. Pit rief sich nochmals ins Gedächtnis, was die Hamburger Studenten des Professors über Gérard Brunot in Erfahrung gebracht hatten. Der alte Mann baute schwarze Johannisbeeren an, Cassis, seine Felder mit den rund einen Meter hohen Sträuchern lagen etwas entfernt von Epoigey. Er verkaufte immer an dieselben Likörproduzenten. Es gab jahrzehntealte Vereinbarungen, nichts Schriftliches, aber Worte waren gegeben und Hände geschüttelt worden. Ein wenig Landwirtschaft betrieb er noch für sich selbst hinter dem Haus, was man so brauchte an Gemüse, mehr nicht. Man erzählte sich, dass er nicht nur einen grünen Daumen, sondern eine grüne Hand hatte, dass bei ihm alles spross und gedieh. Sein Geheimnis gab er jedoch niemals preis. Einige vermuteten, er würde Leichen vom Friedhof stehlen, denn die gaben bekanntlich den besten Dünger. Gérard antwortete auf solchen Blödsinn nicht und aß seine vollreifen Tomaten alleine. Ein Eigenbrötler von echtem Schrot und Korn.

»Wir haben dich gesehen, *Gérard*.« Pit zog den Namen lang, sodass er wie eine Drohung klang. »Letzte Nacht, um halb drei. Du hast einen Korb voll Käse geklaut.«

Gérard starrte ihn wortlos an.

Jetzt musste Pit nachsetzen, das wusste er. Jan verharrte währenddessen einige Schritte hinter ihm, diese Konfrontation war ihm merklich unangenehm. Pit fing dagegen gerade erst an, Spaß zu haben. Er machte einen weiteren Schritt auf Gérard zu. Nase an Nase.

»Willst sie an den Meistbietenden verkaufen, was?« Er stupste dem Bauern mit dem Finger auf die Brust. Wenn er Gérard nicht zum Ausflippen brachte, würde dieser Sturkopf nie etwas verraten. »Willst aus dem Tod einer alten Frau Profit ziehen.«

»*Espèce de porc! Clébard! Con!*«, spuckte Gérard aus. Pit kannte die Übersetzung: Dreckschwein. Mistköter. Arschloch.

Na also. Ging doch.

»Eigentlich wollten wir zur Polizei«, machte Pit fröhlich weiter. »Aber wir dachten, wir besuchen dich vorher mal.«

Gérard blickte zu Boden.

»Was wollt ihr? Geld? Hab ich keins. Die Käse sind nur für mich. Ich mag sie halt. Das ist alles. Kein großes Verbrechen, Käse zu klauen, oder?«

»Mein Freund hier«, Pit deutete auf Jan, »ist von der *Gazette de Côte d'Or.* Wenn er etwas über deinen nächtlichen Einbruch schreibt, werden sicher einige Schlauköpfe denken, du hättest die gute Madame Poincaré ins Jenseits befördert, um kostenlos an ihre Käse zu kommen. Oder, Jan?«

»Das wäre möglich.«

Gérard ließ seine Fingerknöchel knacken. »Niemals hätte ich Madame Poincaré umgebracht.«

»Wer denn dann?«

»Weiß ich doch nicht.«

Pit bemerkte, dass er den maulfaulen Bauern gut leiden konnte. Er mochte Menschen, die wie knorrige alte Bäume waren und sich nicht nach jedem Lüftchen drehten. Dieser Mann hier wurzelte tief im burgundischen Boden, seine Hände erzählten von vielen Jahren harter Arbeit, sein Gesicht von unzähligen Sonnenstunden und seine Augen von vielen Entbehrungen und vom Stolz, es im Leben zu bescheidenem Reichtum gebracht zu haben. Er sah nicht aus wie ein Mörder, doch die sahen selten aus wie in Edgar-Wallace-Filmen. Sondern wie jeder andere. Auch wie Gérard Brunot.

Der alte Bauer hatte sich die ganze Zeit nicht bewegt, obwohl Pit ihm massiv auf die Pelle gerückt war. Und jetzt erkannte dieser, warum: Gérard schützte das von dem hohen Holzzaun abgetrennte Feld. Er wollte auf keinen Fall, dass Pit und Jan dorthinein gingen.

Deshalb mussten sie genau das tun.

Pit drückte Gérard bestimmt zur Seite. Er leistete nur kurz Widerstand.

Hinter dem Zaun erwartete sie eine Überraschung.

Kein Käse. Kein Hanf. Kein Tierzwinger. Keine Goldschätze, Perlen oder Gelddruckmaschinen.

»Streichhölzer«, stutzte Jan.

»Tausende«, ergänzte Pit.

»Ist das das Taj Mahal?«

Gérard nickte.

»Und das da Notre-Dame?« In Jans Stimme klang Bewunderung mit.

Gérard stellte sich stolz vor den Nachbau der berühmten Pariser Kirche. »Eines meiner ersten Kunstwerke.«

Über den mannshohen Streichholz-Modellen spannte sich schützend eine große Plastikplane. Staunend betrachteten Pit und Jan die Bauten aus nächster Nähe. Den Eiffelturm, die Freiheitsstatue, den Kölner Dom, die Pyramiden. Und vor allem das anscheinend neueste, noch unvollendete Werk: Madame Poincaré, die auf einem riesigen Epoigey saß.

»Du bist ... ein echter Künstler«, sagte Pit. »Warum versteckst du deine Bauten hier? Die sollte doch jeder sehen.«

Gérard schüttelte entschieden den Kopf. »Das geht keinen was an. Wagen Sie es ja nicht, Fotos zu schießen!«

Jan senkte seine Kamera, die er ganz automatisch gezückt hatte.

Pit bewunderte derweil das große handwerkliche Können des Bauern. Es war unglaublich, welch diffizile Arbeit er mit seinen großen, schwieligen Pranken vollführt hatte. Die kleinen Bögen der Kirche, die Querstreben des Eiffelturms, die Grübchen in Madame Poincarés Gesicht. Alles bis ins Detail perfekt. Pit legte seine Hand auf Gérards Schulter. Dieser zuckte kurz zusammen, doch Pit meinte es als Geste der Freundschaft.

»Wer hat die Käserin umgebracht?«, fragte er im nächsten Atemzug erneut.

»Ich weiß es nicht. Und wer bin ich, jemanden zu verdächtigen? Nur ein dummer, alter Mann, der Käse stiehlt wie ein Verbrecher.«

»Wer?«, fragte Pit.

Langsam trat Gérard vor die Statue Madame Poincarés. »Es gibt Streit wegen des Erbes. Eine ausgewanderte Cousine ist verärgert.«

»Warum?«

»Weil Benoit alles bekommen soll. Darum. Das Haus, die Käserei, den Namen, fruchtbaren Boden, die Kühe. Aber Benoit hätte ihr nie was angetan, der ist ein guter Junge.«

»Und ein einfacher Landpolizist mit wenig Kohle, oder?«

Bevor Gérard antworten konnte, klingelte Jans Handy. Er entfernte sich einige Schritte, um zu telefonieren, kam aber schon nach kurzer Zeit zurück.

Er sah plötzlich sehr ungesund aus.

»Das war der Lokalchef meiner Zeitung. Ich muss ganz dringend nach Dijon. Es ist nicht einmal mehr Zeit, dass ich nach Nuits Saint Georges fahre, um ein paar Fotos des Weinguts zu schießen.«

»Und deswegen bist du so blass?« Pit nahm ihn zur Seite.

»Nein, nicht deswegen.«

»Du siehst aus, als sei schon wieder jemand gestorben.«

Jan fuhr sich nervös durchs Haar. »Ganz im Gegenteil. *Maître fromager affineur* Hervé Picard ist wieder aufgetaucht. Ihn soll ich fotografieren. Für den Aufmacher.« Er presste die Lippen aufeinander.

»Da kommt noch was, oder?«, fragte Pit.

Er erntete ein Nicken von Jan. »Monsieur Picard sieht wohl ganz anders aus als vor seinem Verschwinden.«

KAPITEL 6

Der größte Käse Frankreichs

Der Professor sah Jan erst am Frühstückstisch wieder. Er musste dort aber erst nach ihm suchen. Das war Pit anzulasten, der am Morgen jedes Lebensmittel im Supermarkt erstanden hatte, das ihn interessierte. Diverse Frühstücksflocken – der Professor weigerte sich standhaft, sie Cerealien zu nennen –, Marmeladen, Würste, Käse, Süßigkeiten, Gebäck. Sowie einige Packungen, bei denen der Professor trotz der darauf befindlichen Abbildungen nicht sagen konnte, was sie beinhalteten.

Sie alle bildeten ein Mittelgebirge auf dem Küchentisch.

Das war vielleicht auch gut so, denn der Professor musste Jan noch das Gerücht über Béatrice Leroy beibringen. Er würde den richtigen Moment abwarten und erst einmal mit Ruhe und Genuss die Zeitung studieren. Die Hinweise und Spuren der Mordfälle türmten sich in seinem Kopf wie Pits Jagdtrophäen auf dem Tisch, es konnte nicht schaden, die Denkmaschine mit einem ausgiebigen Frühstück und einer großen Tasse Kaffee langsam in Schwung zu bringen. Doch seine Denkmaschine kam nicht langsam in Schwung. Sie wurde durch den Aufmacher des Lokalteils zum absoluten Kaltstart gezwungen. Überraschenderweise war nicht das Käsefest Topthema. Nein, das Topthema stammte aus Hamburg-Eppendorf.

Auf der anderen Seite des Gebirges bei Jan und Pit kamen nur einige Sätze an, die der Professor, ohne es zu merken, laut vorlas. *Tote Käser – Deutscher Professor glaubt an Kuh-Verschwörung. Adalbert Bietigheim bezeichnet franzö-*

sische Polizei als unfähig. Es geschah auf einem wissenschaftlichen Kongress in Beaune ... »Wissenschaftlicher Kongress, pah! Da sieht man, wie schlampig recherchiert wurde. Eine interne Fortbildungsveranstaltung war das.« Bietigheim schnaubte.

Der deutsche Universitäts-Professor (Universität Bremen) behauptete, er habe die Leichen entdeckt und in beiden Fällen habe es sich um Mord gehandelt. Jedes Mal sei er zuvor auf glückliche Kühe gestoßen. Ob der deutsche Professor meint, die Rindviecher hätten die Käser auf dem Gewissen? Wer immer das Geheimnis um die Kühe lösen könne, so Bietigheim weiter, löse die Morde. Die französische Polizei würde dies jedoch mit Sicherheit nicht bewerkstelligen, sie sei nämlich äußerst unfähig, weshalb er nun selbst ermittele. Die zuständige Polizeistelle wollte sich zu den Aussagen nicht äußern, gab jedoch zu verstehen, dass man Adalbert Bietigheim umgehend aufs Präsidium laden werde.

Es klackte. Pit stand auf. »Toast ist fertig. Jemand Toast? Hallo?«

»Nimm's nicht so schwer«, sagte Jan. »Das ist morgen alles wieder vergessen. Das liest doch eh keiner.«

Das Telefon klingelte.

»Ich geh nicht ran«, beeilte sich Jan zu sagen. »Beim Frühstück soll man sich nicht stören lassen.«

In diesem Moment überraschte Bietigheim seine beiden Mitbewohner. Er hielt die Zeitung triumphierend empor. »Jetzt nehmen sie mich endlich wahr!«

»Nein, Professor. Jetzt halten die Sie für total durchgeknallt.« Pit schmierte sich etwas aufs Brot, das eine Nussnougatcreme sein konnte oder aber eine unselige Kreuzung aus Blut- und Leberwurst.

Der Professor musste sich eingestehen, dass Pit grundsätzlich recht hatte. Während des Vortrags war einfach der Gaul mit ihm durchgegangen. Doch wenn sich eine Chance bot, die unvergleichliche Hildegard zu Trömmsen zu beeindrucken, wurde er halt schwach! Vielleicht hatte das Ganze aber auch seine guten Seiten. Manchmal musste man Staub aufwirbeln, um darunter Liegendes klarer erkennen zu können.

»Nun bin ich ein Ärgernis, mit dem man sich auseinandersetzen muss. Und die Menschen vor Ort, Polizei inklusive, wissen jetzt, dass ich die Morde aufzuklären gedenke.«

»Nicht zu vergessen das Geheimnis der glücklichen Kühe.«

Das Telefon klingelte weiter und nicht unbedingt leiser.

»Es könnte sich jemand mit einem Hinweis bei mir melden!«

»Vielleicht eine Kuh«, sagte Pit grinsend.

»Ach, reden Sie doch kein dummes Zeug! Vielleicht ist es Epoigeys diktatorischer Bürgermeister, der nun endlich ausführlich mit mir sprechen will.«

»Er wird eher ein Hühnchen mit Ihnen rupfen, Professore.«

»Und wenn schon! Ich muss ihn nur dazu bringen, dabei so viel Alkohol zu trinken, dass er sich verplappert. Meine Leber mag schwach sein, aber mein Hirn wird dies mehr als ausgleichen.« Das Telefon hörte auf zu klingeln. »Na, endlich. Und wo wir bei überraschenden Nachrichten sind, habe ich auch eine für dich, Cousin: Die Polizei verdächtigt Monsieur Vesnins Patentochter.«

Jan goss sich etwas Milch in den Kaffee. »Wie schön, dass sie endlich eine Spur haben.«

»Es handelt sich um Béatrice Leroy.«

Der Professor konnte Jans Gesicht wegen einer Packung Galettes de France pur Beurre nicht sehen. Doch der Raum kühlte sich spürbar um mehrere Grad ab.

»Sie war es nicht.«

»Das glaube ich auch«, sagte der Professor. »Aber genauso sicher bin ich mir, dass etwas mit der jungen – und zugegeben bezaubernden – Dame nicht stimmt. Und um was immer es sich dabei handelt, es könnte uns zum Mörder führen.«

»Dann muss ich unbedingt noch mal zu ihr.«

»Unbedingt«, bestätigte der Professor. »Da führt kein Weg dran vorbei.«

»Ich habe auch etwas Interessantes für dich«, war jetzt Jan an der Reihe. »Dein Lieblings-Affineur Hervé Picard ist wieder aufgetaucht.«

»Nein!«

»Und ich war gestern bei ihm.«

»Nein!«

»Ich war ehrlich schockiert, als ich ihn sah.«

»Nein … wirklich?«

Benno von Saber sprang auf Pits Schoß. Vermutlich weil er von dort einen besseren Ausblick auf die Frühstücksgenüsse hatte. Nun war es nur noch ein weiterer Sprung, bis er mittendrin säße. Doch Pit hielt ihn fest und schaltete sich ins Gespräch ein.

»Wieso warst du denn überrascht? Saß er im Rollstuhl?«

Jan schüttelte den Kopf.

»War sein Gesicht entstellt?«

»Auch nicht.«

»Liegt er etwa auf der Intensivstation im Koma?«

»Vergiss es, du kommst nicht drauf. Das Überraschende war: Er trug keine roten Schuhe.«

»Ohoho«, johlte Pit. »Na, das ist ja mal ein Ding!«

Der Professor grub einen Tunnel durchs Lebensmittelgebirge, um Pit beim Reden in die Augen blicken zu können. »Wenn Sie dreißig Jahre lang für Ihre maßgeschneiderten roten Lederschuhe bekannt waren, Gerüchten zufolge mit diesen sogar ins Bett gingen, dann schon.«

»Es kommt noch besser«, sagte Jan. »Sein dunkles, volles Haar hat sich in blonde Stoppeln verwandelt. Außerdem trägt er jetzt einen Dreitagebart und ist braun gebrannt. Seine Arbeit als Affineur will er vorerst ruhen lassen, er spricht von einer kreativen Pause, will zu vielen Käsereien reisen, auch ins Ausland, und schauen, welche Betriebe es zu fördern gilt. Neue Namen will er finden, ohne Scheuklappen. Er sei jetzt ein anderer Mensch.«

»Hast du gefragt, warum er mich im Keller eingesperrt hat?«

»Ein Versehen, das ihm sehr leid tut. Er sei total durcheinander gewesen, nachdem du ihn über den Mord informiert hattest, und habe nicht bemerkt, dass die Tür zum Keller hinter ihm ins Schloss gefallen war. Diese hat eine Schließautomatik, aus Sicherheitsgründen. Und dann hat er einfach vergessen, dass du noch da unten warst. Picard hat mir extra Käse für dich mitgegeben, eine ganze Tüte voll, er war wirklich sehr zerknirscht. Ich habe sie in den Kühlschrank gepackt.«

Der Professor stand auf und nahm das Mitbringsel in Augenschein. Die Tüte enthielt nahezu sämtliche Spitzenkäse Frankreichs – und alle auf den Punkt gereift. Teure Ware, doch viel zu wenig für solch eine schwache Ausrede. Er drehte sich wieder zu Jan um.

»Es bleibt trotzdem die Frage, warum er so plötzlich aufgebrochen ist und niemandem gesagt hat, wohin. Wo war er überhaupt in der Zwischenzeit?«

»Bei einem alten Freund an der Loire. Mehr wollte Picard nicht sagen. Und er bestand darauf, dass ich kein Foto von ihm schieße, hat sogar mit seinem Anwalt gedroht. Ich darf auch nicht schreiben, wie er jetzt aussieht. Ja noch nicht einmal, dass er jetzt anders aussieht. Warum, wollte er nicht preisgeben.«

Bietigheim setzte sich wieder. »Männer, wir werden nun frühstücken, und zwar ausgiebig, denn wir brauchen eine gute Grundlage für die Spurensuche. Jan, du gehst, wie bereits besprochen, zu Mademoiselle Leroy. Pit, du überwachst weiter Gérard.«

»Warum? Der ist eigentlich echt nett. Und baut super

Streichholzmodelle. Außerdem wollte ich mir heute einen ruhigen Tag machen.«

Ein Blick genügte.

»Gut, ich mach's. Aber dann müssen Sie diese Woche mal kochen.«

Der Professor lächelte, denn nichts war seiner Stimmung zuträglicher als eine Schmeichelei zur rechten Zeit.

Heute Abend würde der Professor sich den Bürgermeister schnappen – doch jetzt ging es erst einmal zum größten Käse Frankreichs. Der stand in Lyon, der Stadt, wo Rhône und Saône zusammenflossen, der Metropole auf den Hügeln, der zerrissenen Schönen. Doch der dort beheimatete riesige in Kunstharz eingegossene Camembert interessierte den Professor überhaupt nicht. Schließlich hatte er bereits den größten Käse der Welt gesehen, im nordholländischen Alkmaar. 600,5 Kilogramm schwer, aus 5000 Litern Milch erzeugt. Ein Riesenklumpen von einem halben Meter Höhe und 1,60 Metern Durchmesser. Kranker Auswuchs einer Welt, die immer nur auf das Höher, Schneller, Weiter schielte. Bietigheim interessierte in diesem Fall nur die Firma, die für das Camembert-Monstrum verantwortlich war. Und die sich anschickte, Kleinkäsereien aufzukaufen, deren Inhaber auf merkwürdige Weise umgebracht wurden. Frombel.

Ihm war klar, dass sein Verdacht, Frombel könne etwas mit den Verbrechen zu tun haben, weit hergeholt war. Vermutlich würde ein solcher Konzern, der Millionen über Millionen Euro umsetzte, sich nicht mit Morden an kleinen Käsern beschäftigen. Er würde stattdessen mit so viel Geld um sich schmeißen, bis er bekam, wonach es ihm gelüstete. Doch konnte es wirklich purer Zufall sein, dass Frombel gerade jetzt versucht hatte, sich die Käsereien einzuverleiben? Auch wenn es nur den Hauch einer Möglichkeit gab, dass der Konzern etwas mit den Morden zu tun hatte, musste er dieser Spur nachgehen, wollte er die französische Käsekultur vor der Ausrottung bewahren.

Der Professor würde nicht alleine in Lyon auftauchen, er hatte einen Köder eingepackt, um Monsieur Bourcin hervorzulocken. Davide Aleppo, den jungen Käser aus Korsika. Praktischerweise besaß der junge Mann einen Führerschein, und der Mietwagen war schnell organisiert. Wie sich auf der zweistündigen Fahrt Richtung Süden herausstellte, war Davide gelernter Metzger (was ihm die Hochachtung von Pit eingebracht hätte), hatte nach dem Tod seines Vaters aber den Familienbetrieb übernehmen müssen. Heute konnte man sagen: Davide hatte ihn gerettet. Sein Käse fand sich mittlerweile in vielen Spitzenrestaurants von Frankreichs Süden, für dieses Jahr plante er die Eroberung der restlichen Grande Nation. Eine echte Erfolgsstory.

Zuerst gab es eine Führung durch den riesenhaften Komplex, der Bietigheim an Louis de Funès' Geniestreich *Brust oder Keule* erinnerte. Es hätte ihn nicht gewundert, wenn aus irgendeinem Schlauch grüner Plastikbrei geströmt wäre, den ein stahlglänzender Frombel-Roboter in Käseform presste. Davide Aleppo dagegen schien ehrlich beeindruckt zu sein von den diversen Produktionsstufen. Am Ende der Führung gab es sogar eine Käseverkostung.

Frombel war großzügig.

Dreiundzwanzig Käse wurden präsentiert. In Form, Farbe und Konsistenz glich keiner dem anderen.

Das Besondere daran: Sie schmeckten alle gleich. Nämlich nach nichts.

Die Probenleiterin im Laborkittel schwafelte trotzdem von nussigen, grasigen und fruchtigen Noten. Vermutlich hatte sie noch Reste vom Frühstück zwischen den Zähnen.

Beim letzten Käse trat dann ein Mann hinzu, bei dessen Anblick der Professor beinahe einen Schock erlitten hätte.

Er glich Louis de Funès wie aufs Haar! Im Maßanzug und mit Designerbrille.

Bietigheim unterdrückte ein Lachen, was ihm jedoch misslang und ihn zwang, einen Hustenanfall zu simulieren. Wenn der Mann jetzt ein Gespräch mit großer Gestik und den Worten »Nein! Doch! Oooh!« beginnen würde, gelänge ihm nicht einmal mehr dies.

»Sie müssen Monsieur Aleppo sein«, sagte der falsche Louis, kam mit ausgestreckten Armen auf den Professor zu und gab ihm »la bise«. Küsschen links, Küsschen rechts, nein, nicht wirklich Küsschen, ein Hauch, eine Andeutung, sehr französisch, eigentlich berührten sich nur die Wangen und die Lippen spitzten sich in der Luft.

»Ich bin Claude Bourcin, Geschäftsführer von Frombel Europe.«

»Hocherfreut, mein Name ist Bietigheim, ich begleite Herrn Aleppo in beratender Funktion.« Der Professor nickte in Richtung des jungen Käsers.

»Entschuldigen Sie das Missverständnis«, sagte Claude Bourcin mit einem nun noch größeren Lächeln und schüttelte Davide Aleppo die Hand. »Aber ich hatte nicht erwartet, dass ein so junger Mann ein so berühmter Käser sein kann.«

Er klang sogar wie Louis des Funès.

Gespenstisch.

Der Professor hatte seine Hilfskräfte in Hamburg Informationen über Bourcin zusammenstellen lassen, wobei einiges, vor allem über seine genaue Herkunft, noch im Dunkeln lag. Doch so viel war klar: Seine gesamte Karriere hatte in der Lebensmittelindustrie stattgefunden. In der Schweiz war er bei Nestlé angestellt gewesen, eine Zeit lang hatte er für den Konzern in Mittelamerika gearbeitet, wo er neue Märkte erschloss. Bourcin war verheiratet, hatte drei Kinder, alle bereits aus dem Haus, bis auf eine Tochter sämtlich verheiratet. Es existierte eine Homestory in der *Modern Living* über sein Anwesen in Meyzieu nahe Lyon. Inklusive Badeteich mit Kanada-Enten. Im Hafen von Saint-Tropez lag sein ganzer Stolz, eine Vierzehn-Meter-

Hochsee-Segelyacht. Seine Frau Carla engagierte sich für Verbrechensopfer. Sie lebte einen Großteil des Jahres am Meer. Trotzdem führten sie wohl eine glückliche Ehe.

»Und?«, riss Bourcin ihn aus den Gedanken. »Hat Sie unsere kleine Käserei beeindruckt?«

Das hatte sie. So wie Godzilla die Bewohner Tokios beeindruckte, bevor er ihre Häuser platttrat.

»Sehr«, sagte der Professor, den Claude Bourcin allerdings nicht mehr beachtete.

»Darf ich Sie beide zu einem Kaffee einladen? In meinem Büro?«

Er wies lächelnd auf die Tür, doch sein Büro lag nicht dahinter. Es befand sich im obersten Stockwerk, wohin endlose Wege zurückzulegen waren. Die Zeit füllte Monsieur Bourcin mit routiniertem Small Talk.

»Treten Sie bitte ein«, sagte der Herr des Hauses schließlich und öffnete die Tür zu seinem Reich.

Es gab Hallenbäder, die kleiner waren.

Der Kaffee stand bereits auf dem Tisch. Eine teure Röstung, wie der Professor sogleich roch.

»Es freut mich wirklich sehr, einmal einen berühmten korsischen Käsemacher willkommen zu heißen.«

»Ich habe Ihnen auch etwas mitgebracht«, sagte Davide und überreichte einen korsischen Madenkäse. Wie es sich gehörte mit noch lebenden Tierchen darauf. Monsieur Bourcin war angemessen beeindruckt, holte sich sogar gleich ein Stück Brot und verkostete das Geschenk.

»Herrlich würzig, ganz großartig!« Er tupfte sich den Mund ab. »Und nun erzählen Sie mir, was Sie zu uns führt. So gern ich glauben möchte, dass Sie nur unser Werk besichtigen wollten, so genau weiß ich doch, dass die Zeit eines Käsemachers dafür viel zu wertvoll ist. Sie sagten meiner Sekretärin, Sie hätten ein Anliegen?« Bourcin lehnte sich in seinem Polstersessel zurück und führte die Fingerspitzen zueinander.

Nun würde der Köder namens Davide Aleppo etwas zappeln, dachte der Professor. Damit der große Hecht Bourcin zubiss.

Der junge Käser lächelte verlegen. »Ich habe gehört, dass Sie zurzeit kleine Käsereien aufkaufen und wollte ...«

»Sie sehen mich überrascht«, fuhr Bourcin dazwischen. Er schien tatsächlich überrascht, ja, sogar ein wenig verärgert. »Ich wusste nicht, dass die Kunde schon bis zu Ihnen nach Korsika gedrungen ist.«

»Die Käsewelt ist klein.«

Das Gesicht von Louis de Funès änderte sich. Die Augen verengten sich zu Schlitzen. »Die Käsewelt ist *mafiös*! Ihre Überraschung ehrt Sie, vielleicht ist es in Korsika noch nicht so, weil – entschuldigen Sie meine Offenheit – Ihre Heimat bei Spitzenkäsen ein Entwicklungsland ist.«

Der Professor fand, es war an der Zeit nachzuhaken. »Mafiös?«

»Es herrschen mafiöse Strukturen, nichts anderes. Und dieses Rattennest gilt es auszuräuchern. Verzeihen Sie, dass ich so erregt bin, aber dieses Thema beschäftigt mich schon lange. Ich bin Ihnen, lieber Herr Aleppo, aber noch eine Antwort schuldig: Ja, wir kaufen momentan Käsereien auf, weil wir eine Exklusiv-Linie etablieren möchten. Aber unsere Expansionsstrategie sieht vor, zuerst nur Betriebe auf dem französischen Festland zu übernehmen. Erst im zweiten Schritt sollen Käsereien außerhalb dieses Kernbereichs folgen. Dann werden wir uns sicherlich nochmals unterhalten.« Er griff sich abermals das Brot mit dem Madenkäse und biss hinein. »Einzigartig!«

Die Erzeugnisse der Spitzenproduzenten würden Frombel fraglos die Türen zu den besten Restaurants des Landes öffnen. Und viel wichtiger: Der Glanz dieser Qualitäten würde auch auf ihre Supermarkt-Pampe abfärben.

»Ist es richtig«, schaltete sich nun wieder der Professor ein, »dass Sie auch die Absicht haben, Madame Poincarés Käserei zu kaufen, Gott hab sie selig.«

»Oh nein, das haben wir nicht vor.«

»Nein?«

»Nein.« Bourcin lächelte und sah jetzt gar nicht mehr aus wie Louis de Funès. Es sei denn, Louis de Funès hätte einen New Yorker Finanzhai gespielt. »Denn sie gehört uns bereits. Heute Morgen hat Madame Poincarés Erbe den Kaufvertrag unterschrieben. Wir bekommen die Käserei aus dem Nachlass und der örtliche Bürgermeister die Kuhweide. Alle sind glücklich.«

Der unscheinbare Benoit. Unscheinbar, aber geschäftstüchtig.

»Aber keiner kennt die Rezeptur des Käses«, wandte der Professor ein. Doch auch dadurch wich das Lächeln nicht vom Gesicht des Käsegiganten.

»Wir haben unsere Leute. Sie werden ein bisschen herumexperimentieren, das kriegen wir schon hin. Doch selbst wenn es ihnen nicht zu hundert Prozent gelingen sollte, der Vacherin d'Epoigey wird nicht sterben.« Er blickte auf die Uhr. »Oh, mein nächster Termin ruft leider. Ich darf mich entschuldigen.«

Und damit setzte er sie vor die Tür.

Beim Hinausgehen kamen sie an einem Großraumbüro vorbei, und der Professor erhaschte einen Blick hinein. Er erblickte es nur aus dem Augenwinkel, doch das Motiv auf einem der Computerbildschirme schickte ein Schaudern über seinen Rücken: ein Foto von Madame Poincaré, daneben Monsieur Vesnin und vier weitere der berühmtesten Käsemacher Frankreichs. Sie standen im Halbdunkel hinter einer silbernen Anrichteplatte, auf der ihre Käse drapiert waren. Darüber prangte der Slogan: »Käse ist Leben – die Besten von Frombel.«

Jan fand Béatrice Leroy weder in den Weinbergen noch im Kelterhaus. Doch die Haustür des Gutes stand offen. Sie musste in der Nähe sein. Die alten Mauern des Herrenhauses empfingen ihn wie ein eisgekühlter Longdrink.

»Mademoiselle Leroy?«

Leise ging er die durch jahrhundertelange Benutzung in der Mitte abgetretenen Steinstufen in den Weinkeller hinab, denn dort brannte Licht.

Jan hätte nochmals rufen können, sich ankündigen, doch er wollte lieber überraschend in der Tür stehen. Am besten mit einem Lächeln, und ihre Augen in diesem ersten Moment des Erkennens sehen, in dem sich niemand verstellen konnte. Dann würde er wissen, ob in ihr eine auch noch so kleine Flamme für ihn brannte, die er anfeuern konnte.

Doch stattdessen blieb er im Durchgang stehen, im Schatten, und betrachtete Béatrice Leroy schweigend.

Sie verkostete gerade einige Fässer, saugte den Wein mit einem Schlauch in ein Glas, kaute und schlürfte ihn, und spuckte dann in eine kupferne Kanne, die sie mit sich von Fass zu Fass trug. Wie elegant sie das tat, wie zielsicher sie traf. Wie eine Elfe. Ganz bestimmt: Genau so würden Elfen ihren Wein ausspucken.

Okay, er war total verliebt und nicht mehr bei Sinnen.

Jan wusste das – und es war ihm egal. Er fand es sogar richtig klasse, ein verliebter Idiot zu sein.

Er seufzte, und Béatrice blickte auf, in seine Richtung. Jan hielt die Luft an. Unendliche Sekunden lang.

Dann ging sie einfach weiter zum nächsten Fass.

Mist, jetzt konnte er sich nicht mehr blicken lassen. Dann wüsste sie nämlich, dass er dort gestanden und ihr zugeschaut hatte. Er musste weg, idealerweise absolut lautlos. Am besten löste er sich in Luft auf.

Nur noch einen letzten Blick.

Béatrice hielt inne. Sie schaute lange auf das Fass vor

sich, ein nagelneues, das etwas abseits der anderen stand. Ihre Hand fuhr darüber, streichelte es sachte. Dann sank sie, mit dem Rücken dagegen gelehnt, hinunter auf den kiesbedeckten Boden und weinte. Die alten Steinwände warfen ihr Schluchzen hohl auf sie zurück.

Jan wollte zu ihr, sie in den Arm nehmen, sie an sich drücken, doch das ging nicht. Aber weiter stehen bleiben und ihr beim Weinen zusehen konnte er auch nicht. Das war schrecklich.

Was hatte sie nur so traurig gemacht? Egal, wie schlecht ein Wein war, zum Heulen brachte er einen Winzer sicher nie.

Als er endlich mit pochendem Herzen das Eingangsportal von außen hinter sich schloss, saß ein Mann auf der Bank vor dem Weingut. Er hatte fünf prall gefüllte Plastiktüten, zwei Einkaufswagen, aber nur ein Ohr.

»Ist die Hausherrin da?«, fragte der Clochard.

»Im Weinkeller, aber ist gerade schlecht. Ist noch Platz auf der Bank? Ich muss mich mal setzen.«

Der Einohrige rückte zur Seite.

»Ich bin Nicolas, aber alle nennen mich Einohr. Früher war ich beim Zirkus. Messerwerfer.«

»Jan. Fotograf und Journalist – bin aber privat hier.«

Irgendwas klingelte in Jans Kopf. Aber er wusste nicht, wie er rangehen konnte.

»Ich bin auch privat hier«, sagte Nicolas. »Ich brauche ein Dach über dem Kopf, es soll regnen heute Nacht. Hier bekommt man manchmal eins und noch etwas Brot dazu. Allerdings nicht immer, die Mademoiselle ist launisch. Aber bei meiner ersten Anlaufstelle, der alten Madeleine, hat keiner aufgemacht.«

Madeleine? Madame Poincaré! Pit hatte von diesem Clochard erzählt, er hatte eine Affäre mit der Toten gehabt.

Er klärte Einohr über Madame Poincarés Dahinscheiden auf.

»Oh.« Der Clochard blickte lange in den Himmel, als würde sie nun von dort herunterblicken. »War 'ne gute Frau, die Madeleine, 'ne richtig gute. Ein großes Herz hatte sie, ein riesiges sogar. Und ihr Käse war köstlich.«

»Wie hast du sie denn kennengelernt?«

Nicolas lächelte und entblößte dabei seine Zähne. Sie sahen aus, als wäre eine Bomberstaffel darübergeflogen.

»Sie hat mich von der Straße geholt und nach einem anderen Clochard gefragt. Den kannte ich zufällig gut, wir waren lange zusammen unterwegs, bis runter nach Marseille, das Meer angucken, den Hafen, ist aber schon ein Weilchen her. Ich war ja früher Seemann, da zieht's einen immer wieder an die Küste. Und nachdem ich ihr alles über ihn erzählt hatte, vor allem, wie oft ich ihm aus der Scheiße geholfen habe, da ist sie mit mir hoch in ihr Zimmer. Das war eine schöne Nacht.« Er lehnte sich zurück.

»Ich dachte, du wärst Messerwerfer gewesen?«

»Ja, sicher. Vorher. So was füllt einen ja nicht ewig aus.«

»Wie heißt denn der andere Clochard?«

»Er nennt sich Pepe, weil er lange Zeit in Spanien gelebt hat. Aber das ist nicht sein richtiger Name. So was spüre ich, ich bin ja eigentlich Rechtsanwalt. Ich merke sofort, wenn einer lügt.«

Einohr hatte offensichtlich ein äußerst abwechslungsreiches Berufsleben hinter sich.

»Was ist Pepe denn für einer?«

»Tja, was ist der für einer? Ein guter Bursche, ruhig, erzählt nie viel von sich. Kann ordentlich was vertragen, jeden Fusel. Manchmal ist er etwas verwirrt, plappert dann von seiner Zeit in der Fremdenlegion. Alles gelogen. Er behauptet auch, er käme aus der Gegend hier. Völliger Quatsch.«

»Wie alt ist er?«

Einohr lachte laut auf. »Ich weiß ja noch nicht mal, wie alt ich bin. Dabei war ich früher Mathelehrer. Ich glaube, ich bin um die vierzig. So fühle ich mich zumindest. Vierzig und ein bisschen. Sieht man nur nicht wegen dem Dreck. Aber meine Haut ist wie ein Babypopo.«

Wenn der Einohrige vierzig war, dann steckte Mick Jagger noch in der Pubertät.

»Und wo kann ich diesen Pepe finden?«

Nicolas zuckte mit den Schultern.

»Heißt das, du weißt es nicht?«

»So kann man es auch sagen.«

Eine merkwürdige Antwort. »Was meinst du damit?«

»Pepe ist tot. Erfroren. Vor zwei, drei Jahren. Können auch vier gewesen sein. Vielleicht auch fünf. Also nicht mehr als sechs. Ob er in den Himmel oder die Hölle gekommen ist, weiß ich allerdings nicht.« Er bekreuzigte sich. »Obwohl ich früher Küster war.«

Vielleicht war es aus schlechtem Gewissen Béatrice gegenüber, vielleicht auch einfach nur, weil er diesen Clochard ins Herz geschlossen hatte, auf jeden Fall steckte Jan ihm nun drei Fünfzig-Euro-Scheine zu. »Lass es dir mal wieder richtig gut gehen, wie es bei messerwerfenden, Mathe lehrenden Seemännern mit Anwaltslizenz und Küsternebenjob üblich ist.«

»Von Haus aus bin ich eigentlich Landvermesser.«

»Die feiern ja bekanntlich am wildesten.«

Echte Arbeitsmoral endete nicht mit dem Tod des Chefs. Deshalb stand der Professor nun wieder in der Käserei von Monsieur Vesnin und ließ seine Nase vom Duft des Thillon umschmeicheln. Er hatte sich sogar einen Happen zum Eintreffen gegönnt. Eigentlich drei Stücke – in unterschiedlichen Reifestufen. Damit galt dieser Snack als wissenschaftliche Untersuchung.

Monsieur Vesnins Witwe hatte mit einem Blick erkannt, dass Emanuelle als Einzige den Laden schmeißen konnte, und ihr die Leitung übertragen. Wie sich herausstellte, war das Gerücht, Beatrice Leroy würde als Patentochter alles erben, genau das gewesen: nur ein Gerücht. Offen blieb, wer es gestreut hatte und warum. Vielleicht war eine alte Rechnung beglichen worden – auf besonders niederträchtige Art und Weise.

Der Professor fand Emanuelle im Büro des Ermordeten, wo sie Unterlagen durchwühlte. Schweiß stand ihr auf der Stirn und blonde Strähnen schauten unter der durchsichtigen Plastikhaube hervor.

»Adalbert, dich schickt der Himmel.« Emanuelle gab ihm die obligatorischen Küsse auf die Wangen.

»Fast. Mich schickt die Universität Hamburg.«

»Wie bitte?«

»Nichts. Wo ist Not am Mann?«

Sie drückte ein Lächeln heraus. »Eigentlich überall. Aber jetzt habe ich wenigstens fast alle Informationen zusammen. Es war wie puzzeln.« Sie deutete auf einen Packen Papier. »Du musst nicht meinen, dass Jean-François irgendwem das ganze Geheimnis seines Käses verraten hätte. Jeder bekam nur einen Teil zu hören, und einige Arbeiten führte er stets alleine durch.«

»Was für ein Unsinn. Der Thillon ist nicht zu kopieren. Selbst wenn man dieselbe Kuhrasse nehmen, sie gleich füttern und den Käse mit denselben Mikroorganismen impfen würde, käme doch ein anderes Produkt heraus. Denn das spezielle Klima eines Reifekellers lässt sich niemals reproduzieren. Das ist Magie!«

Emanuelle legte den Kopf schief und blickte ihn lange an. »So einen Praktikanten wie dich hatten wir noch nie.«

»Ich bin der festen Überzeugung, dass niemand jemals einen Praktikanten wie mich gehabt hat.«

»Wir müssen mal in Ruhe einen Kaffee zusammen trinken gehen, aber nicht jetzt. Hier ist meine Arbeit fürs Erste getan, aber gleich muss das Lab zugegeben werden. Kannst du das Putzen übernehmen?«

Sie war unheimlich gestresst. Und deshalb schnell aus dem Büro, nachdem der Professor ihre Frage bejaht hatte. Nun war er allein, und das schwarze lederne Spiralbindungsbüchlein lag vor ihm auf dem Schreibtisch.

Bietigheim hatte es die ganze Zeit über begierig im Blick behalten. Vermutlich ein Terminkalender – und ein solcher gab viel über seinen Besitzer preis. Wieso die Spurensicherung nicht alles aus diesem Büro in Kartons verpackt und mitgenommen hatte, war dem Professor ein Rätsel.

Eines von vielen.

Hätten sie allerdings alles mitgenommen, wäre es Emanuelle niemals geglückt, die Käserezeptur zu finden und die Produktion am Laufen zu halten. Vielleicht war das der Grund. Franzosen war guter Käse einfach wichtiger als die Aufklärung eines Mordes. Was der Professor grundsätzlich auch gut verstehen konnte – nur in diesem besonderen Fall nicht.

»Komm, Adalbert. Putzen!«, rief Emanuelle.

Der Professor griff sich kurzerhand das kleine Büchlein und ging in die Abstellkammer. Jetzt würde er ein paar Minuten haben, denn Emanuelle wusste, wie ungeschickt er sich dabei anstellte, alle Putzmittel herauszusuchen.

Er schlug schnell den Terminkalender auf. Monsieur Vesnins Handschrift war säuberlich und wunderbar zu lesen, doch leider benutzte er fast ausschließlich Kürzel. Es gab nur wenige Einträge – typisch für Menschen, die viele wöchentlich wiederkehrende Termine hatten, für die sie keine Gedächtnisstütze brauchten. Der Professor blätterte rasch weiter, um etwas Hilfreiches zu finden. Vielleicht einen Hinweis auf Béatrice Leroy, auf Madame Poincaré, auf den Bürgermeister, auf Gérard, Frombel, Benoit, auf irgendeinen der Verdächtigen. Doch nichts. »B« mochte Béatrice sein, doch es konnte auch für so vieles andere stehen.

»Adalbert! Wo bleibst du? Tempo!«, rief Emanuelle.

Natürlich konnte er das Notizbuch einfach mitgehen lassen, doch das wäre Diebstahl. Und so etwas tat ein Kulinaristik-Professor nicht. Er blätterte abermals die letzten Wochen vor dem Mord durch. Nichts. Kürzel über Kürzel. Um eines war ein Herz gemalt – dabei war Monsieur Vesnin ja verheiratet gewesen. An anderer Stelle fanden sich die Buchstaben HP. Sie standen vermutlich für Hervé Picard, den Dijoner Affineur, und nicht für den braunen Saucenklassiker aus England. Dass die beiden sich trafen, war nichts Ungewöhnliches, schließlich machten sie Geschäfte miteinander.

»Adalbert!«

Er musste.

»Ich komme ...«

Ein letzter Blick noch, nur noch einer! Dieser traf ein Wort, das dem Professor bereits zuvor aufgefallen war. Pont-l'Évêque. Ein Kuhmilchkäse und gleichzeitig ein Dorf in der Normandie. Das Wort war am 1. Juni eingetragen, darüber ein großes »LC«. Der Professor blätterte zurück. Am 1. Mai fand er wieder das »LC« und darunter Banon. Ein Weichkäse aus Ziegenmilch, in Esskastanienblätter eingewickelt. Und der Name des Dorfes in der Provence, wo der Banon seinen Ursprung hat.

So ging es weiter.

Am Ersten jeden Monats fand sich die legendäre Heimat eines französischen Käses.

Plus das Kürzel »LC«.

Der Professor hatte ein gutes Gedächtnis. Seine Studenten klagten darüber, dass er nie etwas vergaß, selbst wenn es Jahre zurücklag. Er speicherte alle Informationen ab, und da in seinem Kopf große Ordnung herrschte, fand er sie auch wieder, wenn er sie brauchte.

Genau deswegen durchfuhr ihn nun ein Schauder.

Der Professor erinnerte sich an Folgendes: Er hatte lange versucht, einen Termin bei Madame Poincaré zu bekommen. Dabei hatte es immer ein Datum gegeben, das sie kategorisch ausgeschlossen hatte.

Den Ersten eines jeden Monats.

Der Professor blätterte ein letztes Mal. Diesmal zum Ersten des nächsten Monats, dem Juli. Und tatsächlich. Auch an diesem fand sich in Monsieur Vesnins Terminkalender ein Eintrag mit »LC«. Und die Käsestadt darunter war selbst Erstsemestern ein Begriff.

Camembert.

Der Tag in der Käserei war hart gewesen. Am Ende kam sich der Professor wie ein alter Ackergaul vor, der seinen Pflug durch ein gefrorenes Feld gezogen hatte. Anschließend war er noch aufs Polizeirevier zitiert worden, wo man ihm ausgiebig die Leviten gelesen hatte. Ohne einen Anruf seines hochbezahlten Hamburger Anwalts hätten sie ihn vermutlich für einige Zeit dabehalten.

Die Aussicht, den Abend unter einer alten Buche sitzend und mit einem Glas Wein in der Hand ausklingen zu lassen, war deshalb wunderbar.

Mit Jules Bigot, dem korrupten Bürgermeister von Epoigey, als Tischnachbarn. Auch wenn der noch nichts von seinem Glück wusste.

Sommerabende im Burgund waren zauberhaft. Die warme Luft wehte von den Weinbergen herüber, die Grillen zirpten, als wollten sie ein Konzert geben, und die Trauben wurden immer praller.

Der Professor stellte sein Rad auf dem Dorfplatz ab, dessen Wiese durch das Käsefest wie verwüstet war. Benno von Saber sprang aus seinem Korb und versuchte, irgendwas zwischen die Zähne zu bekommen. Schon nach kurzer Zeit knabberte er auf etwas Grünem, das mit einem Bein noch aus seinem Fang hing. Der Professor ging jedoch fort von den reichen Jagdgründen und hinüber zum Dorfgasthof, der *L'Auberge du Vigneron*.

Dort saß der Bürgermeister wie jeden Abend, am besten Tisch, die altrosa Hemdärmel hochgekrempelt, sodass seine Orang-Utan-Arme zu sehen waren. Er hielt offensichtlich Hof. Doch zurzeit saß niemand sonst am Tisch des Königs.

Das war Bietigheims Chance.

Er würde nicht fragen, ob er sich zu ihm setzen durfte. Dieses »Nein« konnte er sich sparen. Stattdessen würde er eine List anwenden.

»Darf ich Sie zu einem guten Glas einladen? Als Entschuldigung für die Zeitungssache? Sie wählen aus.«

Jules Bigot blickte auf und kreuzte seine haarigen Arme über der Brust. Dann blickte er auf den leeren Stuhl vor sich.

»Einen Epoigey, Grand Cru, euren teuren«, rief er der Bedienung zu. »Und ich meine euren *richtig* teuren.« Erst jetzt wandte er sich an Bietigheim. »Sie wollen sich also entschuldigen? Ich halte Sie nicht auf.«

Der Professor hatte überhaupt kein Interesse daran, sich zu entschuldigen, noch nicht einmal zur Schau. Er hatte schließlich Prinzipien. Aber selbst mit Prinzipien gab es einen Weg aus dieser Zwickmühle.

»Bei einem Glas Wein geht das besser.«

»Ein wahres Wort.«

Er nahm Platz, während Benno von Saber sich unter dem Tisch postierte. Genau in der Mitte. Von da aus hatte er den kürzesten Weg zu eventuell herabfallenden Speiseresten – egal, von wo sie kamen.

Jules Bigot erinnerte Bietigheim ein wenig an den Kanzler der Universität Hamburg. Äußerst gesellig, doch wehe, jemand bedrohte sein Lebenswerk oder machte es auch nur schlecht. Dann verwandelte er sich in einen Säbelzahntiger.

Jules Bigots Lebenswerk war Epoigey und dessen guter Ruf für Käse und Wein.

Fein.

Die Flasche wurde entkorkt, Wein floss in Gläser, dann in Münder.

»Das ist der beste Wein aus Epoigey?«, fragte Bietigheim. »Der gaumt doch nach.«

»Der ... *was?*«

»Er gaumt nach. Ganz hinten im Rachen. Sehr unangenehm.«

»Der gaumt doch nicht nach.« Der Bürgermeister nippte am Glas. »Überhaupt nicht.«

»Wenn man einen großen Schluck nimmt«, erläuterte Bietigheim. »Dann gaumt er sehr.«

Der Bürgermeister nahm einen Schluck. »Blödsinn!«

Bietigheim zog eine Weinflasche aus seinem Rucksack. Es war ein ganz besonderer Tropfen: Bietigheimer Wurmberg. Trollinger. Ein grauenvoller Tropfen, aber jeder aus der Bietigheim-Sippe besaß ein paar Flaschen davon, denn einer der ihren kelterte den Wein. Der Professor hatte sich einfach in Jans Keller bedient.

»Verkosten Sie den mal, aus der Heimat meiner Urgroßeltern. Ein deutscher Rotwein. Da gaumt nichts.«

Der Bürgermeister ließ die Bedienung zwei weitere Gläser bringen.

»Deutsche und Rotwein? So nah am Nordpol wächst doch kein ordentlicher Rotwein!«

»Ist ja auch Trollinger. Das ist etwas ganz Eigenes.«

Mit kritischem Blick trank der Bürgermeister davon. »Bah!«

»Man muss zwei Schlucke trinken, besser drei. Das ist das Geheimnis des Trollingers. Man muss viel davon trinken. Erst dann schmeckt er.«

In Wirklichkeit konnte man so viel davon trinken, wie man wollte, er schmeckte immer noch wie Spülwasser mit Kirschlolly.

Das merkte auch Jules Bigot. »Und das nennt ihr Rotwein?« Er schüttete den Trollinger aus und pfiff die Kellnerin nochmals herbei, um eine weitere Flasche zu ordern. Sie kam aus Vosne-Romanée. »*Das* ist Rotwein.«

Bieitigheim fuhr es eiskalt über den Rücken, als dieser Tropfen seinen Gaumen benetzte. Traumhaft.

»Ich weiß nicht«, sagte er jedoch. »Etwas gerbsig.«

»Sie haben ja keine Ahnung!«

»Unter der Zunge ist er gerbsig. Aber ich probiere gerne noch einmal, wenn Sie sagen, dass dem nicht so ist.«

Der Bürgermeister grunzte zufrieden und nahm ebenfalls einen weiteren Schluck. Der Professor dagegen tat nur so. Er nahm den Wein in den Mund, natürlich, doch immer, wenn er sich tief hinunter zu Benno von Saber beugte, um diesen zu streicheln, spuckte er den Wein wieder aus.

»Fein ist er nicht«, sagte der Professor, nachdem er wieder aufgetaucht war. »Kraftvoll, ja. Aber an Eleganz mangelt es ihm.«

Der nächste scharfe Pfiff. Der nächste teure Wein. Die nächsten Kritikpunkte von Bietigheim, der darauf bestand, die Weine gegeneinander zu probieren. Von Wein zu Wein steigerte er das Lob, um sich Bigot gewogen zu machen. Zum Schluss hob der Professor einen Tropfen aus Epoigey in den Himmel.

Der Bürgermeister war so weit. Seine Augen schwappten in den Höhlen.

Bietigheim lehnte sich vor.

»Mal ganz unter uns. Ich frage mich immer wieder: Wer war es? Wer hat Madame Poincaré getötet? Was meinen Sie? Sie wissen doch am besten, was in Ihrem Dorf vor sich geht. Wenn Sie es nicht wissen, dann keiner!«

Ein plumpe Schleimerei, aber Bigot war bereits so betrunken, dass sie funktionieren konnte.

»Ich dachte«, sagte Bigot, ohne von seinem Glas aufzuschauen, »dass es Béatrice war. Sie hat halt ... na ja, das arme Mädchen. Pech kann man das nicht nennen. Aber heute habe ich etwas erfahren, das alles in ein neues Licht ... also ... Sie wissen ja gar nicht alles. Fast niemand weiß das. Aber ... ach, was soll's. Sie hauen ja eh bald ab. Oder? Sie gehen doch zurück nach Frankfurt.«

»Nach Hamburg.«

»Genau. Also in den Leichen, nein, falsch, im Mund der Leichen ist etwas gefunden worden. Eieiei, jetzt könnte ich was zu essen gebrauchen, Sie auch?« Er winkte die Kellnerin zu sich. »Käseteller, einen großen. Geht alles auf seine Rechnung.«

Der Professor wusste nicht, wie viele Spesen er bei dieser Forschungsreise absetzen konnte. Hoffentlich hatte der Stadtsäckel der Hansestadt Hamburg kein Loch. »Was ist denn nun in den Mündern gefunden worden?«

»Nanana, nicht so neugierig! Nein, das erzähle ich Ihnen doch nicht, ich bin doch nicht verrückt!«

»Ich würde mir das auch nicht erzählen, Deutschen ist nicht zu trauen. Und wer bin ich schon? Ein hochnäsiger Universitäts-Schwätzer, sonst nichts.«

»Professor«, der Bürgermeister lehnte sich vor. »Sie fangen an mir zu gefallen, wirklich.«

»À votre santé!«, sagte Bietigheim und stieß mit ihm an. »Und ich weiß doch eh schon, dass sie Gift in den Mündern der Leichen gefunden haben.«

Der Bürgermeister verschluckte sich fast an seinem Wein.

»Gift? Quatsch! Alten Käse haben sie gefunden. Und Brotreste. Genau die gleichen, in beiden Leichen.«

Dann gab er einen glücklichen Laut von sich und fiel vom Stuhl.

KAPITEL 7

Ein Käse als Haus

Dem Wirt blieb schließlich nichts anders übrig, als die Schwester des Bürgermeisters anzurufen, und diese wirkte nicht einmal überrascht, als sie ihren nicht mehr ansprechbaren Bruder abholen kam.

Plötzlich tauchte Pit aus der rabenschwarzen Nacht auf. »Respekt, Professore. Deutschland – Frankreich 1:0.« Er setzte sich an den Tisch. »Habe ganz zufällig alles mitgehört. Das ist ja ein echter Hammer!«

Der Professor bestellte völlig in Gedanken versunken einen Espresso. Er schien nicht einmal zu bemerken, dass Pit nun neben ihm saß. »Wenn ich doch nur ein Stück dieses Käses kosten dürfte, nur ein winziges. Das würde mir viel über den Mörder verraten. Vielleicht alles.«

Pit sah aus, als müsste er leicht würgen. »Sie würden Käse futtern, der im Mund einer Leiche gesteckt hat?«

»Käse ist Käse. Die Wissenschaft kennt keinen Ekel, nur die Wahrheit.«

»Was bin ich froh, dass ich kein Wissenschaftler bin.«

Auf der professoralen Stirn erschienen ärgerliche Falten. »Wo kommen Sie überhaupt so plötzlich her?«

»Ich habe gehört, dass es gleich regnen soll, und da dachte ich mir, ich hole sie mit meiner Emma ab.«

»Sie haben sich doch nicht etwa Sorgen um mich gemacht?«

»Sorgen? Ich? Um Sie? Ach was! Würde mir niemals einfallen.«

»Gut so. Und jetzt setzen Sie sich bitte gerade an den

Tisch, das ist ja nicht mit anzusehen.« Er wartete, bis Pit seinen Oberkörper in die Senkrechte befördert hatte, ehe er weitersprach. »Ich fahre selbstverständlich mit dem Fahrrad zurück, es ist kein Wölkchen am Himmel. Wir sehen uns beim Frühstück. Es sei denn, Sie haben etwas bei Gérard herausgefunden, das Sie mir bereits jetzt mitteilen möchten.«

Pit schüttelte den Kopf. »Der war den ganzen Tag in seinem Verschlag. Benoit hat ihn mal besucht, aber das war auch schon alles. Ich würde lieber wieder in Restaurants ... ermitteln.«

»Dafür ist keine Zeit mehr.«

Der Professor trank seinen Espresso mit einem Schluck aus und der Kellner brachte die Rechnung.

Jetzt hatte der Professor einen Grund, vom Stuhl zu fallen. Doch seine norddeutsche Selbstbeherrschung rettete ihn vor dem Absturz.

Mit dieser Summe konnte man an der Universität Hamburg einen neuen Trakt errichten.

Pit griff sich die Auflistung. »Lassen Sie mich das mal machen. Ich weiß, wie das geht.« Er nahm Bietigheims Portemonnaie.

Als er zurückkam, fehlten nur zwei kleine Scheine.

»Wie haben Sie das gemacht?«, fragte Bietigheim. »Nein, antworten Sie nicht! Ich will es gar nicht wissen.«

»War gar nichts Schlimmes. Ich hab nur ...«

»Danke, reicht.«

»Von mir aus. Nur ein Hinweis: Sie sollten hier erst mal nicht mehr essen gehen – sonst rufen die einen Arzt. Und der bringt dann eine sehr enge Jacke mit.«

Sie verabschiedeten sich, und Pit brauste mit seiner Emma Richtung Meursault. Der Professor sah den Rücklichtern lange nach, bevor er Benno von Saber in den Fahrradkorb packte und in die Pedale trat. Eine herrliche Nacht, so würzig die Luft, so kühl der Windhauch, so klar der Sternenhimmel und dazu diese wunderbare Stille. Was konnte es Schöneres geben?

Er war bereits eine gute halbe Stunde geradelt und befand sich genau zwischen Pommard und Volnay, als hinter ihm ein Wagen aufheulte. Sicher ein überschwänglicher Jugendlicher, der seinem Affen Zucker geben wollte, jetzt, da die Straße leer war.

Doch dann bellte Benno von Saber in seinem Fahrradkorb. Bietigheim beugte sich nach vorn, um den Foxterrier zu beruhigen, wodurch er leicht nach rechts lenkte, Richtung Weinberge.

Das rettete ihm vermutlich das Leben.

Denn mit einem Mal streifte ihn der Wagen.

In diesem Schreckmoment, als er versuchte, einen Sturz zu verhindern, als das Adrenalin sich wie eine Flutwelle in seinem Körper ergoss, nahm Bietigheim wahr, dass der Wagen ohne Licht fuhr.

Und vor ihm mit quietschenden Reifen wendete.

Auch der Professor drehte sein Gefährt und trat wie wild in die Pedale. Er musste zurück nach Pommard. In den Gassen des Dorfes hätte er eine Chance, dem Wagen zu entkommen.

Hier dagegen ...

Der Wagen kam erneut näher. Der Professor traute sich nicht zurückzublicken, er trat und trat und trat, stieg gar aus dem Sattel. Doch er spürte, dass er es nicht schaffen würde. Die Lichter Pommards waren viel zu klein, und der Motor hinter ihm grollte wie ein Untier aus alten Legenden.

Es gab nur eine Rettung.

Die Weinberge!

Der Professor bog ab, holperte über Gras. Das Fahrrad bockte auf dem unebenen Boden, kurz musste er anhalten, um es über ein niedriges Mäuerchen zu heben, dann sprang er wieder auf und versuchte, Geschwindigkeit aufzunehmen. Doch auf der feuchten Erde gelang ihm das nicht, er wurde stattdessen immer langsamer, und die leichte Steigung kostete Bietigheim viel Kraft. Hoffentlich wurde seine Kleidung nicht dreckig. Das passierte ja so schnell, wenn man querfeldein fuhr.

Der Wagen war nicht länger hinter ihm.

Der Professor wusste nicht, ob der Fahrer angehalten hatte und ihn nun zu Fuß verfolgte oder ob er fortgebraust war, um den Anschlag an einem anderen Tag zu wiederholen. Zur Sicherheit quälte er sich den ganzen Weg bis zum Ende des Weinbergs empor. Endlich lag der Bewirtschaftungsweg vor ihm, und er konnte wieder auf einer befestigten Straße weiterradeln.

Als er dort ankam, galt es erst einmal, etwas anderes zu tun: Luft holen.

Wollte der Fahrer ihn wirklich töten, oder sollte der Angriff nur eine Warnung sein? Und wenn es eine solche war, bedeutete dies, dass er dem Mörder auf der Spur war? Hatte ihn eben jemand mit dem Bürgermeister gesehen, oder war es gar Jules Bigot selbst, der ihm jemanden nachgeschickt hatte?

Bevor der Professor auch nur zu einer einzigen Antwort kam, vernahm er wieder das Grollen des Motors.

Der Wagen war ihm um den Weinberg gefolgt.

Doch er befand sich noch weit entfernt, der Professor konnte also ein gutes Stück Richtung Pommard fahren, bevor er wieder in einen Weinberg wechseln musste.

Er schaffte vielleicht hundert Meter.

Diesmal hatte der Wagen sein Licht eingeschaltet.

Immer heller strahlte es auf die Straße.

Bietigheim musste abbiegen. Sofort!

Doch dieser Weinberg war nicht gut gepflegt. Die Rebstöcke trieben ungehindert aus, immer wieder schlugen dem Professor Blätter ins Gesicht.

Er kam nur stockend vorwärts. Denn die Weinrebe ist

eine Rankpflanze. Wenn ihre Sprossen etwas ergriffen haben, lassen sie es nicht mehr los. Und wenn es sich bei diesem Etwas um den benachbarten Rebstock handelt, ist ohne scharfe Machete kein Durchkommen mehr im Rebgang.

Das musste nun auch der Professor erfahren. Die verknoteten Ranken waren fest wie ein Schiffstau und rissen ihn vom Fahrrad. Mit voller Wucht fiel er auf den Rücken und meinte zu hören, wie sich seine Bandscheiben knackend verschoben. Die Luft blieb ihm weg, und der Schmerz war plötzlich überall. Doch Bietigheim dachte in diesem Moment nur an Benno und dass ihm hoffentlich nichts passiert war. Eine nasse Zunge, die plötzlich durch sein Gesicht glitt, verriet ihm, dass der kleine Foxterrier in guter Verfassung war.

Die Scheinwerfer des Verfolgers schwenkten in seine Richtung. Der Wagen hielt. Bietigheim hörte, wie die Fahrertür geöffnet wurde.

Schritte waren auf dem weichen Boden nicht auszumachen.

Hoffentlich würde Benno von Saber still sein.

Der Professor beugte sich zu ihm und flüsterte in sein Ohr.

»Sei ganz ruhig, mein Kleiner. Keinen Mucks, ja? Ich kann dir leider nichts vorsingen, sonst hört man uns.«

Augenblicklich riss sich Benno von Saber los und lief bellend auf das Licht zu, ganz gemäß der Regel: Je kleiner der Hund, desto größer der Gegner.

Doch da ertönte ein dumpfes Geräusch, und das Bellen verstummte.

Jetzt konnte der Professor auch Schritte hören. Sie kamen näher.

Er musste sofort aufstehen und fortrennen! Unter lautem Stöhnen richtete er sich auf, spürte jeden seiner Knochen und jedes Jahr seines Lebens. Mit dem Schienbein war er beim Sturz gegen einen alten Rebstock gekracht, dort pulste der Schmerz nun am heftigsten.

Die Schritte waren nicht mehr weit entfernt.

Die Flucht würde ihm nicht gelingen.

Und er besaß nichts zur Verteidigung. Kein Pfefferspray, kein Taschenmesser, ja, nicht einmal einen krummen Stock. Doch das Wort war schließlich die mächtigste Waffe. Er würde mit dem Angreifer reden!

Jetzt war dieser nur noch zwei Rebreihen entfernt. Bietigheim konnte bereits Beine erkennen, die das Scheinwerferlicht im Rhythmus der Schritte verdunkelten. Nur eine Rebreihe trennte den Verfolger noch von ihm, und dieser hatte ein Messer, mit dem er die Ranken durchschnitt. Der Professor meinte, die Schärfe der Klinge zu hören.

Da erklangen die Bremsen eines weiteren Wagens. Wieder wurde eine Fahrertür geöffnet.

»Benno, warum liegst du denn hier auf der Straße?« Die Stimme wurde lauter. »Professore? Wo stecken Sie?«

Pit! Den schickte zur Abwechslung mal der Himmel. Auch wenn bärtige Rocker dort sonst nicht zur Belegschaft gehörten.

Die Schritte des Verfolgers stoppten und entfernten sich dann rasch.

»Hier bin ich!«, rief der Professor. »Im Weinberg. Wie geht es Benno?«

»Er leckt sich die Flanke. Sieht aber fidel aus.«

Gott sei's gedankt! Benno war schließlich sein engster Vertrauter, sein Testhörer für neue Vorlesungen und Vorkoster für historische Gerichte. Und sein Freund. Der Professor hätte es nicht zugegeben, doch er liebte das kleine Fellknäuel.

Pit brauchte kein Messer, um durch die Ranken zu kommen. Er walzte sich einfach durch. Schnell war er beim Professor, stützte ihn, schulterte auch das Fahrrad und brachte beide zu seinem Wagen.

Erst nachdem Bietigheim seinen Benno behutsam im Arm hielt, konnte er wieder einen klaren Gedanken fassen.

»Wo kommen Sie eigentlich so plötzlich her? Ich habe doch gesagt, dass ich es alleine schaffe.«

»Kann es sein, dass ich Sie gerade gerettet habe?«

»Nun lenken Sie mal nicht ab. Ich hatte die Situation völlig im Griff.«

»Ich bin nur hier, weil es gleich anfängt zu regnen und Sie noch nicht zurück waren.«

»Jetzt hören Sie doch auf mit dem Unsinn! Es fängt nicht an zu regnen. Sie sind ja wie eine überbesorgte Mutter.«

»Ein guter Taxifahrer ist immer wie eine Mutter. Jetzt steigen Sie schon ein, wir müssen Benno zu einem Tierarzt bringen. Was ist hier eigentlich genau passiert?«

Die Fahrt war lang, aber es gab ja viel zu erzählen.

Und der prasselnde Regen störte dabei überhaupt nicht.

Es handelte sich um keine Observierung im üblichen Sinn. Pit saß nicht in einem alten Chevrolet, mit dem Fernglas in der Hand und einem Plastikkaffeebecher auf dem Armaturenbrett.

Stattdessen fuhr er einem Linienbus hinterher.

Der Professor hatte am Morgen unmissverständlich klargemacht, dass Gérard nicht aus den Augen gelassen werden durfte. Und der saß in dem langsam tuckernden Bus.

Vielleicht geschah ja noch ein Wunder, und Gérard kaperte den Bus, um damit zu fliehen.

Denn jeder Taxifahrer hoffte sehnlichst auf eine zünftige Verfolgung. Den Moment, wenn jemand am Bahnhof Altona einsteigt, von der Rückbank zwei Hunderter nach vorne reicht und kurzatmig raunt: »Folgen Sie dem grünen Ford Escort!« Und die Fahrt dann mit Düsenjetgeschwindigkeit und qualmenden Reifen über knallrote Ampeln und durch Fußgängerzonen bis nach Jenfeld geht, wo der Flüchtende im Kugelhagel stirbt.

Als Taxifahrer hatte man viel Zeit, um sich die Zukunft auszumalen.

Er würde diese Bus-Verfolgungsjagd etwas für seine Kollegen daheim ausschmücken müssen. Mit mindestens zwei Beinahe-Unfällen und einem Schlagloch, das ihm seinen nicht vorhandenen kochend heißen Kaffee genau im Schoß platzierte.

Das Frühstück hatte Pit zuvor mit den anderen Hausbewohnern in einem kleinen Bistro eingenommen. Dort hatten sie lange über den Angriff in der Nacht gesprochen, den der Professor mittlerweile als klares Zeichen dafür interpretierte, dass er sich auf einer heißen Spur befand. Seinem Schienbein ging es wieder besser, Benno von Saber hingegen war vom Tierarzt gleich dabehalten worden, damit er sich unter Aufsicht erholen konnte. Heute würde er zur Sicherheit noch geröntgt. Doch der kleine Racker war robust.

Das Nervenkostüm des Professors allerdings nicht. Nur mühsam hatte er es geschafft, seine Wut zu unterdrücken. Einen Menschen umzubringen war schlimm genug. Aber ein hilfloses Tier zu treten, das ging nun wirklich zu weit, hatte er Pit erklärt.

Der Bus stoppte an der nächsten Haltestelle, was Pit wieder in die Gegenwart katapultierte. Gérard stieg aus, eine Plastiktüte in der Hand.

Er wirkte mit einem Mal viel älter als noch vor Kurzem, als er mit stolzgeschwellter Brust seine Streichholzskulpturen beschützt hatte. Jetzt, mit einer schlecht gedrehten Zigarette im Mundwinkel, die Schultern tief hängend, sah er aus wie eine alte, klapprige Dampflok. Fällig zum Abwracken.

Pit hielt in der nächsten Parklücke. Er hatte keine Ahnung, wo er war. Wieder eines dieser Dörfchen, die wie Pilze aus dem fruchtbaren Boden des Burgunds schossen. Jetzt gegen Mittag war kaum jemand unterwegs, die Bürgersteige wirkten trocken und staubig. Pit bekam Durst. Ein kaltes Bier, das wäre es jetzt.

Doch er musste ja Gérard hinterher. So wurde man Abstinenzler.

Pit hatte sich zur Tarnung einen ausgeleierten Jogginganzug von Jan angezogen. Es gab keine Stelle, an der dieser nicht spannte, und Pit kam sich vor wie ein pfälzischer Saumagen. Doch zusammen mit dem Strohhut des Professors war es eine grandiose Verkleidung.

Allerdings völlig unnötig, denn Gérard drehte sich nicht ein einziges Mal um.

Er blickte auch nicht auf, las weder die Straßenschilder noch zögerte er an Straßenkreuzungen. Gérard musste diesen Weg schon viele Male zurückgelegt haben. Schließlich verließ er den Ort und ging in Richtung der Weinberge, wo ein einsamer, von einer hellen Mauer umgebener Friedhof lag. Die meisten Gräber waren von rostzerfressenen, schmiedeeisernen Zäunen eingefasst. Etliche Grabplatten waren gesprungen, die Schriftzeichen unlesbar. Ein Kreuz lag zerbrochen auf dem Kiesweg, Porzellanrosen zerborsten daneben.

Gérard ging langsam den Hauptweg hinunter, und Pit schob sich zur schattigen Wasserstelle, wo Dutzende weiße Plastikkanister zum freien Gebrauch an Haken hingen.

Der alte Bauer stoppte schließlich an der hintersten Ecke des Friedhofes. Dort standen keine Grabsteine, sondern nur eine große Säule. Nicht ein einziger Strauß lag davor. Doch Gérard zog nun einen aus seiner Plastiktüte und legte ihn sachte ab.

Pit füllte einen der Kanister mit Wasser und setzte vorsichtig einen Fuß vor den anderen, um auf dem Kiesweg nicht allzu viel Lärm zu verursachen. Trotz seines Gewichts schaffte er es, für keine größeren Erschütterungen zu sorgen. Gute zehn Meter hinter Gérard blieb er stehen und goss Wasser in einen neben ihm stehenden Blumenkübel.

Nun konnte Pit erkennen, was es mit dieser Ecke des Friedhofs auf sich hatte. Es war der Platz, wo all diejenigen beerdigt wurden, denen etwas Wichtiges fehlte. Nämlich ein Name oder eine Familie.

Gérard betete kniend, den Kopf tief gesunken, die Hände gefaltet. Dann bekreuzigte er sich, stand auf und drehte sich um.

Er sah zu Pit hinüber.

»Lassen Sie mich in Frieden, wenigstens hier.«

Es machte also keinen Sinn, weiter Charade zu spielen. Pit wollte Gérards Intelligenz schließlich nicht beleidigen.

»Wer liegt dort begraben?«

»Das geht Sie nichts an.«

Pit trat neben den alten Bauern und bekreuzigte sich ebenfalls.

»Machen Sie das nicht«, schnaubte Gérard. »Wer nicht an Gott glaubt, der sollte es lassen. Das beleidigt ihn nur.«

»Ich glaub aber an den Bärtigen. Hab sogar einen heiligen Christophorus in meinem Wagen. Der nützt richtig was. Seit zwei Jahren, drei Monaten und zwölf Tagen hatte ich keinen Unfall mehr.«

Pit konnte nicht anders, als den Blumenstrauß in Augenschein zu nehmen. Irgendetwas stimmte damit nicht. »Da stecken ja Käsestücke drin. Ist das Vacherin d'Epoigey?«

»Mit Ihnen spreche ich nicht.«

»Manchmal ist es gut, sich etwas vom Herzen zu reden.«

»Hier gibt es nichts vom Herzen zu reden. Und einem Boche wie Ihnen muss ich schon gar nichts erzählen.«

»Sieht sehr aus wie Vacherin d'Epoigey.«

»Was wissen Sie denn schon von Käse?« Zorn war nun in seiner Stimme. »Sie wissen doch gar nicht, wie es ist, wenn der Vacherin wie die Wiesen im Frühjahr schmeckt, wenn dort die wilden Kräuter emporschießen, als wollten sie durch die Wolken wachsen.«

Pit war erstaunt, solche gefühlvollen Worte von dem

grantigen alten Bock zu hören. Seiner Meinung nach roch der Käse in perfekter Reife wie ein guter Komposthaufen.

Gérard drehte sich Richtung Ausgang. »Sind Sie mit dem Wagen da?«

»Klar.«

»Dann nehmen Sie mich gefälligst mit. Sagen werde ich Ihnen trotzdem nichts. Aber ich habe keine Lust, wieder Ewigkeiten auf den Bus zu warten.«

»Geht in Ordnung«, sagte Pit. »Ich glaub übrigens nicht, dass Sie der Mörder sind. Sie sind nämlich in Ordnung – für einen sturen französischen Bauern.«

Gérard kämpfte zwar sichtlich dagegen an, konnte jedoch nicht verhindern, dass eine einzelne Träne sich ihren Weg durch sein tief gefurchtes Gesicht bahnte. »Sie wissen ja gar nichts.«

Und obwohl der Weg zum Wagen und die Fahrt zurück nach Epoigey viel Zeit in Anspruch nahmen, wusste Pit auch danach nicht mehr.

Der Professor legte den Telefonhörer auf. Doch los ließ er ihn nicht.

Er hatte gerade mit Hervé Picard gesprochen. Aufgrund einer bloßen Idee, die ihm nun fast wie eine Eingebung erschien. Bietigheim hatte den Maître Affineur gefragt, ob er am nächsten Tag Zeit habe.

Nein, hatte der geantwortet.

Morgens vielleicht, hatte der Professor nachgehakt, oder zum Mittagessen, gerne auch danach oder am Abend. Nur ein halbes Stündchen.

Nein, sagte Hervé Picard, der ganze Tag sei schlecht. Ein andermal gern.

Die Absage wäre nicht weiter ungewöhnlich gewesen, wenn morgen nicht ein besonderer Tag gewesen wäre.

Der 1. Juli.

Der Erste des Monats war also nicht nur für Jean-François Vesnin und Madeleine Poincaré ein regelmäßiger Termin gewesen.

Danach hatte Bietigheim weitere berühmte Käser kontaktiert. Unter anderem Égly Ouriet, Davide Aleppo, François de Boisy – und bei allen etwas von einem Treffen in Camembert fallen lassen.

Keiner wusste etwas darüber. Oder behauptete dies zumindest.

Er musste zur nächsten Zusammenkunft! Doch es gab ein geographisches Problem: Der Ort Camembert, Mekka des Weißschimmelkäses, lag in der Normandie, im Nordwesten Frankreichs. Gute fünf Stunden Fahrt, ohne Essenspause. Nur ab und an ein Kaffee, durchaus auch mit Milch und Zucker, man durfte nicht herzlos sein.

Wie gut, dass Pit sich sofort bereit erklärt hatte zu fahren – zumindest nachdem der Professor ihm ein Spiegelei nach allen Regeln der Kunst zubereitet hatte. Passanten waren am Fenster von Jans Haus stehen geblieben und hatten hereingelinst, um herauszufinden, wer diesen köstlichen Duft hervorzauberte. Laien mochten Spiegeleier für eine der leichtesten Übungen der Kochkunst halten, doch ein perfektes, bei dem der Dotter warm und cremig, das Eiweiß jedoch fest und an der Unterseite sogar leicht kross war, ohne Blasen zu schlagen, war eine Kunst. Dazu gerösteter Speck, genau die richtige Menge an Fleur de Sel und frisch gemahlenem weißem Pfeffer – Manna konnte nicht köstlicher munden.

Der Professor und Pit machten sich am nächsten Morgen in aller Frühe auf den Weg, noch bevor die ersten Vögel anfingen zu zwitschern oder die Sonne zögerlich tastende Strahlen über das Land schickte. Denn nur das Datum, nicht aber die Uhrzeit des Treffens hatte in Jean-François Vesnins Terminkalender gestanden. Es könnte also bereits am Morgen stattfinden. Der Professor schlief fast die ganze Fahrt über und bekam deshalb nicht mit, wie sich die Landschaft um die Autobahn herum verwandelte, als schöbe jemand fleißig Kulissen an ihnen vorbei. Erst hinter Paris wachte er richtig auf und begann sogleich, sich Sorgen zu machen. Denn neben der Uhrzeit fehlte ihm auch eine weitere wichtige Information: der genaue Ort.

Er selbst war noch nie in Camembert gewesen. Ein Versäumnis, zweifellos, vor allem für einen Gelehrten seines Ranges, doch als Höhe- und Endpunkt seiner Tour de Fromage war der Ort bereits auserkoren.

»Wissen Sie, woher der Name Camembert stammt?«, fragte er Pit, um etwas Konversation zu treiben.

»Nö. Interessiert mich auch nicht.« Er schaltete die Scheibenreinigung an, um zum wiederholten Mal Insektenleichen von seiner Windschutzscheibe zu kratzen.

»Er stammt aus dem Mittelalter. Übersetzt bedeutet er ›Das Feld des Mambert‹.«

»Gott, wie öde.«

Dem Professor war schon früher aufgefallen, dass Pit sehr unwirsch wurde, wenn sein kolossaler Leib nicht genug Schlaf bekommen hatte. Erst die letzten Stunden der Bettruhe schienen sein animalisches Wesen zu zivilisieren und für die Dauer eines Tages in Ketten zu legen. Der Professor beschloss deshalb, den Gesprächsfaden erst wieder aufzunehmen, wenn Pit einige Tassen Kaffee intus hatte. Das geschah an der nächsten Restoroute, wie die Raststätten hier hießen. Doch das Koffein brauchte noch einige Zeit, bis es sämtliche Zellen in Pits Körper erreicht hatte. Der Professor genoss auf der Fahrt deshalb die ländliche Idylle der Normandie. Es ging vorbei an Fachwerkhäusern und endlosen Obstgärten. Was für eine gesegnete Gegend! Reich an grünen Wiesen, Kühen, Äpfeln, Sahne und Calvados.

Das Dorf Camembert lag auf einem Hügel in den fruchtbaren Pays d'Auge und überblickte die mit Forellen gefüllte Viette. Es bestand ausschließlich aus Fachwerkhäusern, die sich an eine pittoreske Kirche kuschelten. Disney hätte es nicht niedlicher laubsägen können. Der Professor wusste, dass Camembert das größte kleine Dorf ganz Frankreichs genannt wurde. Nun sah er auch, warum. Im Zentrum gab es nur folgende Gebäude: das Käsemuseum (in Form einer Camembert-Spanschachtel), die Kirche St. Anne (inklusive Friedhof), das Rathaus, Ferme Président (ein weiteres Museum), Beamoncel (das Haus, in dem Marie Harel, die Erfinderin des Camemberts, gelebt hatte) sowie drei weitere Häuschen. Es dauerte deshalb nicht lange, bis sie alles nach einem konspirativen Treffen abgesucht hatten.

Es fand aktuell keines statt.

Also hieß es warten. Zu dritt. Denn der Tierarzt hatte Benno von Saber nach dem Röntgen wieder entlassen. Nichts gebrochen, nichts gestaucht, Foxterrier waren anscheinend äußerst elastische Hunde. Jetzt genoss er es, im Dorf nach Lust und Laune herumzustreunen und sein Bein in einer völlig neuen Region Frankreichs heben zu können. Auch dieser Landstrich war nun erobert! Pit nutzte die Zeit, um seine Emma zu polieren – die nötigen Utensilien führte er stets im Wagen mit sich. Kleopatra konnte von ihren Leibsklaven nicht zärtlicher mit Eselsmilch benetzt worden sein. Der Professor flanierte derweil umher, die Hände auf dem Rücken gefaltet und seinen Strohhut millimetergenau am Scheitel ausgerichtet. Doch nach einiger Zeit wurde ihm das Warten lang. Genauer gesagt seinem Magen. Pit brauste deshalb kurz davon und besorgte Cidre (den es gekühlt gab) und, nun ja, Camembert. Den Professor durchströmte ein ganz besonderes Glücksgefühl, als er Camembert in Camembert aß. Es fühlte sich unglaublich richtig an. Eine Picknickdecke und Geschirr hielt Pit in seinem Kofferraum stets für alle Fälle bereit. Der Professor fragte ihn, wie er da eigentlich das Gepäck seiner Passagiere verstaut bekam. Pits Antwort war ein breites Grinsen.

Der Wettergott schenkte ihnen wunderbarstes Picknickwetter samt lauem Lüftchen – und von ihrem Platz aus konnten sie das ganze Dorf beobachten. Erst als es langsam dunkel wurde, setzten sie sich wieder ins Taxi. Es war bereits spät, als eine ältere Dame in normannischer Tracht das Museum aufschloss. Die Nacht hatte sich wie Asche über Camembert gelegt und ließ den Ort wie ein verlassenes Freilichtmuseum aussehen.

Und dann kamen sie, einer nach dem anderen, insgesamt neun an der Zahl.

Bietigheim kannte sie alle, zuletzt hatte er sie auf der Beerdigung von Madame Poincaré zu Gesicht bekommen. Käser und Affineure, allesamt berühmte Namen. Die besten Frankreichs, aus dem Perigord, von der Loire. Sogar Jacques Feuillate, der im Bergdörfchen Izeste im Vallée d'Ossau den besten Brébis des Pyrénées herstellte, hatte die lange Reise auf sich genommen. Obwohl die Milch seiner Kühe unwahrscheinlich mild war, schmeckte der Käse sehr kräftig. Auch Égly Ouriet war da, Käser des unvergleichlichen Reblochon de Savoye. Dieser wurde aus der dickflüssigen Milch hergestellt, die Kühe erst beim Nachmelken gaben. Charles de Gaulle sagte einst, es sei schwer, ein Volk zu regieren, das 246 Sorten Käse habe. Der Professor war der Meinung, es sei noch schwerer, ein solches Volk nicht aus vollstem Herzen zu lieben, selbst wenn einige Mörder dazugehörten. Dafür konnten die Käse schließlich nichts.

Die meisten Anreisenden kamen per Taxi, was auf zweierlei schließen ließ. Erstens: Die Runde hatte vor, heute Abend Alkohol zu sich zu nehmen. Zweitens: Sie mussten in nahe gelegenen Hotels untergebracht sein, denn sonst wären die Taxifahrten zu teuer gewesen.

Als der Professor den Eindruck hatte, dass die Runde komplett war, näherte er sich mit Pit und Benno von Saber im Schlepptau dem Museum und blickte durch die Fenster.

Da es drinnen hell und draußen mittlerweile stockdunkel war, bestand keine Gefahr, erkannt zu werden. Die Herren, denn um solche handelte es sich ausschließlich, nahmen einen kleinen Imbiss zu sich. Leider gehörte auch Mühlbacher Minzkäse dazu, ein italienisches Kuhmilchprodukt, bei dem der halbfeste Schnittkäse mit frischer Gebirgsminze affiniert wurde.

Einfach widerlich.

Der Professor konnte den kühlen Geruch selbst durch die Fensterscheiben riechen. Minze gehörte in Zahnpasta, aber nicht an Käse. Es kam ja auch niemand auf die Idee, ein Schweineschnitzel mit Aloe Vera einzureiben. Und überhaupt, was machte ein italienischer Käse bei diesem urfranzösischen Treffen?

Merkwürdigerweise blieb ein Stuhl leer, doch das Treffen nahm trotzdem seinen Lauf. Wer mochte noch fehlen? Der Professor drehte sich um. Kein Wagengeräusch näherte sich, es war nichts zu hören. Leider auch von drinnen nicht, er konnte keinen einzigen Gesprächsfetzen aufschnappen.

Also musste er hinein.

»Kommen Sie, Pit. Lassen Sie uns unsere Aufwartung machen. Schließlich sind wir gerade in der Nähe.«

»Zufälle gibt's ...«

Der Professor nahm Benno von Saber an die Leine und trat ein. Die Runde saß gleich zur Linken im Eingangsbereich. Gerade wurden verschiedene Camemberts gereicht, die sich in Alter und Herstellung unterschieden. Dazu wurde Calvados serviert, das flüssige Gold der Normandie. Und nach allgemeiner Meinung das Beste, was einem Apfel zustoßen konnte.

»Na so was«, sagte Bietigheim, bevor ihm einer der Männer seine Aufmerksamkeit schenken konnte. »Hervé Picard. Was für eine Freude, Sie hier zu treffen.« Er ging zu ihm und schüttelte seine Hand, obwohl der Affineur diese gar nicht ausgestreckt hatte. »Wir dürfen uns sicher zu Ihnen setzen. Die Käse sehen ja köstlich aus.« Er blickte in die Runde und verneigte sich. »Professor Dr. Dr. Adalbert Bietigheim ist mein verehrter Name, Professor für Kulinaristik an der Universität Hamburg – und ein großer Bewunderer Ihrer Kunst. Dies ist mein Assistent Pit ... er Kossitzke.« Piter klang einfach besser als Pit. Professioneller. Erstaunlich was eine Silbe für einen Unterschied machte. »Ein Mann der Tat«, ergänzte der Professor, falls jemand auf dumme Gedanken kommen sollte. Und bevor sich jemand von der Überraschung erholen konnte, schoss er auch schon die erste und entscheidende Frage heraus: »Was führt so viele Berühmtheiten wie Sie hier zusammen? Mir ist völlig entgangen, dass Sie sich kennen. Ich wusste bisher nur, dass Ihre Käse sämtlich in den besten Restaurants des Landes zu finden sind.«

Es war Hervé Picard, der antwortete, während die Bedienung dem Professor und Pit lächelnd Teller mit Camembert-Stücken reichte.

»Wir informieren uns gerne über andere Produkte. Dies ist sozusagen eine Weiterbildungsveranstaltung.«

»Das ist ja hochinteressant.«

»Wir treffen uns und besuchen andere Käser, ganz harmlos.«

»Warum betonen Sie es dann?«

»Tue ich doch gar nicht.«

Dies war kein Kaffee- oder Käsekränzchen, dieses Treffen war mehr. Die Anreise war teuer, die verlorene Arbeitszeit kostbar und das Interesse an den Produkten anderer in Frankreich wenig ausgeprägt. Der Blick endete traditionellerweise am Ende der heimischen Scholle.

»Machen Sie so etwas denn öfter?«, legte der Professor nach. »Regelmäßig?«

»Nein, nur ab und zu, was ist schon dabei?«

Aha, eine Lüge. Und nicht einmal mit der Wimper gezuckt.

»Und warum ist dieser Stuhl leer? Ist jemand nicht gekommen?« Der Professor fand Gefallen daran, Picard mit Fragen zu bewerfen, als handelte es sich um faule Tomaten.

»Das Museum hat sich vertan.«

»Es ist sogar für eine weitere Person eingedeckt.«

»Umso ärgerlicher.«

Der Professor erinnerte sich daran, wie die Studenten ihm Honig um den Bart schmierten, wenn sie ihre Hausarbeiten nicht rechtzeitig fertig bekamen. Die Mischpoke dachte, damit käme sie durch. Aber nicht bei ihm. Auch beim Kochen musste schließlich alles zum exakt richtigen Zeitpunkt fertig sein.

Doch Honigschmieren konnte heute Abend das Mittel zum Erfolg sein, weshalb er nun ein freigiebiges Bienchen zu sein gedachte.

»Ich forsche bereits jahrzehntelang über die Käsekultur und ihre fabelhaftesten Créateurs«, mit einer ausladenden Handbewegung bedeutete er, dass damit die Anwesenden gemeint waren. »Sie alle in persona anzutreffen ist eine unerwartete Ehre. Es ist, als säße ich bei den Göttern im Käse-Olymp.«

»Was halten Sie denn von den Camemberts?«, fragte Hervé Picard. »Wir freuen uns immer, mit einem Fachmann plaudern zu können.«

Aha, Themenwechsel. Konnte er auch! Und radikaler!

»Sind Sie nicht alle beunruhigt über die Morde in der Käseszene? Sie alle könnten doch die nächsten Opfer sein.«

Eine Bombe aus Stille explodierte. Bietigheim sah die Unruhe in den Augen der Anwesenden, die zitterten wie die Tachonadel eines altersschwachen Wagens. Die Herren verbargen etwas. Er musste nachsetzen. »Sie müssten doch eigentlich ein gesteigertes Interesse daran haben, dass diese Morde aufgeklärt werden und der Täter rasch im Gefängnis landet.«

Hervé Picard räusperte sich. »Aber natürlich. Deswegen geben wir der Polizei auch jede Unterstützung, die sie braucht. Und uns würde alle sehr interessieren, was Sie persönlich herausgefunden haben. Ich habe gelesen, dass Sie versuchen, den Mörder zu stellen. Über den Umweg glücklicher Kühe. Ist das wahr?«

Die Herren lächelten verächtlich.

Der Professor berichtete trotzdem – und achtete genau auf die Reaktionen. Nun beteiligten sich auch die übrigen Anwesenden am Gespräch. Und wie. Alle Details wollten sie erfahren, doch selber nichts preisgeben.

Da ging auf einmal das Licht aus. Sämtliches Licht.

Im ganzen Camembert. Also dem Ort.

Es war stockduster.

Benno von Saber hatte unter dem Tisch ein Nickerchen gemacht, doch nun erwachte er schlagartig und rannte, dem sich entfernenden Gebell nach zu schließen, in Richtung Eingang. Plötzlich war ein Aufschrei zu hören, und Schüsse fielen. Benno klang, als habe er sich in einem fleischigen Knochen verbissen, den er bis zum letzten Fitzelchen abzunagen gedachte, koste es, was es wolle.

Wieder ein Schuss, der zischend an Bietigheims Ohr vorbeisauste und jemanden am Tisch aufstöhnen ließ.

Und mit einem Mal war das Licht wieder an.

Doch am Eingang stand niemand; der Schütze war fort.

Draußen bellte Benno von Saber, doch spurtete er schnell wieder hinein, stolz den hechelnden Kopf erhoben. Er hatte den Eindringling verjagt! Zwei Plätze vom Professor entfernt, presste Égly Ouriet die Hand auf seinen blutüberströmten Arm.

»Pit, rufen Sie einen Arzt!« Er wandte sich an den Verletzten. »Ich lege Ihnen einen Druckverband an. Halten Sie Ihren Arm hoch. Würde mir gnädigerweise jemand Frischhaltefolie reichen oder etwas anderes, das nicht saugt? Und ein Küchentuch. Unbenutzt.«

Mit sicheren Handgriffen verarztete der Professor den Käser aus Savoyen. Doch der alte Mann hatte bereits viel Blut verloren und war nun blasser als Magerquark.

In Bietigheims Kopf schossen die Fragen wie Raketen umher.

Waren der Schütze und der Mörder ein und dieselbe Person? Die beiden bisherigen Morde waren mit berufstypischen Gegenständen verübt worden. Warum dann jetzt eine Pistole? Die wurde zur Käseherstellung selten gebraucht. Eigentlich nie. Und dazu die glücklichen Kühe. Hier gab es keine. Obwohl die Dame vom Museum Glupschaugen hatte, zählte sie wohl kaum. Besonders glücklich sah sie ohnehin nicht aus. Das passte alles nicht ins Muster. Oder war seine Theorie etwa fehlerhaft? Wen wollte der Schütze überhaupt töten? Égly Ouriet? Er konnte im Dunkeln doch gar nicht erkennen, auf wen er zielte. Und den Stromausfall hatte der Schütze ja wohl auch zu verantworten. Hatte er etwa vorgehabt, die komplette Versammlung zu erschießen, und war es nur Benno zu verdanken, dass dieser Plan misslungen war?

Benno, diese Seele von Hund. Nie griff er jemanden an. Es sei denn, er wurde zuerst attackiert. Was in diesem Falle aber nicht …

Doch!

Der Verfolger im Weinberg.

Den Professor erfasste Unruhe. War der Schütze vielleicht seinetwegen hier gewesen, weil der Übergriff im Weinberg gescheitert war? Égly Ouriet hatte nur zwei Plätze weiter gesessen. Benno hatte vielleicht seinem Herrchen das Leben gerettet. Dafür würde er auf der Rückfahrt Telemanns gesamtes *Weihnachtsoratorium* zu hören bekommen. Mit Zugabe.

Eins war nun sonnenklar, und der Professor hatte gelernt, mit wenig zufrieden zu sein: Keiner der hier Anwesenden konnte der Mörder sein. Inklusive Hervé Picard.

Am nächsten Morgen riss den Professor das Telefon aus dem Schlaf. Doch er beschloss, nicht dranzugehen, denn gerade hatte er von der winterlichen Innenalster geträumt. Er mit Schlittschuhen darauf, einen Käselaib ins Eis kufend. Pits Schlaf war um einige Kilometer tiefer, denn er schnarchte kurzerhand lauter, um das Klingeln zu übertönen. Also musste Bietigheim schließlich doch die Schlittschuhe abschnallen. Im Erdgeschoss angekommen, warf er einen Blick auf die Küchenuhr. Schon fast Mittag. Kein Wunder, nachdem sie erst so spät in Camembert losgekommen waren, der Polizeibefragung sei Dank. Jan war sicher bereits in der Redaktion. Doch dafür begrüßte ihn ein anderer Bewohner der Höhle. Benno tapste unter der Küchenbank hervor, sein Bauch prall gefüllt, der kleine Racker hatte also schon gefrühstückt. Gut so, das war der Gesundung förderlich.

Jaja, er war schon auf dem Weg zum Telefon!

»Bietigheim. Ich höre.«

»Mein lieber Professor, Sie klingen ja müder als eine Hure am Aschermittwoch.«

»Frau zu Trömmsen, welche Ehre!«

Ihre Stimme klang wie Samt, in dessen Gewebe sich Zigarillorauch verfangen hatte. Göttlich.

»Ich muss mich bei Ihnen beschweren. Hier sitze ich nun in Hamburg, werde immer noch von einer leichten Influenza inkommodiert, höre von Mordfällen, die Sie versuchen aufzuklären, erhalte aber keinen Anruf von meinem Professor. Lassen Sie mich sofort teilhaben an diesem Abenteuer, wenn auch nur aus der Ferne. Berichten Sie mir, meine Zeit gehört Ihnen.«

Es klang fast ein wenig anrüchig, wie sie dies sagte. Dieses Juwel aus Winterhude.

»Ihre Zeit gehört mir? Das ist Balsam für meine Ohren.«

»Verdächtige und Motive, mein Lieber. Kurz und präzise, wie Sie es aus der Wissenschaft gewohnt sind.«

Der Professor war so nervös, dass er sich setzte und Benno auf den Schoß nahm. Er musste mit seinen Händen irgendetwas tun, da konnte er auch den alten Freund kraulen. Doch zuvor schloss er den obersten Knopf seines Pyjamas und strich die Haare zurecht. Für ein Gespräch mit der einzigartigen Hildegard zu Trömmsen, und sei es auch nur fernmündlich, galt es korrekt gekleidet zu sein.

»Wollen Sie nicht lieber hören, was mir letzte Nacht Abenteuerliches widerfahren ist?«

»Tatverdächtige und Motive. Die Motive sind das Wichtigste, sie sind schließlich der Schlüssel zur Tat.«

Gut, dachte Bietigheim, was immer sie glücklich macht.

»Meine hochverehrte Studentin, notieren Sie: Verdächtiger Nummer eins: Bürgermeister Jules Bigot. Sein Motiv: Erst durch den Tod von Madame Poincaré ist er an das Stück Land gekommen, auf dem er einen Fußballplatz bauen will.«

»Für einen Fußballplatz tötet doch niemand. Hängt sein wirtschaftliches Überleben etwa davon ab?«

»Nicht, dass ich wüsste.«

»Pff! Dann weiter.«

»Benoit Sokal. Der Erbe. Er ist der Dorf-Gendarme.«

»Kann also alles vertuschen.«

»Aber er ist nicht der Cleverste.«

»Das hat leider noch niemanden von Mord abgehalten. Aber welchen Grund hätte er für den Mord an Monsieur Vesnin? Von ihm erbt er doch nichts?«

»Ablenkung. So denkt jeder, es gäbe einen irren Käsekiller. Dabei ging es die ganze Zeit nur um den ersten Mord.«

»Dafür muss man schon sehr kaltblütig sein. So etwas ist selbst bei den jungen Leuten von heute sehr selten. Nächster Verdächtiger. Vite, vite!«

Der professorale Magen grummelte. Geradezu unschicklich laut. Er musste etwas essen, bevor das Geräusch an Hildegard zu Trömmsens Ohren drang. Bietigheim erhob sich vorsichtig, dass Benno nicht herunterfiel, und griff sich eine Tüte mit frischem Baguette, von dem Jan nur die Spitze abgebrochen hatte. Ein kleines Stück musste reichen. Schließlich konnte er nicht gleichzeitig reden und essen. Mordfall hin oder her, Manieren blieben Manieren.

»Dann gibt es noch Mademoiselle Béatrice Leroy. Sie hatte einen heftigen Streit mit der Ermordeten, worum es dabei ging, wissen wir leider nicht. Nach eigenen Aussagen hat sie selbst Schuld auf sich geladen. Sie ist zudem die Patentochter des zweiten Toten, Monsieur Vesnin.«

»Und ihr Motiv?«

»Das liegt noch im Dunkeln. Sie ist allerdings eine wirklich bezaubernde junge Dame und ich glaube nicht, dass sie ...«

»Papperlapapp. Sie denken wieder nur mit Ihrem Unterleib. Sie ... essen Sie etwa, während wir miteinander sprechen?«

Bietigheim schluckte das große, krustige Stück Baguette hinunter. »Ich bitte Sie! Das wäre vollkommen unangebracht.«

»So ist es. Weiter, ich hänge an Ihren Lippen.«

Der Professor bemerkte, wie er aufs Angenehmste errötete.

»Nummer vier: Maître Affineur Hervé Picard. Er hat mich in seinem Käsekeller eingeschlossen und sich daraufhin aus dem Staub gemacht. Zudem gehört er einer merkwürdigen Vereinigung von Käsern und Affineuren an. Er hatte sehr unter den enorm schwankenden Preisen und Lieferungen von Madeleine Poincaré zu leiden – doch es scheint, dass sie wie auch Vesnin ebenfalls Mitglieder dieser Vereinigung waren.«

»Infiltrieren, mein lieber Professor! Sie sind sicher bereits dabei, so wie ich Ihren Intellekt einschätze.«

»Natürlich, natürlich.« Der Professor steigerte unbewusst Bennos Kopfkraulen. Diese Frau machte ihn wahnsinnig mit ihrer verruchten und gleichermaßen hochnäsigen Stimme. »Dann gibt es noch den Käsegiganten Frombel, der kleine berühmte Käsereien aufkauft, um endlich in der Spitzengastronomie Fuß zu fassen. Er könnte auch mit jemandem vor Ort unter einer Decke stecken. Ich hoffe, Sie notieren weiterhin.« Sich Hildegard zu Trömmsen als seine Studentin vorzustellen bereitete Bietigheim größtes Vergnügen. »Konkret gesagt: Frombel hat bereits die Käserei von Madame Poincaré übernommen – und Bürgermeister Jules Bigot ist umgehend in den Besitz der Weide gekommen. Vielleicht half da eine Hand der anderen.«

»Aha, so langsam gewinne ich ein Bild.«

»Dann gibt es eine Spur zu einem Clochard. Madame Poincaré ließ immer welche ins Haus. Mit einem verbrachte sie auch eine stürmische Nacht, aber nur eine, dann nie wieder.«

»Vierzig Prozent der Frauen heiraten nicht mehr, mein lieber Professor. Endlich haben sie begriffen, dass es sich für ein Stück Wurst nicht lohnt, das ganze Schwein zu nehmen.« Sie lachte, nein, sie bellte unanständig.

Dieses Rasseweib.

So verdorben konnte nur der edelste Adel sein!

»Ich führe weiter aus, hochverehrte Studentin: Es ist nicht auszuschließen, dass ein Clochard Madame Poincaré umbrachte, wobei kein Geld gestohlen wurde und auch sonst nichts. Raubmord war es also nicht. Vielleicht ein enttäuschter Liebhaber? Zurückgewiesene Männer sind zur Raserei fähig.«

»Ach?«

»Ja, so ist es. Ich wünsche Ihnen sehr, dass Sie dies nie erfahren müssen.«

»Wir werden sehen. Nun erzählen Sie doch endlich weiter, mein Professor. Ihre Studentin ist ungeduldig.«

»Das werde ich sogleich beheben! Es gab einen Clochard namens Pepe, für dessen Verbleib Madeleine Poincaré sich sehr interessierte. Doch dieser Pepe kann nicht ihr Mörder gewesen sein. Er ist nämlich tot.«

»Und von diesem Tod haben Sie aus sicherer Quelle erfahren? Ich meine, ein offizielles Grab wird er wohl nicht haben, oder?«

»Nein.«

»Na, also! Vielleicht war er es ja doch!«

»Ich denke nicht, diese Spur ist kalt. Die Madame war schließlich nett zu den Clochards.«

»Wer weiß, wie viele schon verschwunden sind, nachdem sie bei ihr unterkamen? Hat je einer danach gefragt? Vielleicht sollten Sie einmal ihren Garten nach Leichen umgraben lassen.«

»Sie war eine famose *Käserin!*«

Mehr musste man dazu ja wohl nicht sagen. Eine Käserin war keine Serienkillerin. Wo käme man denn da hin! Er musste noch etwas essen. Und kraulen. Kraulen und essen. Wie gut, dass er zwei Hände hatte, und eine Schulter, mit der sich die Hörmuschel ans Ohr drücken ließ.

»Falls Ihre Theorie mit dem Ablenkungsmord richtig ist, stellt sich folgende Frage«, sagte Hildegard zu Trömmsen. »Was, wenn der erste die Ablenkung für den zweiten war? Verraten Sie mir: Wer profitiert von Monsieur Vesnins Dahinscheiden?«

»Seine Frau und ... seine Assistentin Emanuelle, die nun die Käsemacherin ist. Aber ...«

»Man darf nichts ausschließen! Und einer Frau, die Emanuelle heißt, ist ohnehin alles zuzutrauen. Es gab da mal eine Filmreihe, also ich kann Ihnen sagen, diese Emanuelle ließ nichts aus. Das beneidenswerte Ding. Aber von diesen Machwerken werden Sie sicher nichts wissen. Sie sind ja ein Anständiger.«

War das jetzt eine Beleidigung? Doch sie lachte nicht spöttisch. Nun ja, weiter im Text. Einen Verdächtigen gab es schließlich noch.

»Zum Schluss bliebe noch Gérard Brunot. Ein alter Bauer aus dem Ort, der nach Madeleine Poincarés Tod Käse aus deren Reifekeller stahl und eine lebensgroße Skulptur von ihr aus Streichhölzern gebaut hat.«

»Ein Irrer, fraglos. Verbindung zu Monsieur Vesnin?«

»Keine.«

»Vielleicht hasst er einfach alle Käser. Haben Sie ihn schon einmal beim genussvollen Käseverzehr gesehen?«

»Nein, aber er ist zweimal beobachtet worden, wie er Käse auf einen Sarg und ein Grab legte.«

»Also, mein lieber Professor, was brauchen Sie mehr an Beweisen für einen Menschen, der jedweden Bezug zur Wirklichkeit verloren hat? Er ist sicherlich Ihr Hauptverdächtiger, oder?«

»Nun ja, so weit würde ich nicht gehen. Ich bin noch in der Recherchephase, und als Wissenschaftler habe ich gelernt, keine vorschnellen Schlüsse zu ziehen.«

»Wollen Sie damit etwa andeuten, dass ich ...?«

»Um Gottes willen nein! Niemals würde ich das! Ich bewundere Ihr Temperament sehr.«

»Jetzt kommen Sie mir nicht so.«

»Wie komme ich Ihnen denn?«

»So professoral. Das steht Ihnen gar nicht. Die Universität verdirbt ohnehin den Charakter.«

»Also, Frau zu Trömmsen.«

»Doch, doch. Das tut sie. Da fällt mir eine kleine Anekdote ein. In der Germanistikvorlesung fällt der Begriff ›a priori‹. Der Professor bemerkt in der ersten Sitzreihe eine Studentin, die an dieser Stelle die Stirn runzelt. Professor: ›Na, junge Kommilitonin, Sie wissen wohl nicht, was das heißt?‹ Studentin: ›Nein.‹ Professor: ›Das heißt: Von vornherein.‹ Studentin: ›Aha, jetzt weiß ich auch, was apropos heißt!‹«

Wieder dieses Lachen. Mata Hari wäre vor Scham rot geworden.

Der Professor wusste nicht, was er sagen sollte. Wann kam denn die Pointe?

»Sie lachen ja gar nicht, Professor.«

»Doch, doch. Sehr amüsant. Ich schmunzele.«

»Sind Sie rot geworden? Ich schätze es immer sehr, wenn Sie erröten.«

»Ich erröte.«

»Sehr gut. Sie melden sich bitte, wenn es neue Entwicklungen gibt. Ich wünsche jeden Tag einen Rapport. Ist das genehm?«

»Alles, was Sie sagen, ist mir genehm.«

»Sie alter Schmeichler. Gehaben Sie sich wohl.«

Meine Gedanken sind bei Ihnen, wollte der Professor sagen. Doch das hätte sich nicht geziemt. Sie hatten eine altmodische Beziehung. Er war der Galan, sie die unerreichbare Liebe.

»Ich wünsche Ihnen noch einen wunderbaren Tag, Frau zu Trömmsen.«

Der Professor legte auf.

Erst jetzt bemerkte er, dass er nicht mehr Benno kraulte, der mittlerweile mit dem Baguette zwischen den Pfoten unter dem Tisch lag, sondern den Stuhl. Die Frau machte ihn wahnsinnig.

Diese Winterhuder Tigerin.

Auch Jan hatte in diesem Moment mit einer Frau zu tun, die ihn wahnsinnig machte. Denn er war nicht in der Redaktion der *Gazette de Côte d'Or*, sondern in der Domaine Henri Coche-Leflaive, um mit Béatrice Leroy zu reden und sie nicht wie beim letzten Mal aus einem Versteck zu beobachten.

Allerdings war das irgendwie schiefgelaufen.

Schiefgelaufen war gar kein Ausdruck.

Dagegen stand der schiefe Turm von Pisa völlig im Lot.

Was vielleicht daran lag, dass Jan diesmal, ohne anzuklopfen oder an der Klingelschnur zu ziehen, einfach ins Weingut gestiefelt war, direkt hoch in das herrschaftliche Verkostungszimmer, wo das Holz der Bodendielen dunkler war als der Inhalt der Rotweinflaschen. Doch das allein hätte ihn noch nicht in diese verzwickte Lage gebracht. Auch sein Interesse für alte Möbel spielte eine Rolle. Für den alten Eichenkleiderschrank im Besonderen, bei dem vorne eine Spiegelscheibe fehlte und den Béatrice Leroy als Garderobe benutzte. Er tippte auf Jahrhundertwende. Vielleicht klebte hinten ein Schild drauf? Ja, tatsächlich! Fabricant de meubles massif, J. Poirier, Rennes 7, Rue Toullier Rennes.

Den Ausschlag für seine jetzige Situation gaben allerdings die plötzlich von der steinernen Wendeltreppe zu hörenden Schritte.

»Ich hoffe, wir sind ungestört?« Eine männliche Stimme.

»Völlig. Ich habe extra ein Schild an die Eingangstür gehängt.« Das war Béatrice!

Ach ja, dieses kleine Schild. Das hatte Jan geflissentlich übersehen, denn es schien nicht für ihn geschrieben worden zu sein, sondern für irgendwelche Weintouristen.

»Gut, denn ich möchte hier wirklich nicht gesehen werden.«

Da kamen also Béatrice sowie ein Mann hoch, der nicht gesehen werden wollte. Jan würde ihn aber sehen, was dem Burschen sicher nicht gefiel. Und Béatrice demzufolge auch nicht, was wieder einen schlechten Start bedeutet hätte.

Also versteckte er sich.

Er war früher schon gut im Verstecken gewesen. Seine Mutter hatte ihn einmal einen ganzen Sonntag vergeblich gesucht, weil er in die halbvolle Regentonne geklettert war. Es war ein großartiges Erfolgserlebnis – dem eine großartige Erkältung gefolgt war.

Diesmal schlüpfte er nicht in die Regentonne, sondern in den Kleiderschrank, was unglaublich kindisch war und unglaublich peinlich werden würde, sollte Béatrice ihn hier entdecken. Es würde alle seine Chancen, bei ihr zu landen, mindestens bis zur nächsten Eiszeit zerstören.

Drei weitere Personen trafen ein, den schweren Schritten nach zu urteilen, allesamt Männer.

Der Schrank war verhältnismäßig tief, doch Jan musste trotzdem seine Beine verknoten. Nach fünf Minuten waren sie eingeschlafen und fingen an zu kribbeln, als wäre Biene Maja mit all ihren Insektenfreunden zu Besuch gekommen.

Fünf Minuten der Angst, dass jemand den Kleiderschrank öffnen und seine Jacke hineinhängen würde. Doch draußen war es Gott sei Dank so heiß, dass niemand eine trug. Im Winter wäre er sicher längst aufgeflogen. Noch nie fand er den Sommer so klasse. Doch ein Problem gab es: Die Stimmen der Anwesenden konnte er hören, aber sehen konnte er nichts. Der Schrank musste ein kleines bisschen aufgehen, nur einen winzigen Spalt, mehr nicht. Das würde sicher niemandem auffallen. Er würde nur ganz vorsichtig gegen die Tür drücken.

Knarrrrrrrz!

Das Gespräch stoppte.

»Das macht er immer«, sagte Béatrice. »Die Scharniere sind antik. Lohnt nicht, ihn wieder zuzumachen.«

Ein Lob den alten Möbeln! Jetzt war die Sicht frei. Sie saßen zu viert am Tisch. Ein Mann stand daneben, Gendarme Benoit Sokal. Er hatte eine neue Frisur, die im Gegensatz zur alten zu seinem Gesicht passte. Er streckte das fliehende Kinn vor. »Das ist das letzte Mal, okay? Ich habe bei der Polizei gekündigt, nehme nun meinen Resturlaub und nächste Woche bin ich weg aus Epoigey. Ich mache jetzt mein eigenes Ding in Paris.«

»Gott sei mit dir«, sagte der Mann am Ende der Tafel. Jan kam mit den Augen näher an den Schlitz. Es war der Pfarrer von Epoigey. »Auch wenn dies das erste Mal wäre…« Der Gottesmann kicherte wie ein kleines Mädchen.

Nun konnte Jan auch einen Blick auf alle anderen werfen. Ebenfalls anwesend waren Bürgermeister Jules Bigot sowie ein Mann, bei dem es sich laut Adalberts Beschreibung zufolge nur um den Chef des Käseriesen Frombel, Claude Bourcin, handeln konnte. Es sei denn, Louis de Funès wäre von den Toten auferstanden.

Ein Stuhl blieb leer, Béatrice hatte einen schwarzen Schal über die Lehne gehängt. Hatte hier früher Madame Poincaré gesessen? Oder Béatrice' Patenonkel Jean-François Vesnin?

Benoit verließ kurz den Raum und kam mit einem 12er Karton Wein zurück. Das wiederholte er mehrmals und sortierte die Flaschen schließlich auf dem Tisch. Dort fand sich außerdem eine Brotschale mit Gougères, einem köstlichen Brandteiggebäck mit Käse, das auf der Zunge zerging und häufig bei Verkostungen Verwendung fand, da es den ungestümen Geschmack jungen Weins milderte.

Dann begann das Spiel.

Jan brauchte einige Zeit, bis er begriff, was da vor seinen Augen ablief. Sie spielten Poker.

Aber mit Wein. Statt 52 Karten gab es 52 Weine.

Bei Spielkarten gab es Karo, Herz, Pik und Kreuz. Hier schien es vier Jahrgänge zu geben. Und statt den einzelnen Kartenwerten – von Sieben bis Ass – gab es Weine in aufsteigender Qualität. Das höchste Blatt, ein Royal Flush, waren also die fünf besten Weine aus dem herausragendsten, dem Kreuz-Jahrgang. Benoit tauschte Euro-Scheine gegen Champagnerkorken, normale Weinkorken, billige Presskorken und Plastikkorken, die dann wie Kasino-Chips gesetzt wurden.

Dieses Spiel war weitaus schwieriger für alle Beteiligten als ein normales Pokerspiel. Denn von den Flaschen waren die Etiketten und Kapseln gelöst, nur Nummern standen darauf, die vermutlich Benoit, der wohl der Zeremonienmeister war, als Einzigem verrieten, was darin steckte. Wusste man also beim normalen Poker, was man in der Hand hielt, musste der Spieler bei dieser Partie durch Schnuppern und Trinken erst einmal herausfinden, was er im Glas hatte. Und wie sie schnupperten! Und schlürften! Und danach in einen silbernen Kübel spuckten wie eine Herde Lamas. Nur der Pfarrer spuckte nicht, er trank.

Nun ging es ans Setzen und der Bürgermeister hielt plötzlich Béatrice' Hand. »Nicht zu viel, Mädchen. Wir wollen alle nur ein wenig spielen.«

Sie zog die Hand bestimmt fort. »Und ich will ein wenig gewinnen.« Sie schnupperte nochmals an ihren drei Gläsern und schob drei Champagnerkorken in die Mitte.

»Bist du dir sicher?«, fragte der Pfarrer.

»Lasst sie doch spielen, wie sie will«, fuhr Claude Bourcin dazwischen. »Ihr seid nicht Béatrice' Eltern.«

»Gott sei Dank!«, sagte Béatrice. »Also, geht ihr mit?«

Nein, gingen sie nicht. Ihr Seufzen verriet, dass sie sich ziemlich sicher waren, starke Weine auf der Hand, also im Glas zu haben, doch dass sie Béatrice die Niederlage ersparen wollten. Als Benoit auflöste, was auf dem Tisch stand, lachte sie herzlich. »Geblufft, Jungs. Aber wie! Ihr werdet uns Frauen nie verstehen.«

Auch in den folgenden Partien setzte Béatrice mutig – und Jan fand das katzenhafte Funkeln in ihren Augen gleichermaßen anziehend wie beängstigend. Doch sie verlor immer mehr.

Schließlich lagen keine Korken mehr vor ihr, und sie musste eine Frage stellen. »Gebt ihr mir Kredit? Jules? Claude? Benoit? Ich zahl es auch zurück. Ganz sicher. Der neue Jahrgang ist außergewöhnlich, und nächste Woche kommt ein Journalist des *Wine Spectator* bei mir vorbei. Ihr geht null Risiko ein.« Einer nach dem anderen schüttelte den Kopf. »Madeleine hätte mir das Geld gegeben! Sie hat immer an mich geglaubt. Aber ihr? Bei Geld hört die Freundschaft auf, was? Los, gebt mir schon was. Ich will weiterspielen.«

Der Bürgermeister sah auf seine Uhr. »Ich glaube, es ist Zeit zu gehen. Vielen Dank für deine Gastfreundschaft, Béatrice. Und dir, Benoit, für den Job als Croupier.« Er ließ seine Korken gegen Geld eintauschen. »Du hast es uns heute nicht leicht gemacht. Aloxe-Corton hatten wir noch nie. Wie viel bekommst du für die Flaschen?«

»Mein Abschiedsgeschenk«, sagte Benoit. »Dafür sagt mir keiner was Schlechtes nach.«

Der Bürgermeister klopfte ihm hart auf den Rücken. »Aber woher denn! Würden wir doch nie machen.« Er drehte sich zu den anderen. »Das nächste Mal dann bei mir. Ich suche uns auch einen neuen vertrauensvollen und unbestechlichen Croupier. Ich habe da schon wen im Blick.«

»Lasst uns doch noch etwas spielen!«, drängelte Béatrice. «Ich setze einen Teil meiner Ernte. Was sollen wir pro Fass Premier Cru ansetzen?«

»Auf Wiedersehen, Béatrice.« Der Bürgermeister ging, und auch die anderen Herren verließen schnell den Raum.

Nur der Dorfpriester blieb und trank die Reste leer. Verschwendung von Gottes Gaben war schließlich Blasphemie.

Béatrice ließ sich auf einen der alten Stühle fallen und weinte in ihre Hände.

»Was soll ich bloß machen? Meine Mutter hat mir den dicken Hintern vererbt und mein Vater die Leidenschaft fürs Glücksspiel.«

Jan hielt ihren Po für ganz bezaubernd, doch dies war nicht der Moment, zu widersprechen.

Der Priester schwankte zu ihr hinüber. Wenn eine Fee ein Weinfass in einen Menschen verwandeln würde, käme fraglos der Dorfpfarrer von Epoigey heraus.

»Aber dein Vater, Kleines, hatte eine bessere Nase als du. In all den Jahren hast du nicht gelernt, Weine richtig zu erschnuppern. Dir fehlt einfach das Talent.«

Sie blickte auf, und ihre verweinten Augen sahen so gerötet aus, als hätte ihr jemand Burgunder hineingeträufelt. »Weil ich keinen Wein mag! Vor allem keinen Roten.«

Jan war nicht sonderlich überrascht. Es gab viel mehr Winzer, die keinen Wein mochten, als man glaubte. Selbst unter den Besten waren einige dabei. Wie diese trotzdem großartige Tropfen hinbekamen, war ihm ein Rätsel. Manche rauchten auch so viel, dass ihr Geruchssinn mittlerweile auf die Größe einer Amöbe geschrumpft sein musste.

»Ich würde lieber etwas ganz anderes machen, mit Tieren arbeiten, das wollte ich schon immer. Aber dann musste Jean ja Jura studieren und Pierre Medizin, und ich blieb als Einzige übrig, um das blöde Weingut fortzuführen. Ich wollte Papa doch nicht unglücklich machen!«

Der Priester setzte sich neben sie. »Und deshalb hast du dich selbst unglücklich gemacht. Verkauf den Betrieb, da gibt es gutes Geld für. Du bist noch jung. Hätte dein Vater gewusst, was du dir aufbürdest, er hätte sich anderes für dich gewünscht. Er hat dich nämlich sehr geliebt, du warst seine kleine Weinbergschnecke.«

Béatrice lächelte.

Jan ging das Herz auf. Und er fiel aus dem Kleiderschrank.

Als Béatrice ihn sah, versagte ihm immerhin nicht die Stimme.

Nur das Hirn.

»Wenn Sie Geld brauchen, ich leih Ihnen gerne welches!«

KAPITEL 8

Mord nach Rezept

Der Professor hatte sich noch nicht erholt von dem aufreibenden Gespräch mit Hildegard zu Trömmsen, als das Telefon abermals klingelte. Er hatte noch keinen Kaffee getrunken und kein Croissant gegessen – nach französischer Definition war er noch gar nicht wach. Er würde nicht abheben.

Doch es klingelte immer weiter.

Gut, dann gab es wohl nur eine Lösung. Der Professor trat ins Treppenhaus. »Pit, aufstehen! Telefon. Schnell!«

Sekunden später walzte Pit die Treppe herunter. Eine menschliche Lawine, bereit, einen ganzen Skiort unter sich zu begraben. »Für mich? Weiß doch keiner, dass ich hier bin!« Jetzt erst schien er das Klingeln zu hören. »Sie sind ja noch gar nicht drangegangen …!«

Der Professor drückte ihm den Hörer in die Hand. »Und ziehen Sie Ihre schlabberige Unterhose richtig hoch, das sieht ja schlimm aus.«

Pit nahm den Hörer widerwillig an und ließ seine Unterhose weiter schlabbern. »Bei Bietigheim, Telefonsklave am Apparat.« Dann sagte Pit nicht mehr viel, nickte nur und gab ab und an ein »Oh« von sich oder gar ein »Oha«. Seine letzten Worte vor dem Auflegen waren »Ich richte es dem Professor aus. Passen Sie bloß gut auf sich auf!« Er blickte Bietigheim an. »War für Sie.«

»Wer wollte mich denn sprechen? Und warum?«

»Da hätten Sie mal selber drangehen müssen, anstatt mich zu wecken. Ich hatte gerade von dem riesigen Spanferkel geträumt, das es beim Käsefest in Epoigey gab. Ich war kurz davor, herzhaft reinzubeißen.«

»Nun sprechen Sie schon!«

»Was krieg ich dafür?«

»Das ist jetzt nicht Ihr Ernst! Sie leben hier auf meine Kosten.«

»Das ist das Haus von Jan. Es sind seine Kosten.«

»Er gehört zu meiner Familie. Ich verlange sofort zu erfahren, mit wem Sie gesprochen haben!«

»Ich geh jetzt wieder pofen.«

»Nein.«

»Dann zahlen Sie mir den Flug.«

»Wie bitte?«

Der Professor wurde rot wie ein Gummibärchen. Es war also an der Zeit, ihm entgegenzukommen.

»Setzen Sie sich erst mal, Professore. Hatten Sie eigentlich schon Ihren Morgenkaffee?«

»Kommt jetzt wieder Ihre mütterliche Seite hervor?«

»Milch und Zucker? Dann erzählt Ihnen Mami alles.« Er lachte. Und nachdem er den ersten Schluck Kaffee getrunken hatte, klärte er den Professor endlich auf.

»Eben am Telefon, das war Davide Aleppo, der Käser aus Korsika. Er hat...«

»Sie trinken Ihren Kaffee wirklich mit dem Löffel darin? Das ist ja animalisch.«

»Ich find's praktisch. Also Ihr korsischer Freund, der hat Kühe.«

»Der Nachrichtenwert dieser Aussage ist gleich null.«

»Nun ja, es sind besondere Kühe.«

»Was ist denn so außergewöhnlich an ihnen? Haben sie Euter? Muhen sie? Fressen sie gar Gras?«

»Sie sind glücklich.«

»Glücklich? Na, und? Viele Kühe sind glück...« Da fiel es dem Professor ein. »Nein! Sagen Sie nicht, die Kühe sind *sehr* glücklich.«

»Glücklicher als Maden im Speck.«

»Da muss ich selbstverständlich hin!«

Das heißt, da musste jemand anderes hin. Denn es musste schnell gehen, und der schnellste Weg war mit einem Flugzeug. Und dass die flogen, widersprach schließlich dem gesunden Menschenverstand.

»Ich entnehme Ihrer Frage von eben, dass Sie gerne dorthin fliegen würden?«

»Nur bei freier Kost und Logis. Aber wenn Sie lieber fliegen möchten …?« Pit setzte ein breites Grinsen auf. In einer schwachen Minute hatte Bietigheim dem groben Klotz seinen Unwillen die Aviatik betreffend kundgetan. Das hatte er nun von seiner Offenheit.

»Ich zahle nur den Flug. Und Sie machen sich umgehend auf den Weg!«

»Sie feilschen wie ein altes Marktweib.«

»Wenn Sie nicht sofort losfahren, zahlt das alte Marktweib gar nichts.«

»Bin schon nicht mehr da …«

Und nach geschätzten 17,3 Sekunden Kofferpacken (Unterhose, Zahnbürste, Zahnpasta, Knackwurst) kam er aus seinem Zimmer und raste mit Emma zum Flughafen Dijon-Longvic.

Nach Pits Abreise machte sich die Unruhe in Bietigheims Magen breit. Wie eine Schar Hausfrauen am Grabbeltisch. Mit ausgefahrenem Ellenbogen und spitzen Fingernägeln. Er würde Pit später noch telefonisch ausführlich briefen, kein Detail durfte übersehen werden. Auf Korsika warteten vielleicht die Hinweise, auf die er schon viel zu lange hatte warten müssen. Wie gern hätte er selbst alles in Augenschein genommen. Doch bis er mit Bahn und Schiff auf Korsika angekommen wäre, hätten die glücklichen Kühe längst das letzte Mal ins Gras gebissen.

Gott sei Dank wusste Davide Aleppo durch Bietigheims Vortrag, dass die glücklichen Kühe ein Warnsignal dafür waren, dass auch ihm jemand nach dem Leben trachtete. Der Käsemörder beschränkte sich offensichtlich nicht mehr nur auf das Burgund, weshalb nun wohl alle renommierten Käser Frankreichs um ihr Leben fürchten mussten. In einem Land, das mehr Käse als Tage im Jahr hatte, war die Zahl der potentiellen Opfer dadurch nahezu unüberschaubar.

Der Professor benötigte Vitamin C reiches Obst zur Beruhigung sowie einen Spaziergang mit Benno von Saber inklusive ausgiebiger Sauerstoffzufuhr, um seinen Denkapparat in die Lage zu versetzen, alles noch einmal in Ruhe durchzugehen.

Das war der Moment, in dem die schwarze Limousine vorfuhr.

Die Murisaltiens hatten sie längst bemerkt. Ein Wagen dieser Größe, dazu noch gepanzert, verirrte sich selten nach Meursault. Einige Ureinwohner hatten bereits Wetten darauf abgeschlossen, vor wessen Haus er parken würde. Auf Jan Bietigheim hatte keiner Geld gesetzt. Jetzt standen sie auf der Straße und warteten darauf, wer dem Wagen entstieg. Solch ein Gefährt besaßen ja wohl nur Kriminelle. Mafia, 'Ndrangheta, Camorra. Keiner erinnerte sich daran, den Wagen schon einmal gesehen zu haben. Dabei hatten sie: bei Madeleine Poincarés Beerdigung. Doch da war er zwischen all den anderen glänzenden Prachtkarossen nicht aufgefallen.

Aus der Limousine stieg ein Chauffeur und öffnete seinem Fahrgast die Tür. Unfassbar satt öffnete sie sich, ein Geräusch wie eine auf den Boden fallende Sahnetorte. Der Fahrgast erhob sich langsam von seinem Platz. Als er aus dem Wagen stieg, mit seinem schwarzen Anzug, dem weißen Kragen und den Gesichtszügen eines Bibers, wussten alle, um wen es sich handelte. Es war Pierre Roux, der Erzbischof von Clermont, das katholische Oberhaupt des Landes. Heiliger konnte man in Frankreich nicht werden. Und jetzt klingelte genau dieser Gesandte Gottes bei Jan Bietigheim, einem Mann, der die schöne, kleine Kirche Meursaults noch nie von innen gesehen hatte.

Die Tür wurde jedoch von Professor Dr. Dr. Adalbert Bietigheim geöffnet, der sich gerade die Mundecken mit einem gestärkten Taschentuch abtupfte.

»Wir spenden nichts. Danke und auf Wiedersehen.«

Da erkannte der Professor sein Gegenüber. Es kam ihm vor, als führe ein Blitz durch seinen Körper, während er mit nackten Füßen auf einer Starkstromleitung stand.

»Oh.«

»Herr Professor Bietigheim, nehme ich an? Ich bin Erzbischof Pierre Roux. Das Codewort lautet: Schnäuzelchen.« Er sagte Schnäuzelchen nicht auf Französisch. Er sagte es auf Deutsch.

»Schnäuzelchen? Haben Sie gerade *Schnäuzelchen* gesagt?«

Schnäuzelchen nannte Hildegard zu Trömmsen ihn, wenn sie leicht beschwipst und bester Laune war. Das verrückte Ding.

Der Erzbischof lächelte zufrieden. »Wunderbar. Ich war mir sicher, dass Sie Ihren Teil des Codes wissen würden.«

Seinen Teil des Codes? Was hatte Hildegard von Trömmsen da wieder angestellt? Dieses raffinierte Frauenzimmer liebte es, Strippen zu ziehen. Sie hatte nicht nur Verbindungen zu den obersten 10 000 Deutschlands, nein, sie nannte die obersten 100 beim Vornamen. Und scheinbar wollte sie das Rätsel um die Käsemorde schnell gelöst sehen – und ihren geschätzten Professor ganz nebenbei etwas auf den Arm nehmen.

Der Erzbischof schob sich zur Tür herein.

»Man ließ mich wissen, dass der BND in Form Ihrer Person ermittelt, was Madame Poincarés Mord betrifft. Mir wurde weiterhin mitgeteilt, dass man für jede Hilfe, die ich zur Aufklärung leisten kann, dankbar sei.« Er trat näher. »Unter uns: Wenn der Vorsitzende der Deutschen Bischofskonferenz eine solche Bitte an einen richtet, kommt man dieser gerne nach. Die deutschen Kollegen haben zurzeit weitreichenden Einfluss in Rom. Wo wollen wir uns setzen?«

Der Professor brauchte nicht lange zu überlegen, die Küche war der einzige Raum, in dem man ohne Sturzgefahr einen Sitzplatz ergattern konnte. Der Erzbischof blickte entsetzt, als er das Chaos sah, und wischte seinen Platz mit einem seidenen Taschentuch ab. »Lassen Sie uns gleich beginnen, meine Zeit ist leider knapp bemessen. Die Wahrheit über Madeleine Poincaré – und wäre sie nicht ermordet worden, kein Wort darüber hätte jemals meine Lippen passiert. Sie wollte dies so. Bloß kein Aufhebens machen. Eine bescheidene Seele, Gott habe sie selig.« Er bekreuzigte sich. »Ich bitte Sie deshalb, all dies unter dem Siegel der Verschwiegenheit zu behandeln. Zudem haben Sie die Informationen selbstredend nicht von mir erhalten.«

»So ist es beim BND üblich. Wir sind für unser Schweigen bekannt. Der Mossad oder die CIA mögen wegen ihrer Geschwätzigkeit negativ in die Schlagzeilen kommen, wir nie.«

»Gut. Wo soll ich beginnen? Madeleine Poincaré lebte bescheiden. Aber nicht, weil ihre Einkünfte entsprechend niedrig waren, sondern weil sie alles, was sie nicht zum Leben brauchte, der Kirche spendete. In der Tat sehr große Summen. Obwohl ihr Vacherin d'Epoigey exorbitant teuer war, muss sie wohl noch andere Quellen gehabt haben. Vielleicht Aktien? Glücksspiel? Wer weiß. Es geht mich nichts an.« Der Erzbischof klang selbst jetzt, als stünde er auf der Kanzel. »Der Grund für die Spenden war jedoch nicht ihr Glaube, nein, wirklich nicht, sie hat nie einen Zweifel daran gelassen, dass sie nicht an unseren Herrn glaubt. Und sie verbat sich alle unsere Versuche, sie vom

Gegenteil zu überzeugen. Warum, werden Sie sich fragen, spendete Sie dennoch an die heilige Mutter Kirche? Nun, der Grund ist ein guter, ja, ich möchte sogar sagen, ein christlicher: wegen ihres Sohnes. Jung riss er von zu Hause aus, meldete sich für die Légion Étrangère, Abteilung Fallschirmjäger – und sie hörte nie mehr etwas von ihm. Er kam in vielen Krisengebieten zum Einsatz. Afrika, Asien, Osteuropa.« Die Légion Étrangère, dachte der Professor, die Fremdenlegion also, in der entgegen landläufiger Meinung auch viele Franzosen ihren Dienst verrichteten. «Was damals zwischen Mutter und Sohn zum Zerwürfnis führte, ich weiß es nicht. Sie hat dieses Geheimnis mit ins Grab genommen. Genau wie ihr Sohn, ja, auch er ist bereits dahingeschieden. – Wollen Sie sich denn gar keine Notizen machen?«

Oh, der Erzbischof hatte ihn direkt angesprochen. Wie ungewöhnlich bei einer Predigt. »Nein, nicht nötig.« Der Professor deutete auf seinen Kopf. »Fotografisches und... akustisches Gedächtnis. Antrainiert in Pullach bei München. Wie sähe das auch sonst aus, wenn ich bei Gesprächen mit Informanten gleich den Stift zücken würde. Ist das etwa bei Ihren Geheimdiensten so üblich?«

»Ich vermute nicht.« Der Erzbischof fuhr sich durch das schüttere Haar. »Könnte ich auch einen Kaffee haben?«

»Selbstverständlich, Hochwürden. Milch? Zucker?«

»Cognac.«

»Auch diese Gabe Gottes ist vorhanden. Erzählen Sie ruhig weiter. Ich memoriere.«

Doch bevor der Erzbischof weiter berichten konnte, sprang Benno von Saber ihm auf den Schoß.

»Runter mit dir!«, befahl Bietigheim. Benno machte es sich bequem. »Ich hoffe, er stört Sie nicht. Ein Spürhund, K3-Klasse. Spezialist für Blutspuren, Rauschgifte und falsche Gänseleberpasteten.«

»Ich bin kein Freund der Tiere. Im theologischen Sinne

selbstverständlich, doch im praktischen Sinne nicht. Er soll wieder in sein Körbchen.«

»Dann muss ich leider etwas summen.«

»Können Sie ihn nicht einfach von mir herunterheben? Ich mag ihn nicht anfassen.«

»Er würde mich unter Umständen beißen. Vielleicht auch Sie.«

»Und summen hilft?«

»Immer.«

Benno hob den Kopf und näherte sich mit der Schnauze dem klerikalen Kinn.

»Summen Sie, um Himmels willen, summen Sie!«

Der Professor entschied sich für Händels *Wassermusik*. Benno von Saber wedelte sogleich im Takt und sprang vom Schoß des erleichterten Erzbischofs, um sich vor dem Professor auf den Rücken zu legen und die Pfoten in die Luft zu strecken. Dem Rattenfänger von Hameln gleich spazierte Bietigheim ins Wohnzimmer, dicht gefolgt von Benno. Flugs war der Vierbeiner in Sicherheitsverwahrung.

Als Bietigheim zurückkehrte, pflückte der Erzbischof mit langen Fingern Hundehaare von seiner schwarzen Hose. Dampf stieg aus der Kaffeemaschine, die komplett durchgelaufen war.

»Ah, das Heißgetränk der Wahl ist fertig!«

Er schüttete seinem Gast wie gewünscht eine Tasse samt Cognac ein und sich selbst die gleiche Mischung, die er fortan zu dessen Ehren »Den geistreichen Clermont« zu nennen gedachte.

»Ich erzählte gerade von Madame Poincarés Sohn Philippe. Als Obdachloser nannte er sich allerdings Pepe. Ein Freund aus der Soldatenzeit hieß wohl so, er fiel, während er mit Philippe auf Spähtrupp war. Wie auch immer, zurück in Frankreich fand Philippe, also Pepe, keinen Halt mehr und rutschte ab, immer tiefer, bis er aufschlug. Es war die Kirche, die ihn rettete. Als er zu uns kam, hatte er eine Lungenentzündung. Wir päppelten ihn auf, und er lebte die letzten Jahre seines Lebens in einem Benediktinerkloster nahe Perpignan. Kurz vor seinem Tod machte er sich auf eine Reise in die Heimat, er wollte Frieden mit seiner Mutter schließen, doch er starb unglücklicherweise zuvor. Das genaue Wie und Wo ist mir leider unbekannt. Wissen Sie, man sollte niemals zu lange warten, um mit sich ins Reine zu kommen.« Er nahm einen langen Schluck Kaffee. »Wie auch immer, erst im Nachhinein erfuhren wir von seinem Tod, durch einen anderen Obdachlosen, und informierten Madeleine Poincaré darüber. Sie war verständlicherweise erschüttert, vom Dahinscheiden ihres Sohnes zu erfahren, doch auch äußerst dankbar, dass sich die Kirche seiner angenommen hatte. Und deshalb spendete sie seitdem alles, was sie hatte. Darf ich fragen, ob Ihre Spur den Mord an Madeleine Poincaré betreffend mit der Zeit ihres Sohnes in der Fremdenlegion zu tun hat?«

»Dazu darf ich leider nichts sagen.« Der Professor verschloss gestenreich seine Lippen. So langsam fand er Gefallen an seinem Agentenstatus. »Was gibt es noch zu berichten?«

»Das ist alles.«

Etwas passte bei dieser Geschichte nicht ganz zusammen. Und der Professor wusste auch, was. »Warum hat sie der Kirche nach ihrem Tod nicht alles vererbt, wenn sie doch so dankbar war?«

»Das müssten Sie Madame Poincaré fragen, was nun leider nicht mehr möglich ist. Doch ich vermute, sie wollte ihren Lieblingsneffen Benoit nicht enttäuschen. An ihm hing sie mehr, als er wusste.«

»Sie war anscheinend eine Frau, die ihre Gefühle gut verbergen konnte. Noch einen ›Geistreichen Clermont‹ auf den Weg?«

»Einen *was*?«

Ups. »Einen Kaffee mit Cognac.«

Der Erzbischof kniff sein Gesicht zusammen wie einen Boxhandschuh. «Danke, nein. Ich muss wirklich fort. Die Seelsorge kennt keine Ruhezeiten.«

»Ich bringe Sie noch zur Tür.« Dort angekommen, beugte Bietigheim sich verschwörerisch zum Erzbischof und senkte die Stimme. »Ich möchte Sie bitten, mit niemandem, wirklich nie-man-dem über dieses Treffen zu sprechen, sonst würden Sie meine Scheinidentität als Professor gefährden.«

»Selbstverständlich. Ich werde Sie auch in meine Gebete einschließen.«

»Ich bitte darum.«

In diesem Moment fuhr ein Einsatzwagen der Polizei vorbei. Auf der Rückbank konnte der Professor einen Obdachlosen erkennen.

Sein rechtes Ohr fehlte.

Jan war sich absolut sicher, in seinem Leben noch nie so beleidigt worden zu sein. Zwischen Béatrice' wunderbar geschwungenen Lippen waren Wörter hervorgekommen, die er noch nie gehört hatte. Gut, dass im Französischen jeder noch so üble Fluch charmant klang. Zumindest, wenn ihn jemand wie Béatrice sagte. Genauer: schrie.

Das war jetzt über zwei Stunden her.

Die Wolken am Himmel über ihm bewegten sich kaum, dabei sah er schon eine geraume Zeit zu ihnen hinauf. Als hätte sie jemand mit Heftzwecken angepinnt. Jan lag, die Arme hinter dem Kopf verschränkt, im Weinberg Aux Boussellots. Die saftig grünen Weinblätter wogten wie Paillettenkleider, dies war ihr Ballsaal. Doch es waren Jans Gedanken, die Pirouetten drehten.

Béatrice hatte nicht nur Kübel voll Jauche über ihm, sondern über dem gesamten Berufsstand der Presse ausgeschüttet. Journalisten seien nichts anderes als Parasiten, die sich von den Leben anderer ernährten. Sie würden nichts aus sich selbst heraus erschaffen. Das sah Jan zwar anders, denn das Schreiben eines Artikels, und sei er noch so klein und unbedeutend, war ein schöpferischer Akt. Trotzdem hatte sie irgendwie recht. Jan verspürte schon länger den Wunsch, mit seinen Händen zu arbeiten, körperlich, schwitzend, sich verausgabend. So wie Béatrice im Weinberg.

Okay, *mit* Béatrice im Weinberg.

Der Dorfpfarrer hatte sich während ihrer Schimpfkanonade ruck, zuck verzogen, mit so vielen Weinflaschen wie irgend möglich. Selbst für einen gebürtigen Burgunder schien er viel zu trinken. Und das wollte etwas heißen. Die Promillegrenze lag hier inoffiziell bei 1,5 – darunter spürten die Ureinwohner nur ein leichtes Kribbeln an der Nasenspitze.

Als Béatrice mitbekam, dass der Priester nicht länger im Raum weilte, hatte sie begonnen, auf Jan einzuschlagen. Er konnte ihre trommelnden Fäuste noch jetzt auf der Brust spüren.

Jan hatte sie machen lassen, bis Béatrice von alleine aufhörte. Dann erst hatte er ihre Hände genommen und wieder gesprochen.

»Hier kommt ein Geständnis: Ich mag auch keinen Rotwein. Und Frauen, die beim Spielen gewinnen, sind mir unsympathisch. Ich mag die, die aufs Ganze gehen, obwohl sie immer verlieren. Ich mag Frauen, die sich nichts gefallen lassen und wütend sind, weil sie leidenschaftlich leben. Und ich mag dich, weil ich nicht genug davon bekommen kann, wie du deine Haarsträhnen hinter die Ohren zurückstreichst und wie du mich böse anblitzt, ich liebe es, wie du gehst, unbeholfen wie ein junges Fohlen, und dass du einen Mann windelweich schlagen kannst, wenn der verliebte Idiot sich in deinem alten und übrigens sehr schönen Garderobenschrank versteckt.«

Sie sah ihn an, die Augen noch feucht von den Tränen, ihre Pupillen zuckten hin und her, die Lippen wogten und ihr Atem wurde immer lauter. Es war wie bei der Geburtsstunde des Universums: völlig unklar, was dabei herauskommen würde.

Zuerst einmal riss Béatrice ihre Fäuste frei.

»Ich sollte die Polizei anrufen, dich einsperren lassen. Wegen Einbruch, Stalking, geballten Unverschämtheiten, Lügerei und weil du mich vor unserem Pfarrer bloßgestellt hast. Aber jetzt kann ich das alles nicht mehr, weil du so wundervolle Sachen gesagt hast, du elender, verdammter Mistkerl!« Sie schlug ihn nochmals auf die Brust, doch diesmal tat es Jan überhaupt nicht weh. Dann hielt sie inne und blickte ihm noch tiefer in die Augen, so wie man in eine Suppe schaut, in der man eine Fliege vermutet. «Wieso sagst du so was überhaupt? Dass du in mich verliebt bist? Du kennst mich nicht, und bis vor Kurzem hast du mich sogar für eine Mörderin gehalten! Bist du etwa ... pervers?«

»Wenn verrückte Winzerinnen zu lieben pervers ist, bin ich gerne pervers. Und ich will auch keine Therapie dagegen.« Er nahm wieder ihre Hände, doch nun waren sie nicht mehr zu Fäusten geballt. »Ich hab dich nie für eine Mörderin gehalten, keine Sekunde, nur der Professor. Und was meine Gefühle betrifft: Manchmal verliebt man sich eben Hals über Kopf, aber das passiert ganz selten. Und so etwas Wertvolles will ich nicht einfach verstreichen lassen, verstehst du? Ich würde mir nie verzeihen, wenn ich dir nicht die Wahrheit über meine Gefühle gesagt hätte.«

Sie zog einen Stuhl vom Tisch. »Setz dich.«

»Wieso?«

»Mach es einfach.«

Und Jan machte es einfach. Sie würde ihn schon nicht köpfen. Oder?

Béatrice nahm ihm gegenüber Platz. »Okay, bevor es

irgendwie mit uns weitergehen kann, *falls* es irgendwie weitergeht, müssen wir erst einmal die Sache mit Madeleine aus der Welt schaffen. Hör gut zu, denn jetzt gibt es die Wahrheit. Danach will ich nie mehr darüber reden, haben wir einen Deal?«

»Du musst das nicht sa...«

»Ich will es dir aber sagen. Also, haben wir einen Deal?«

»Klar.«

»Sie hat mir Geld geliehen. Immer wieder. Am Anfang, ohne mir Vorwürfe zu machen, doch mit der Zeit redete sie mir immer häufiger ins Gewissen. Madeleine wollte, dass ich mit dem Spielen aufhöre. Es ist ja nicht nur das Weinpokern, ich wette auch auf Fußballspiele. Aber nur auf Olympique Lyonnais.«

»Im Beichtstuhl hast du doch gesagt, du hättest Schuld auf dich geladen. Wie hast du das gemeint?«

Béatrice holte sich und Jan ein Bier aus dem Kühlschrank. Sie nahm einen langen Schluck, bevor sie weitersprach. Die Sache schien ihr noch sehr nahezugehen. »Am Abend bevor Madeleine ermordet wurde, da haben wir uns gestritten. Schlimm gestritten. Sie wollte mir nichts mehr leihen, dabei war ich mir so sicher, dass ich das Ergebnis vom Spiel gegen Monaco wusste. Aber sie sagte, sie würde mir nichts mehr geben, bevor ich nicht in Behandlung ginge. Da wurde ich wütend und habe sie beschimpft.«

Und das, dachte Jan, konnte sie gut.

»Beim Abschied habe ich die Tür so geknallt, dass sie aus den Angeln gehoben wurde. Und am nächsten Morgen war Madeleine tot. Das Letzte, was ich ihr an den Kopf warf, war ›Rombière‹.« Es war eines der Schimpfwörter, die Jan mittlerweile kannte. Alte Schachtel. »Dabei habe ich sie doch geliebt! Sie war wie Familie für mich. Jetzt kann ich ihr das nie mehr sagen und meine Schulden nicht mehr zurückzahlen.« Béatrice zupfte das Etikett von der Bierflasche. »Sie fehlt mir sehr.«

Da stand Jan auf, ging zu ihr hinüber und nahm sie in den Arm, ganz fest. Doch Béatrice riss sich wieder los.

»Ich bin eine verrückte Frau, weißt du das? Mit mir stimmt was nicht.«

»Du kannst überhaupt nicht so verrückt sein, dass ich nicht bis über beide Ohren in dich verliebt wäre.«

Daraufhin nahm sie seine Hand und führte ihn die Wendeltreppe hinunter zum Parkplatz.

»Fahr mich.«

»Und wohin?«

»Irgendwohin. Egal. Fahr.« Sie warf ihm den Schlüssel zu.

Jan fuhr nach Beaune, um dort eine gute Flasche Champagner zu kaufen. Zum Feiern gab es nichts Besseres. Es schmeckte stets, als tanzten Sonnenstrahlen auf der Zunge. Sie sprachen während der Fahrt kein Wort miteinander. Immer, wenn Jan zu reden ansetzte, legte Béatrice ihm sanft ihre Fingerspitzen auf die Lippen.

Doch als Jan vor der Weinhandlung Mon Millésime in der Rue du Faubourg Madeleine hielt und den Zündschlüssel abzog, gab sie ihm einen Kuss auf die Wange.

»Glückwunsch, du hast bestanden.«

»Was bestanden? So lange zu schweigen?«

»Nein, du hast immer noch nicht verstanden, wie verrückt ich bin, oder?«

»Dann sag's mir bitte. Wie verrückt?«

»Also: Ich kann schlechte Autofahrer nicht aushalten. Ich hasse Eile und Hast, das führt zu Unfällen. Ich finde überhaupt, dass man keine unnötigen Risiken eingehen sollte. Meine Mutter sagte immer: Achte darauf, wie ein Mann Auto fährt, denn so wird er dich in einer Beziehung behandeln. Und du hast das Auto behandelt wie eine königliche Kutsche. Du hast eine Chance verdient.«

Jan musste breit grinsen. »Dann werde ich meine Chance jetzt folgendermaßen nutzen: Wir kaufen alles für ein königliches Picknick ein. Und dann fangen wir noch mal von vorne an, vergessen alles, was war.«

»Nein.«

»Nein?«

»Nein«, sagte Béatrice nochmals. »Picknick ist wunderbar, aber vergessen will ich nichts.« Sie beugte sich zu ihm und nahm Jans Gesicht in die Hände. »Sag mal, beschäftigt dich was? Du guckst so komisch. Schon die ganze Fahrt über.«

»In meinem Kopf springt ein kleiner Adalbert Bietigheim rum. Der ist extrem nervig, aber ich bekomme ihn nur ruhig, wenn ich ihm alle Fragen beantworte.«

»Ich hab dir alles über Madeleine und mich erzählt.«

»Darum geht's auch nicht.«

»Sondern?«

»Um Claude Bourcin von Frombel. Wie kommt der Geschäftsführer von Frankreichs größter Käsefirma in deine Weinpokerrunde? Seine Firma sitzt in Lyon, er besitzt Millionen von Euro und lebt in einer ganz anderen Welt.«

»Du kannst es nicht lassen, oder?«

Jan tippte auf seinen Kopf. »Es ist der kleine Professor da oben. Wie ein Derwisch.«

»Zur Wiedergutmachung musst du alles für das Picknick zahlen.«

Das hätte er sowieso, obwohl er momentan knapp bei Kasse war.

»Claudes Familie ist vor Jahrzehnten aus Epoigcy vertrieben worden. Soweit ich weiß, von Madeleines Eltern, weil sie ihren Käse nachmachten.«

»Findest du nicht, dass ihn das verdächtig macht, sie umgebracht zu haben?«

»Jetzt ist endgültig Schluss!«, sagte Béatrice. »Claude ist ein guter Mensch, und wenn wir jetzt nicht endlich aussteigen und einkaufen, überlege ich es mir noch anders.«

Dies war der Moment, in dem der kleine Adalbert Bietigheim in Jans Kopf endlich Ruhe gab.

Natürlich hatten sie Pit im Flughafen ausgiebig gefilzt. Wer so aussah, der legte auch Bomben, schmuggelte Heroin in seinem Magen oder klaute kleinen Kindern den Teddybär. Einerseits nervte Pit der Generalverdacht, andererseits war er froh darüber, trotz seines mittlerweile behäbigen Lebenswandels immer noch als Gefahr für die öffentliche Ordnung angesehen zu werden.

Leider hatte Sixt keine Motorräder zum Mieten parat. Gern hätte er wieder einmal eine dicke Maschine zwischen seinen Beinen gespürt, die schnurrte wie eine vollgefressene Löwin. Stattdessen musste er sich mit einem Nissan Micra zufriedengeben. Der Mann am Schalter riet ihm, immer einen gefüllten Ersatzkanister Benzin im Kofferraum zu haben, weil Tankstellen auf der Insel rar waren. Pit erledigte das direkt und wunderte sich beim Bezahlen, dass Korsisch eher dem Italienischen ähnelte als dem Französischen.

Schon nach wenigen Kilometern Fahrt fühlte Pit sich schmutzig. Schließlich fuhr er fremd.

Hoffentlich fand Emma das nie heraus.

Und wenn, würde er sagen, dass es ihm überhaupt keinen Spaß gemacht hatte.

Als er die Uferstraße entlangbrauste, blies gerade der Libeccio, ein trockener Südwestwind, der hohen Seegang mit sich brachte. Die Landschaft beeindruckte den norddeutschen Rocker. Er schaute öfter in die Natur als auf die Straße. Palmen, Weingärten, Oliven- und Orangenhaine, Kastanienwälder, Pinien, Bergseen und Gebirgsbäche fanden sich hier. Und er hatte gedacht, Korsika sei ein Affenfelsen. Oder war das Gibraltar?

Was Korsika einzigartig machte, war das Dickicht der Macchia, einer Buschlandschaft, die den Wind herb würzte, indem sie ihm ihren unvergleichlichen Myrtenduft anvertraute. Die Macchia bot eine ganz eigene Mischung aus Sträuchern, niedrigen Bäumen und Kräutern – Ziegen und Schafe weideten hier, die Viecher sahen fast wild aus.

Und sehr, sehr lecker.

Die Käserei von Davide Aleppo lag im Dorf Oletta im Nebbio, südlich von Saint-Florent. Das Dorf schien den Hügel hinaufzuklettern wie eine Burganlage, eng standen die Häuser, obwohl rundherum noch viel Platz war. Als würden sie sich um ein wärmendes Feuer scharen.

Davide Aleppos kleines Haus lag am Rand des Dorfes und sah vertrocknet aus. Ein Namensschild gab es nicht, auch keine Klingel, aber Pit hatte sich durchgefragt, hier musste er richtig sein. Hinter dieser Tür wurde Korsikas große Käsespezialität hergestellt, der Casjiu merzzu mit seinen Fliegenmaden, die beim Hineinbeißen sprungartig das Weite suchten. Es waren die Exkremente der Maden, die dem Käse seine besondere Note verliehen. Bon appétit. Doch Davide hatte wohl auch anderes im Angebot. Sein Vater hatte einen Milbenkäse entwickelt, wie es ihn auch in Sachsen-Anhalt gab. Diesem Produkt galt die besondere Leidenschaft der Aleppos. Wie jeder gute korsische Käser führte Davide aber auch Brocciu, einen quarkähnlichen Frischkäse aus Ziegen- oder Schafsmilch, den er mit schwarzem Pfeffer bestreute und von Oktober bis Juni verkaufte. Versetzt mit einer Prise Zucker und einem Schuss Tresterschnaps, war der Brocciu das traditionelle Mittagessen der Schäfer und Ziegenhirten. Bei Festlichkeiten war es noch heute üblich, den Gästen bei der Verabschiedung eine mit Brocciu gefüllte Teigtasche zu überreichen.

All das schwirrte nun in Pits Kopf herum, denn er hatte nach der Landung den Fehler begangen, Bietigheim anzurufen, woraufhin er sogleich genaueste Instruktionen über seine Ermittlungsaufgaben sowie eine Vorlesung zur korsischen Käsekultur erhalten hatte. Eins war ihm davon besonders im Gedächtnis geblieben, nämlich die Sichtweise der Festlandfranzosen, was die Käse der schönen Insel betraf. Ein Käse, der stank, war für sie ein korsischer Käse. Punkt.

»Hallo?«, rief er und drückte den Türgriff. Es war offen.

»Ja?«, kam es aus der ersten Etage zurück.

»Ich bin's, Pit! Der Ausputzer vom Professor. Also von Adalbert Bietigheim. Ich soll hier nach dem Rechten sehen.«

»Hier oben. Im Schlafzimmer. Ich habe mich kurz hingelegt. Kommen Sie ruhig hoch.«

Die Inneneinrichtung war karg, aber ordentlich. Pit linste in alle offenen Türen. Konnte ja nicht schaden. In einem Zimmer standen die Kisten mit Käsemilben. Es war der Speichel der Viecher, der die Fermentation des Käses in Gang setzte. Damit die Milben den Käse nicht zu stark abfraßen, gab Davide Aleppo Roggenmehl in die Kisten, wie ein dreisprachiges Plakat erläuterte. Anscheinend kamen ab und an Touristen hierher. Nach einem Jahr, stand dort, war der Käse fast schwarz. Dann roch er passenderweise lakritzig.

Pit würde trotzdem kein Stück davon probieren. Er hatte ja schon viel Mist gegessen, aber Milben konnten bleiben, wo sie hingehörten. Im Teppich.

Eine schmale, knarzende Treppe führte hinauf in die erste Etage. Pit stieß links, rechts und oben an. Korse musste ein anderes Wort für Zwerg sein.

»Hier«, rief Davide Aleppo, und Pit ging in das erste Zimmer zur Linken. Der Käser lag angezogen auf der Tagesdecke und hielt sich einen Eisbeutel auf den Hinterkopf.

Pit reichte ihm seine Pranke und entschloss sich spontan, den jungen Käser zu duzen. Sonst wäre er sich wie Opa Pit vorgekommen. »Du lebst also noch. Find ich gut. Wir hatten uns schon Sorgen gemacht. Ist schlimm, ich meine, deine Rübe?«

»Geht. Tut schon nicht mehr so weh. Aber es ist elend kalt.«

»Stell dir vor, du bist ein Königspinguin.«

»Der Professor hat mir vorhin am Telefon gesagt, ich soll dir haargenau berichten, was hier los war.«

»Korrekt.«

Davide setzte sich auf. »Die Polizei war schon da und hat alles aufgenommen, aber ich erzähle es gern noch mal. Vielleicht glaube ich dann endlich, dass es wirklich passiert ist.«

»Brauchst du noch eine Portion neues Eis?«

»Nein, geht schon.« Er blickte einige Zeit leer an die Decke, bevor er wieder zu Pit sah. »Ich hatte gerade bei dir und dem Professor angerufen, da hörte ich etwas im Stall. Bin dann hin, ganz leise.«

»In dem Moment hättest du schon die Polizei rufen müssen.«

»Und wenn es nichts gewesen wäre? Ich hätte mich ja total zum Gespött gemacht. Glückliche Kühe! Damit brauchst du hier keinem zu kommen. Kühe sind sowieso allen suspekt. Korsika ist Ziegenland. Hier hat noch nie einer eine glückliche Kuh gesehen. Aber die waren wie auf Ecstasy. Guck, ich hab extra Fotos geschossen.« Er nahm seine Digitalkamera vom Nachttisch und reichte sie Pit.

Zu sehen waren Kühe. Sie guckten wie ... Kühe. »Sehen die nicht immer so aus?«

»Schau dir die Augen an, wie die strahlen!«

Pit fand eher, dass sie ziemlich dümmlich guckten. »Jetzt echt?«

»Ja, klar. Und der entspannte Kiefer.«

»Wenn du es sagst.«

»Der Professor wird das sofort erkennen.«

»Wenn einer eine tiefenentspannte Kuh erkennt, dann er. Wie geht es den Steaks denn jetzt?«

»Eben waren sie noch glücklich.«

Pit gab ihm die Kamera zurück. »Und hast du dann jemanden im Stall gefunden? Oder hat dir einer eins auf die Rübe verpasst?«

Davide schüttelte den Kopf und verzog sogleich das Gesicht. Kopfschütteln tat scheinbar weh. »Ich hab erst mal eine ganze Weile im Eingang gestanden. Aber außer meinen Kühen hat sich niemand bewegt. Also bin ich ein paar Schritte hineingegangen.«

»Unbewaffnet?«

»Ja.«

»Obwohl da ein Mörder bei dir im Stall sein konnte?«

»Ja. Jetzt ist mir auch klar, wie saublöd das war.«

»Kein Widerspruch.«

»Dann hat mich etwas am Kopf getroffen. Aber ein Korsenkopf ist hart, der hält was aus! Ich bin nicht gefallen, ich bin weggerannt, raus aus dem Stall, auf die Weide und weiter in die nächste Bar, unter Menschen. Wir sind dann zu viert zurück und haben das ganze Haus durchsucht, aber keinen gefunden.«

»Sei bloß froh, dass dir der Bursche nicht gleich ein Messer in den Rücken gejagt hat wie der armen Madeleine Poincaré. Wahrscheinlich wollte er dich auch durch Paraffinieren ins Jenseits befördern.«

»Nein, er wollte mich mit Spinnen umbringen.« Davide drückte ein paar Tasten an der Kamera, und auf dem Display erschien eine durchsichtige Plastikbox mit Spinnen. »Schwarze Witwen, drei große Weibchen. Extrem giftig. Vermutlich wollte er die auf mich setzen, sobald ich bewusstlos sein würde, und hat sie dann bei seinem überstürzten Aufbruch verloren. Die Box soll jetzt auf Fingerabdrücke und DNS-Spuren untersucht werden. Ich weiß nur nicht, wieso gerade Spinnen. Mit den Viechern habe ich überhaupt nichts zu tun.«

»Was sind Milben eigentlich für Tiere? Also zu was für einer Gattung von Insekten zählen die?«

»Keine Ahnung, ich denke Milben sind eine Gattung für sich.«

Pit rief sicherheitshalber Bietigheim an, der die Vermutung sogleich widerlegte.

»Der Professor sagt, Milben sind eine Unterklasse der Spinnentiere. Der Mörder wollte also auch dich thematisch passend ins Jenseits befördern.«

Davide schloss die Augen. »Ich möchte nicht weiter darüber nachdenken, was dieser Kranke mit mir vorhatte. Ich bin noch einmal davongekommen, dafür muss ich wirklich dankbar sein. Vielleicht hatte ich mehr Glück als mein Vater.«

»Wie meinst du das? – Hast du vielleicht irgendwo einen Stuhl? Ich bin nicht so der Steher.«

»Nebenan in meinem Büro. Da ist so ein gepolsterter Arbeits-Sessel mit Rollen.«

Pit holte ihn sich. Man saß wunderbar darin, er war breit und gut gefedert – wie seine Emma.

»Okay, wie war das mit deinem Vater? Der ist vor ein paar Jahren gestorben, und du musstest die Käserei übernehmen, richtig?« So hatte Bietigheim es erzählt.

»Er ist nicht einfach so gestorben. Es war Selbstmord. Oder vielleicht auch nicht.«

»Selbstmord? Wie hat er sich denn …?« Pit pumpte seinen Sessel tiefer, damit er die Beine besser ausstrecken konnte.

»Er ist mit aufgeschnittenen Pulsadern in der Badewanne gefunden worden. Aber was ist, wenn ihn da einer reingesetzt und die Klinge geführt hat? Die Polizei hat das damals gar nicht genau untersucht. Jetzt wäre das anders.«

»Aber das würde bedeuten, dass diese Mordserie schon vor Jahren begonnen hat. Ich glaube das nicht, denn die Sache mit den Kühen …«

»… da hat damals doch keiner drauf geachtet! Ich am allerwenigsten. Was wusste ich schon von Kühen? Nichts!«

Er schluckte mehrmals. »Damals kam ich mir vor, als würde ich in ein schwarzes Loch fallen, als wäre alles Licht plötzlich weg. Meiner Schwester ging es genauso, sie wollte nur noch fort, ist dann in die USA, hat neu angefangen, alles vergessen.«

»Und? Hat es geklappt, hat sie alles vergessen können?«

»Nein. Irgendwann war das Geld aus, und sie ist abgestürzt. Jetzt schläft sie unter Brücken, ich weiß nicht einmal, wo. Ich würde sie so gern zurückholen, wenn ich bloß könnte. Sie ist doch meine kleine Schwester, und ich hätte auf sie aufpassen müssen …«

Pit sah, wie Tränen in den Augenwinkeln des jungen Käsers erschienen und entschieden weggewischt wurden. »Was willst du jetzt machen? Der Bursche kann es jederzeit wieder versuchen. Bevor der Professor ihn nicht gefasst hat, ist kein Käser mehr sicher.«

»Ich geh hier nicht weg! Meine Tiere brauchen mich, und ich habe keinen, der sich jetzt um sie kümmern könnte. Ich muss halt auf mich aufpassen. Nun bin ich ja gewarnt.«

»Du warst auch vor der Sache heute gewarnt. Immerhin sind schon zwei andere Käser ermordet worden.«

»Ich war eben blauäugig. Das bin ich jetzt nicht mehr!«

Pit war unsicher, ob das reichte, um nicht umgebracht zu werden.

»Pass auf, ich werde mich noch mal ganz genau hier umgucken, Fotos machen und so, sonst wird der Professor nämlich stinksauer auf mich. Den muss ich gleich auch unbedingt anrufen und alles haarklein berichten. Wenn du einen Platz zum Schlafen für mich hättest, wäre das super. Denn mein Rückflug geht erst morgen früh – und du hättest diese Nacht einen Leibwächter.«

»Aber nur, wenn wir heute Abend zusammen einen trinken.«

»Wenn's sein muss.« Pit griente, diese Korsen waren ein Völkchen nach seinem Geschmack.

Und auch Davide konnte wieder etwas lächeln. Obwohl selbst das zu schmerzen schien.

Gefühle waren unwissenschaftlich, deswegen verließ der Professor sich nie auf sie. Gefühle vernebelten die Einschätzungsgabe und arbeiteten gegen das Körperteil, vor dem er die größte Hochachtung hatte: dem Gehirn.

Doch diesmal folgte er seinem Bauch.

Der erste Weg führte ihn am Morgen nach Epoigey, zur Käserei der verstorbenen Madeleine Poincaré. Er war dort ganz offiziell, um den neuen Eigentümer zu beraten, denn Benoit hatte ihn als Experten für den Vacherin d'Epoigey genannt. Die Bezahlung bestand aus zehn perfekt gereiften Käselaiben. Ein Spottpreis, wenn man es genau bedachte.

Dann fuhr er mit dem Fahrrad nach Dijon, zum runderneuerten Laden von Maître Hervé Picard. Es war wie bei Madonna, wenn sie während einer Show ihr Outfit wechselte. Fraglos dieselbe Frau, doch nicht wiederzuerkennen. Schon der Schriftzug über dem Geschäft war neu und trug nicht länger den Namen des berühmten Affineurs. »Fromage, Fromage, Fromage!« stand dort nun zu lesen. Es mutete an wie Karneval in Köln: Kamelle, Kamelle, Kamelle! Hoffentlich wurden die Kunden nicht mit Käse beworfen.

Die Auslage war mit neonfarbenen Kugeln verschiedenster Größe bestückt, zwischen denen vor allem Käse eher unbekannter Fermier-Bauernhöfe lagen. »Entdecken Sie das neue Käse-Frankreich« stand darüber auf einem Plastikschild in Form einer Lupe.

Jemand wie Hervé Picard, dachte Bietigheim, konnte diesen Käsern Tür und Tor öffnen – und das kulinarische Frankreich würde sicher bald über dessen neuesten Coup berichten. Das Land berauschte sich gerne an Revolutionen, selbst wenn sie in der Welt der Käse stattfanden. Hauptsache, irgendwas konnte geköpft werden, und wenn es nur ein Chèvre war.

Die Mitarbeiter trugen nun Schwarz, die neue Farbe des Genusses. Schwarz, das Gegenteil von Weiß, so wie neu das Gegenteil von alt war. So einfach war die Welt.

Bietigheim hatte Glück, Maître Fromager Hervé Picard persönlich anzutreffen, denn dieser weilte nur noch selten in seinem Reich. Gerade unterhielt er sich mit einer langbeinigen Dame, deren Minirock und Stöckelschuhe die Schenkel noch ein paar Zentimeter in die Länge zu ziehen schienen. Den Einrichtungs-Prospekten in ihrer Hand nach zu urteilen, schien es sich um eine Innenarchitektin zu handeln.

Der Professor holte sämtliche Käse aus seiner Tüte und hielt sie Picard vor die Nase. »Wenn ich mich nicht täusche, sind das hier zurzeit die gesuchtesten Käse der Welt. Jeder Affineur, der diesen Käse liefern kann, erhält nicht nur viel Geld, sondern mit ein bisschen Verhandlungsgeschick auch langfristig gebundene Neukunden. Ich finde allerdings, dass diese Vacherin d'Epoigey bereits viel zu reif sind und man sie besser entsorgen sollte, um das Andenken der Dahingeschiedenen nicht zu beschmutzen. Also werde ich sie meinem Hund geben.«

Benno von Saber wedelte. Er mochte keinen Käse und würde den Vacherin d'Epoigey keines Blickes würdigen, doch im Ärmel des Professors steckte ein Stück Schinken, köstlich duftender Jambon de Morvan. Und diesen liebte Benno fast noch mehr als Barock-Musik.

»Er ist zwar nur ein kleiner Foxterrier, doch bei diesem Käse wird er zur Bestie.«

Der Professor hielt seinen Arm etwas tiefer – und Benno sprang empor.

Hervé Picard entschuldigte sich bei der langbeinigen Dame und schob Bietigheim sanft in eine Ecke des Geschäfts. «Das würden Sie nicht wagen!«

»Oh, ich wage vieles. Ein Mann wie ich mit Beamtenstatus, unkündbar, und Eigentumswohnung in Eppendorf, ist schließlich abgesichert.« Er ließ Benno nochmals springen.

»Wie viel wollen Sie dafür?«

»Ah, jetzt reden wir miteinander. Sollen wir uns nicht setzen? Ist viel gemütlicher.«

Sie nahmen in Hervé Picards kleinem Büro Platz. Der Professor platzierte die zehn Käse so nah an die Schreibtischkante, dass sie stets in Gefahr waren herunterzufallen. Der Affineur streckte die Hände danach aus – doch der Professor schlug darauf.

»Finger weg! Gegrapscht wird nicht.«

Hervé Picard zückte sein Scheckheft. »Nennen Sie mir eine Zahl.«

»Eine.«

»Was?«

»Eine.«

»Was soll das heißen?«

»Ich will eine einzige Information für diese zehn unglaublich wertvollen Käse. Ein Schnäppchen, wie ich finde.«

»Was für eine Information?«

»Über Ihre Käsevereinigung. Ich will die Wahrheit.«

»Was für eine Wahrheit? Sie wissen doch bereits alles.«

Bietigheim beugte sich zu Benno. »Na, alter Junge, kannst du dich noch zurückhalten? Nein?« Ein kleines Stück Käse hatte er mit Wurst präpariert. Eigentlich bestand es nur aus Wurst, ganz dünn mit Käse bedeckt. Eine Meisterleistung in Sachen Käseskulptur. Der Foxterrier schluckte es herunter, ohne auch nur einmal zu beißen.

Hervé Picards Mundwinkel zuckte. »Wir sind sehr auf Diskretion bedacht.«

»Ja, wunderbar. Ich ebenfalls.«

»Sie verstehen nicht ...«

»Was, Benno? Hast du gerade gesagt, dass du immer

noch großen Hunger hast? Wirklich? Na, dagegen müssen wir doch etwas tun.«

»Ich könnte ausgeschlossen werden.«

»Niemand wird erfahren, dass ich die Informationen von Ihnen erhalten habe. Mein Wort.«

Und wenn ein Mann wie Professor Dr. Dr. Adalbert Bietigheim sein Wort gab, dann konnte man ein Weltreich darauf errichten. Hervé Picard merkte, welchen großen Wert es hatte. Er beugte sich vor und schob die Käse fort von der Schreibtischkante und näher zu sich. »Also gut.« Er öffnete den obersten Hemdknopf. »Ich möchte es so ausdrücken: Man hilft sich. Wenn einer den Preis anhebt, ziehen die anderen nach. Wenn einer einen Pressekontakt auftut, kommen auch die anderen in diesen Genuss. So haben wir es geschafft, alle Drei- und Zwei-Sterne Restaurants des Landes zu beliefern, und so wurden wir zu den Grandes Marques. Die Champagne hat es vorgemacht. Doch bei uns geht alles im Verschwiegenen.«

»So harmlos? Dann wäre die Geheimniskrämerei doch gar nicht nötig. Sind Sie nicht eher ein ... Kartell? Setzen Sie den Gastronomen nicht die Pistole auf die Brust, nach dem Motto: ›Willst du den Käse von einem unserer Gruppe, dann musst du von allen Ware nehmen?‹ Bei den Affineuren ist es sicher genauso. Und vermutlich sorgen Sie auch dafür, dass unliebsame Konkurrenten nicht zum Zuge kommen. Wer die Möglichkeit dazu hat, der nutzt sie doch. Sie bestimmen gemeinsam den französischen Käsemarkt, Sie und niemand anderes. Denn wer an den Trögen steht, der verteidigt sie.«

Picard lächelte mit unverhohlenem Stolz. »Wir wissen unsere Interessen zu wahren.«

»Und die Treffen?«

»Zum einen zur Weiterbildung, wir wollen schließlich wissen, was andere so treiben. Zum anderen um Geschäftliches zu besprechen.«

»Madeleine Poincaré und Jean-Francois Vesnin waren Mitglieder?«

»Ja.«

»Wer könnte der Vereinigung Böses wollen?«

»Niemand, eigentlich profitiert jeder. Selbst die Restaurants und Affineure, die viel für unsere Produkte zahlen müssen, denn sie können auch viel dafür einnehmen. Wir schaden keinem!«

»Wie viele sind Sie?«

»Zwölf. Das ist unsere Zahl, schon immer, sonst wird es unübersichtlich und unpersönlich.«

»Natürlich, die Exklusivität ist Ihre stärkste Waffe. Wie viele wissen von der Vereinigung?«

Hervé Picard zuckte mit den Schultern. »Menschen reden gern. Aber wenn wir von einem Koch, Käser oder Affineur erfahren, dass er über uns plaudert, erhält er nichts mehr. Keine Ware, keine Unterstützung.«

»Jede mächtige Vereinigung hat Feinde. Denn auf dem Weg nach oben macht man sich unweigerlich welche.«

»Das sagt man, ja. Aber wenn ich wüsste, wer es ist, hätte ich der Polizei schon längst einen anonymen Hinweis zukommen lassen. Oder glauben Sie, ich bin lebensmüde?«

»Nein, das glaube ich nicht. Aber ich glaube, dass Sie mir immer noch nicht die ganze Wahrheit erzählen. Wenn alles stimmt, was Sie sagen, warum sind Sie dann so plötzlich verschwunden, nachdem ich Ihnen von dem Mord an Madeleine Poincaré erzählt habe?«

»*Eine* Frage, Professor, das war ausgemacht. Und Ihr Wort zählt doch, oder?«

Das tat es.

Selbst jetzt.

Denn sonst wäre es nicht mehr wert gewesen als ein alter Kaugummi unter der Ledersohle.

»Ich habe den Eindruck«, sagte Bietigheim, »Benno hat

seinen Appetit auf Käse verloren. Ich darf mich entschuldigen.«

»Ein Käse mit auf den Weg?«

»Gerne! Ich nehme einen Vacherin d'Epoigey.« Der Professor griff sich einen der Käselaibe, stand lächelnd auf und verließ das Geschäft, ohne sich noch einmal umzudrehen.

Benno hatte sich den Schinken nun redlich verdient.

Der Professor ließ ihn genau vor dem Schaufenster der Fromagerie aus dem Ärmel gleiten. Ganz langsam.

Denn Hervé Picard sah ihm bestimmt noch nach.

Auf dem Rückweg nach Meursault fuhr Bietigheim mit seinem Fahrrad durch Epoigey, die Augen aufhaltend nach nichts Bestimmtem. Er hatte den Eindruck, nun nahezu alle Fakten zu kennen, die für die Lösung des Falles nötig waren. Trotzdem wusste er nicht, wer der Täter war. Als hätte man ihm Mehl, Butter, Eier, Backpulver, Zucker und Salz gegeben, doch das Rezept für den Kuchen vergessen.

Er stellte sein Rad vor der Käserei von Madeleine Poincaré ab, nahm das Haus von außen nochmals in Augenschein, wie auf einem Rätselbild den Fehler suchend. Doch alles passte, jeder Mauerstein gehörte hierhin. Nur etwas stimmte nicht. Das Haus wirkte tot.

Wie Gebäude dies bewerkstelligten, war dem Professor schleierhaft. Doch man sah ihnen an, ob sie bewohnt wurden. Es lag nicht allein an geputzten Fensterscheiben, gestärkten Gardinen oder aufsteigendem Rauch. Es war vielmehr wie bei Perlen, die erst glänzten, wenn sie getragen wurden.

Neben der kleinen Käserei war bereits Erdreich ausgehoben worden. Hier sollte die neue Produktionshalle entstehen, gebaut von Generalübernehmer Jules Bigot. Ein Schild kündete bereits von dem Vorhaben. Der Zeichnung nach würde es den Turm zu Babel wie einen begrünten Carport wirken lassen.

Erstaunlich, wie schnell Baupläne, Statik und Genehmigung vorgelegen haben mussten. Wenn die mal nicht in einer Schublade auf ihren großen Tag gewartet hatten.

Neben der Kirche Saint-Jean fand der Professor einen schattigen Platz mitsamt Sitzbank. Er legte den Strohhut neben sich, ordnete seine Frisur und ließ Benno von der Leine.

»Such dir ein schönes schattiges Plätzchen und leg dich etwas hin, alter Junge. Ist viel zu heiß, um herumzurennen.«

Wie eine Rakete schoss Benno ins Untergehölz und bellte, als gelte es, eine Armee einmarschierender Perserkatzen zu vertreiben. Vögel stoben auf, andere Hunde, weit entfernt und nicht zu sehen, stimmten ins Gebell mit ein. So viel zur besinnlichen Ruhe.

Der Professor holte den Vacherin d'Epoigey aus seinem Rucksack und tat etwas äußerst Ungewöhnliches. Er biss hinein. Einfach so. Es gehörte sich nicht, es war ein Frevel an der Kunst des Käseverzehrs, doch ihm war gerade danach, und es guckte keiner. Mit diesem Käse hatte die Mordserie begonnen. Vielleicht stießen die intensiven, salzigen Aromen der Spezialität in seinem Kopf die richtigen Nervenzellen an. Doch selbst der intensive Geschmack des Käses lockerte keine erhellenden Erinnerungen.

Dafür mundete er köstlich.

Plötzlich verstummte Benno, seine Rute schlug wie wild. Er stöberte zwischen zwei Vorsprüngen der Kirchenmauer, ein großer Brombeerbusch wuchs davor, und etwas Dunkles befand sich in Bodennähe. Es sah aus wie ein Müllsack. Benno zog daran, doch das Etwas bewegte sich keinen Zentimeter. Dann zerrte der Foxterrier mit aller Kraft, immer wieder ruckte sein Hinterteil schlagartig zurück.

Das Etwas kippte um.

Und Bietigheim stellte überrascht fest, dass es ein Gesicht hatte.

Genauer gesagt: das des Dorfpfarrers.

Sofort rannte er zu ihm. Hinter dem Geistlichen lag eine beachtliche Flaschensammlung, die bis auf den allerletzten Tropfen geleert war. Den Seinen gab es der Herr im Schlaf. Das hatte der Bursche wohl zu wörtlich genommen.

Der Priester atmete aus. Das war ein Fehler. Überraschenderweise fielen keine Singvögel von den Ästen. Dabei konnte man diese Alkoholfahne vermutlich noch in der Polarstation Neumayer III riechen. Der Mann gehörte ins Bett, um seinen Rausch rückenschonend auszuschlafen. Mit großer Kraftanstrengung gelang es dem Professor, ihn emporzuwuchten. Dabei wurde der Priester wach, oder zumindest annähernd, und stützte sich auf Bietigheims Schulter. So schafften sie es bis zum Pfarrhaus.

Erfreulicherweise lag das Schlafzimmer ebenerdig.

Im selben Moment, in dem der Priester das Bettlaken berührte, schlief er wieder ein. Der Bursche musste sich jetzt ausschlafen, und wenn er aufwachte, ein Glas Wasser auf dem Nachttisch finden. Sowie eine Packung Kopfschmerztabletten. Ein Eimer neben dem Bett konnte ebenfalls nicht schaden.

Ein Glas fand der Professor schnell, und fix hatte er es mit Wasser aus dem Hahn gefüllt. Doch wo mochte der Pfaffe sein Tablettenschränkchen haben? Im Badezimmer fand es sich nicht. Traditioneller Aufbewahrungsort für Pillen aller Art war noch das Nachttischschränkchen. Oberste Schublade. Bietigheim prüfte es. Die Bibel. Das hätte man sich ja denken können. Zweite Schublade – Tabletten! Gegen Kopfschmerz, Magenprobleme und Mundgeruch. Da dachte jemand an seine Schäfchen in der ersten Reihe. Guter Priester. Der Professor holte die Aspirin-Packung hervor. Darunter lag ein Zettel, zerknittert, jedoch sorgsam gefaltet. Bietigheim hätte ihn sicher liegen lassen, denn das Schriftstück ging ihn nichts an.

Doch es roch nach Käse.

Also nichts, was man im Nachttischschränkchen eines Priesters erwartete. Kamille, Myrrhe, Minze, selbstverständlich. Aber ein Stück Papier mit Käsearoma?

Der Pfaffe drehte ihm den Rücken zu und schnarchte nun mit der Intensität eines Höhlenbärs.

Bietigheim dachte nach. Niemand würde merken, wenn er einen Blick auf den Zettel riskierte.

Einen ganz kurzen.

Aus dem Augenwinkel nur.

Das konnte keine Sünde sein.

Trotzdem hob der Professor den Zettel ganz leise heraus und faltete ihn mit äußerster Vorsicht auseinander.

Ganz oben stand »Vacherin d'Epoigey«. Die Handschrift war verschnörkelt, die Buchstaben sahen aus wie Blumen, die über das Blatt rankten.

Es folgte die genaue Rezeptur des Käses. Milchmenge, Reifung, Wendezeitpunkte, alles.

Der Professor war geschockt, dieses wertvolle Schriftstück beim Dorfpfarrer zu finden.

Doch ein Detail erschütterte ihn noch mehr.

Das zerknitterte Papier war gesprenkelt.

Von blutroten Flecken.

KAPITEL 9

Ein pyramidaler Käse

Der Professor war ein geduldiger Mensch. Er schaffte es zum Beispiel, stundenlang seine Studenten zu beobachten, wie Sie Ihre schriftliche Prüfung bewältigten – in die er mehr Fallen eingebaut hatte als der Architekt des Pharaos in die Große Pyramide von Gizeh.

Doch der ständig lauter schnarchende Priester ließ seinen Geduldsfaden reißen.

Bietigheim hatte eigentlich vorgehabt zu warten, bis dieser wieder halbwegs bei klarem Verstand war. Soweit das bei einem dermaßen versoffenen Pfaffen überhaupt möglich war. Doch das ständige Grunzen, die Atemaussetzer und die Geräusche, als leckte er gerade einen Schweinetrog aus, waren einfach zu viel. Bietigheim plante, in ein paar Stunden wiederzukommen. Der Priester würde ihm schon nicht weglaufen.

Bevor der Professor zurück nach Meursault fuhr, wollte er sich jedoch noch etwas im Haus des Verdächtigen umsehen. In aller Ruhe. Was für ein Luxus! Wobei der flache Kirchenanbau außer Schlafzimmer, Küche, einem winzigen Wohnzimmer und einem Bad nur noch ein Büro zu bieten hatte. Die Kirchenfürsten des Mittelalters hätten sich geweigert, so spärlich zu leben. Die meisten Zimmer waren schnell durchsucht, längere Zeit benötigte der Professor nur für das Büro. Es war karg eingerichtet, nicht einmal ein Computer stand dort, das Telefon hatte noch eine Wählscheibe, die Vorhänge waren grau, und auf dem abgewetzten Holzboden waren anhand dreier eingetretener Pfade die meistgelaufenen Wege deutlich erkennbar. Einer von der Tür zum Schreibtisch, einer zum Buchregal, und der dritte verlief zu einer Anrichte von der Größe eines Leopard-Panzers. Der Professor öffnete sie. Erste Schublade: Gebetbücher und Osterkerzen, zweite: Messgewänder, dritte: Gemeindeblätter. Bietigheim blätterte sie durch. Wallfahrten nach Lourdes, Pfarrfeste, Erst-Kommunionen, Chorproben, Käsetaufen (was immer das sein mochte), Spendensammlungen des Roten Kreuzes (in harter wie flüssiger »Währung«), Kindermessen, Altenstuben – der Dorfpfarrer schien sich in Epoigey um alles selbst zu kümmern. Bargeld, Schuldscheine oder gar einen Hinweis auf ein Mordkomplott suchte Bietigheim vergebens, was ihn jedoch nicht weiter verwunderte. So einfach machte es einem das Leben nicht.

Benno sprang auf den Schreibtisch, der schöneren Aussicht wegen. Als Feldherr musste man einfach den Überblick haben. Der Professor stellte sich ans Fenster und blickte hinaus auf den kleinen, alten Friedhof. Vor den Toren Epoigeys war längst ein neuer angelegt worden, da dieser hier wegen Überfüllung geschlossen werden musste. Das Sterben ging eben immer weiter.

Wieso war Blut an der Rezeptur? Und welchen Vorteil hatte der Priester überhaupt davon? Es ließ sich nicht zu Geld machen, denn man brauchte auch die Zutaten, um Madeleine Poincarés prachtvollen Käse nachzuahmen. Dazu gehörten die Kühe, das Gras, auf dem sie standen, die Luft, die sie atmeten, sowie das einzigartige Klima des Kellers. Viele Zeilen der Rezeptur waren wieder und wieder durchgestrichen, mal mit einem Kugelschreiber, mal mit einem Bleistift. Es war nicht an einem Tag erstellt worden, nicht einfach auf- oder abgeschrieben. Die Rezeptur war die Arbeit vieler Wochen, Monate oder gar Jahre.

Von Schulden des Pfarrers war nichts bekannt, und der

Professor hatte auch kein sonst wie belastendes Gerücht aufgeschnappt, dabei waren Priester stets beliebter Gegenstand des Dorfgeschwätzes.

Die Rezeptur war für den Mann völlig wertlos ...

Das heißt: Jeder wusste, dass Madeleine Poincaré ein großes Geheimnis um ihren Käse machte. Wenn sie also starb, konnte niemand die Käserei weiterführen.

Es sei denn, er besaß diese Rezeptur.

So musste es dem neuen Besitzer der Käserei gehen.

Frombel.

Er musste nach Lyon!

Mit ein paar Pfiffen beorderte er Benno zu sich. Der Foxterrier gehorchte nur, weil es sich um die ersten Töne des *Brandenburgischen Konzerts Nr. 3* von Johann Sebastian Bach handelte. Gegen Barock kam selbst seine Dickköpfigkeit nicht an. Der Professor rannte zwar nicht zu seinem Fahrrad, denn übermäßige Eile war schlecht für das Herz, doch er beschleunigte seinen Schritt erheblich. Beim Fahrrad angekommen, setzte er flugs seinen Strohhut auf, krempelte die Hosenbeine hoch und schwang sich auf den Sattel.

Doch weit kam er nicht, denn eine Straßensperre verbaute ihm den Weg. Sie hatte die Statur eines Orang-Utans, zwei haarige Arme und das Gesicht von Bürgermeister Jules Bigot. Da Bietigheim keine Banane hatte, um ihn abzulenken, musste er anhalten.

»Ah, der Herr Professor aus Deutschland! Haben Sie einen Augenblick Zeit für mich? Aber natürlich haben Sie das nicht. Ein so vielbeschäftigter Mann wie Sie, der den Käsemörder finden will, indem er das Geheimnis der glücklichen Kühe löst, nicht wahr? Glückliche Kühe, das war doch richtig?«

»Nein, glückliche Bürgermeister.«

»Zu Scherzen aufgelegt! So kennt man die Deutschen ja gar nicht. Wie schön.«

»Ich muss dringend weiter.«

»Nein, glauben Sie mir, das müssen Sie nicht.« Er hielt den Fahrradlenker fest.

»Sie vergessen Ihre Manieren.«

»Aber ganz im Gegenteil. Ich will Ihnen eine freudige Nachricht überbringen. Nur Ihr Bestes habe ich im Sinn.«

»Ich darf mich verabschieden.«

Er wollte weiterfahren, doch Jules Bigot hielt den Lenker nun so fest umklammert, als bestünden seine Muskeln aus Stahlseilen.

»Der Mörder ist gefasst worden.«

Plötzlich wollte Bietigheim nicht mehr fahren. »Vielleicht habe ich doch eine Minute Zeit.«

»Die sollten Sie sich nehmen!« Jules Bigot strahlte triumphierend. »Während Sie sich über die französische Polizei lustig gemacht haben, hat diese nämlich den Täter dingfest gemacht.«

»Wer ... soll es denn gewesen sein?«

Selbst Benno schien nun die Ohren zu spitzen.

»Ein Clochard, der als ›Einohriger‹ bekannt ist.«

Nun war es am Professor zu lächeln. »Und wieso sollte der zwei Käser umbringen?«

»Es wird Raubmord vermutet.«

»Aber es wurde doch nichts gestohlen.«

»Wer weiß? Vielleicht hatten sie ja doch irgendwo Geld herumliegen. Zumindest wurde dieser Einohrige in Beaune aufgegriffen, wie er es sich fürstlich gut gehen ließ. Der Polizei war bereits bekannt, dass er in Madeleines Haus ein- und ausging.«

»Das ist alles? Daraufhin verhaftet man ihn? Er hat nichts mit Jean-François Vesnin zu tun. Hier soll ganz eindeutig ein Sündenbock gefunden werden, damit die Medien Ruhe geben!«

Oder, fuhr es Bietigheim durch Kopf, zog vielleicht Claude Bourcin von Frombel die Strippen, um seinen

Kopf und den des Dorfpriesters gar nicht erst in die Schlinge kommen zu lassen?

»Angeblich«, sagte Bigot genüsslich, »hat er bereits gestanden.«

»Blödsinn, das denken Sie sich doch aus!«

Der Bürgermeister streckte die Arme empor, als wäre er gerade erst aus dem Bett gesprungen. »Ein herrlicher Tag, oder? Und wissen Sie, warum? Weil Sie nun das Burgund verlassen werden!«

»Sie sind doch bloß sauer, weil ich Sie unter den Tisch getrunken habe.«

Jetzt wurde der Affe wütend. »Betrogen haben Sie mich! Irgendwas in den Wein gemischt!«

»Nein, nichts dergleichen.«

»Mich trinkt keiner unter den Tisch.«

»Ich habe es getan. Es war nicht einmal besonders schwer.«

»*Sie!*«

»Das ist die korrekte Anrede.«

»Ich werde der *Gazette de Côte d'Or* ein Interview geben und Sie der Lächerlichkeit preisgeben. Dass Sie es nur wissen! Sie sind ein Haufen Scheiße, sonst nichts!«

Nun wurde Bietigheim doch ein wenig sauer. Und er beschloss, sich zu rächen. Mit einer bösartigen Tat, einer hundsgemeinen gar – ohne dass er damit Benno beleidigen wollte. Doch der Bürgermeister hatte es verdient. Für all seine Sünden und Charakterfehler.

Bietigheim zog die Vacherin-d'Epoigey-Rezeptur aus seiner Jacke, faltete sie auseinander und reichte sie seinem Gegenüber. »Ich habe gerade Ihrem schwer angetrunkenen Bruder ins Bett geholfen und dies auf der Suche nach Kopfschmerztabletten in seinem Nachttisch gefunden. Wenn mich nicht alles täuscht, und das tut es gewiss nicht, macht ihn diese Rezeptur des Mordes an Madeleine Poincaré höchst verdächtig. Ich habe das Beweisstück bereits fotografiert und vertraue es Ihnen hiermit an. Sie wissen ja, was damit zu geschehen hat. Ich wünsche Ihnen noch einen wunderschönen Tag.«

Er lüftete seinen Strohhut und schenkte dem Bürgermeister zum Abschied ein aufmunterndes Lächeln.

Als Pit in die Höhle zurückkehrte, hatte sie sich in eine Jugendherberge verwandelt.

»Was hast du mit den ganzen Matratzen vor?«

Jan sah nicht einmal hoch, so konzentriert legte er die Schlafgelegenheiten aus. »Frag den Professor. Er hat Verstärkung herbeordert und verhält sich überhaupt total merkwürdig.«

»Noch merkwürdiger als sonst?«

»Guck's dir selbst an. Er ist oben.«

Eine brünette Frau kam herein, auch sie trug eine Matratze. Trotz der schweren Last strahlte sie und schaffte es sogar mit der freien Hand, Jan in den Po zu kneifen.

»Ist sie das?«, flüsterte Pit. »Oder darf dich hier jeder im Dorf angrapschen?«

Jan blickte hoch. »Eine tolle Frau, oder? Die Winzerin meines Vertrauens!«

»Ich lass euch dann mal lieber allein. Falls ihr alle Schlafgelegenheiten ausprobieren wollt …« Er schlug Jan mit der Pranke so fest auf den Rücken, dass dieser auf einer Matratze landete.

Den Professor fand Pit vornübergebeugt an einem improvisierten Schreibtisch sitzend, die Lesebrille auf der Nasenspitze. Er bemerkte gar nicht, dass Pit vor ihm im Raum stand, so vertieft war er in seine Lektüre: »Etymologie der Käse Westeuropas – Eine Streitschrift«.

»Käsetaxi.« Pit warf ein Paket auf den Tisch, das Davide ihm mitgegeben hatte.

Der Professor zuckte zusammen und blickte erbost auf. »Pit, da sind Sie ja endlich!«

»Freut mich auch, Sie wiederzusehen. Was ist denn hier los?«

»Was hier los ist? Sieht man das denn nicht? Wir werden den größten Käseigel der Welt errichten!«

»Mit Matratzen?«

Der Professor nahm seine Brille ab. Immer ein schlechtes Zeichen. Wie ein Boxer, der die Handschuhe beiseitelegt, um richtig zuschlagen zu können. »Reden Sie doch kein dummes Zeug! Die sind für meine Studenten, oder haben Sie etwa gedacht, ich würde höchstpersönlich Käse in Würfel schneiden und Zahnstocher hineinpiken?«

»Auf die Idee wäre ich nie gekommen.«

»Sehen Sie.«

»Und der Igel hilft, den Mörder zu finden?«

»Ja selbstverständlich. Muss ich Ihnen denn alles erklären? Er wird ihn aus der Deckung locken – egal, wer es ist. Was tun Sie überhaupt hier? Sie sollen doch Gérard bewachen. Gehen Sie schon!«

Jan hatte recht, der Professor war wirklich verrückter als sonst. Da schien es eine gute Idee, die Höhle zu verlassen. Außerdem freute Pit sich darauf, Gérard wiederzusehen. Er hatte den alten Cassis-Bauern mittlerweile richtig ins Herz geschlossen. Es war schön, ihm beim Leben zuzuschauen. Ein wenig wie bei einem Fisch im Aquarium. Man konnte ihn ebenso wenig streicheln, doch es war beruhigend zu sehen, wie er seine Runden zog. Pit blickte auf seine Armbanduhr. Kurz nach zwei, in einer guten halben Stunde würde Gérard sein Mittagsschläfchen beenden, die Gardinen zur Seite ziehen, in die Küche gehen, sich einen Kaffee aufbrühen und danach im Hausgarten werken, falls nichts Dringendes bei den Johannisbeersträuchern zu erledigen war.

Nach kurzer Fahrt parkte Pit seine Emma im Schatten einer alten Kastanie genau gegenüber von Gérards Hof.

Die Gardinen standen offen.

War der alte Bauer etwa früher aufgestanden? Das sah ihm überhaupt nicht ähnlich. Pit lehnte sich nach vorn und blickte in die Küche. Keine leere Kaffeekanne auf dem Tisch, dabei ließ Gérard sie immer in der Spüle stehen, die benutzte Tasse daneben.

Pit stieg aus dem Taxi, schloss es nicht einmal ab, denn er wollte nur rasch ans Fenster und ins Haus schauen. Gérard war nirgends zu sehen. In Pits Magen machte sich das unangenehme Gefühl breit, das er sonst nur bekam, wenn er vergaß, wo Emma geparkt war. Er rannte durch das stets offen stehende Hoftor, durchsuchte die Lager- und Maschinenhalle, blickte in den alten Brunnen und sogar in die Außentoilette – vielleicht hatte Gérard ja Verdauungsprobleme? Doch der Cassis-Bauer blieb unauffindbar.

Also brach Pit ins Haus ein.

Er musste sich nicht gegen die verschlossene Tür werfen, um sie zu öffnen. Pit kannte Mittel und Wege, oft reichte schon sein Taschenmesser.

Im Haus brannte kein Licht, was nicht ungewöhnlich war, denn Gérard liebte die Düsternis. Nicht einmal Kerzen zündete er an, und häufig war abends nur das Glimmen seiner Zigarren zu sehen.

Aber nicht nur Licht fehlte, auch Gérard.

Vielleicht war er bereits bei seinen Johannisbeersträuchern? Ein akuter Notfall wie eine Pflanzenkrankheit, die seinen sofortigen Einsatz erforderte? Pit musste hinfahren.

Doch er tat es nicht.

Manchmal waren es Dinge, die er lediglich aus dem Augenwinkel sah, auf die Pit reagierte. Im Straßenverkehr ebenso wie beim gelegentlichen Spaziergang.

Saatkrähen hockten auf dem Holzverschlag, in dem Gérard seine Streichholzskulpturen baute. Es waren nicht besonders viele und sie taten nichts anderes als sitzen.

Und doch.

Pit hatte Krähen noch nie gemocht. Die Vögel stoben auf, als er sich näherte und sie dabei anbrüllte. »Haut ab, ihr Drecksviecher!«

Die Tür des Verschlags sicherte nur ein einfaches Vorhängeschloss. Doch es war nicht wie sonst außen angebracht, sondern innen. Diesmal trat Pit die Tür ein.

Die Skulptur von Madeleine Poincaré war fertig. Selbst den Schwung ihres Haars hatte Gérard hinbekommen. Dieser lag zusammengekrümmt zu ihren Füßen, gekleidet in seinen besten Sonntagsanzug. Neben ihm ein zerbrochenes Glas, die violetten Schlieren verrieten, dass es Cassis enthalten hatte. Pit brauchte keine leere Tablettenschachtel, um zu wissen, was hier vorgefallen war. Er beugte sich zu Gérard hinunter und fühlte den Puls. Das Herz pumpte wie in Zeitlupe. Schnell zog Pit sein Handy hervor und wählte Jans Nummer.

Wenige Sekunden später blickte Jan, der im Kuhstall der Käserei Vesnin stand, auf sein erlöschendes Handydisplay. Pit hatte nicht einmal Hallo gesagt, sondern nur gefragt, wie er einen Krankenwagen rufen konnte. Dabei war die Nummer europaweit gleich, überall galt 112. Als Jan wissen wollte, was eigentlich los war, hatte Pit nur »Keine Zeit« ausgestoßen und aufgelegt.

»Wer war das?«, fragte Béatrice und unterbrach dafür sogar ihr Gespräch mit einer der Kühe.

»Pit. Der Rocker. Soll ich noch etwas Stroh nachlegen?«

Béatrice schüttelte den Kopf, wobei sich eine Haarsträhne aus ihrem Pferdeschwanz löste. »Viel streicheln und viel reden. Du musst sie behandeln wie Frauen.« Sie lächelte.

Gut, dass *sie* das gesagt hatte.

Plötzlich schob sich Emanuelle neben ihn. Ganz leise, als dürfte sie dieses Schauspiel nicht stören.

»Endlich sieht die Herde wieder zufrieden aus. Wie macht sie das nur?«

»Sie ist eine Kuhflüsterin.«

Béatrice beugte sich ganz nah an das Ohr des Tieres vor sich und sprach leise, immer wieder unterbrochen von einem Lächeln oder einem Streicheln über den Kopf der Kuh.

»Ich kann es immer noch nicht glauben«, flüsterte Emanuelle. »Ich meine, das ist Jean-François' Lieblingsherde, die Tiere haben sich von keinem außer ihm anrühren lassen. Nach seinem Tod sind sie tagelang lethargisch herumgelaufen. Sogar weniger Milch haben sie gegeben, und wenn man sie an die Melkmaschine anschließen wollte, wurden sie aggressiv. Ich bin so unendlich froh, dass mir wieder eingefallen ist, wie sehr Jean-François von Béatrice' Gespür für Kühe geschwärmt hat. Ganz der stolze Patenonkel! Schon von klein auf hat er sie wohl mit zu seinen Kühen genommen. Und jetzt schau sich einer die Viecher an! Wie nach einer Reflexzonenmassage, völlig im Reinen mit sich und der Welt. – Kommen Sie mit eine rauchen?«

Béatrice war so in ihr Gespräch mit der Kuh versunken, dass Jan sich erlaubte, die Einladung anzunehmen. Nach dem Stallgeruch tat der rauchige Geschmack des Glimmstängels richtig gut.

»Und hier geht sonst alles seinen Gang?«, fragte Jan.

»Nein, Jean-François ist nicht zu ersetzen. Er war launisch, ja, manchmal sogar unberechenbar, eine Diva, ein eitler Pfau, aber ein Aufschneider war er nicht. Er hatte das Käsemachen im Blut. Ich bin eher ein Kopfmensch, aber guten Käse macht man wie Rotwein mit dem Bauch. Im richtigen Moment das Falsche lassen. Verstehen Sie, was ich meine?«

»Nicht wirklich, aber es klingt gut.«

Sie knuffte ihn. »Sind Sie zwei eigentlich ein …?«

»... ein Paar? Das weiß ich noch nicht genau, aber ich hoffe es sehr.«

Emanuelle blies ihm amüsiert den Rauch ins Gesicht. «Zumindest habe ich eine gute Nachricht für ... Ihre Freundin. Ich habe eben mit Frombel telefoniert. Sie wären bereit, Béatrice etwas für regelmäßige Kuh-Konsultationen zu zahlen. Ich weiß aber nicht, ob sie überhaupt Interesse daran hat. Geld wird sie als berühmte Winzerin sicher nicht benötigen, oder?«

Jan beschloss, die Frage lieber zu übergehen. »Wann hat Frombel die Käserei eigentlich gekauft? Darüber stand gar nichts in der Zeitung.«

»Anfang der Woche. Monsieur Bourcin wollte, dass wir erst einmal nichts publik machen.« Sie trat näher an ihn heran. «Ganz schön schneidender Wind heute.«

»Kann man so sagen.« Jan zog lang an seiner Zigarette. War es möglich, dass diese überaus attraktive Käserin mit ihm flirtete? Und konnte es sein, dass ihm das absolut egal war? »Wird Frombel Sie eigentlich übernehmen?«

»Schon passiert. Allerdings wird es einen neuen Chef geben, dessen Namen ich noch nicht kenne. Aber ich kann mir kaum vorstellen, dass er so gut aussieht wie Sie.«

Sie fuhr sich durchs Haar.

»Ich ... gehe dann mal wieder rein«, sagte Jan. »Béatrice wollte, dass ich ein paar Kühe für sie streichele.«

Er ging zurück in den Stall und legte von hinten seine Arme um Béatrice. Selbst hier duftete sie wundervoll. Er wollte ihr gerade einen Kuss auf den Nacken geben, als sein Handy klingelte. Nie war er so ungern drangegangen.

»Sonntag«, sagte die Stimme im Hörer. »Also in drei Tagen, vormittags um 11.00 Uhr auf dem Dorfplatz.«

»Adalbert, bist du das?«

»Selbstverständlich. Oder organisiert hier noch jemand den größten Käseigel der Welt?«

Der Professor schwieg und Jan sah vor sich, wie er die

Augenbrauen hochzog. Er schien eine Antwort zu erwarten.

»Äh, nein.«

»Gut, dann wäre das schon mal geklärt. Ich habe wenig Zeit, deswegen gleich zur Sache. Du musst die Veranstaltung groß in deiner *Gazette de Côte d'Or* lancieren. Wir brauchen ein Spektakel, sonst funktioniert es nicht.«

»Es ist nicht *meine* Gazette. Ich bin nur ein einfacher Redakteur.«

»Ich zähle auf dich. Den ganzen Tag habe ich nun schon telefoniert und kostenlose Käselieferungen organisiert. Wir reden hier von Tonnen! Aber auch Ladungen voll Weintrauben, Orangen, Grapefruits sowie Industrierollen Aluminiumfolie. Alles, was für einen Käseigel von fünf Metern Durchmesser benötigt wird. Auch ein Notar des *Guinness Buch der Rekorde* hat zugesagt. Morgen muss der Artikel in deine Zeitung, Titelseite versteht sich. Und lass auch deine Beziehungen zu Radio und Fernsehen spielen.«

»Welche Beziehungen?«

»Und nachdem du das erledigt hast, kommst du sofort hierher. Du wirst nämlich gebraucht. Heute Abend trifft bereits die erste Ladung Studenten ein. Und wenn du nicht willst, dass diese wilde Horde dir das Haus auseinandernimmt, solltest du sie im Auge behalten. Wo steckst du eigentlich?«

Jan erzählte es ihm.

»Und was machst du da?«

Auch das berichtete Jan. Ausführlich hob er Béatrice' Verdienste um das Kuhwohl hervor. »Wenn du einmal ein Rindvieh hast, das zum Therapeuten muss, ruf einfach Béatrice.«

Es wurde merklich still am anderen Ende der Leitung.

»Adalbert, bist du noch da? Hat der etwa aufgelegt?«

Ein schwerer Atmer. »Nein, *der* hat nicht aufgelegt. Hast

du mir gerade wirklich berichtet, dass deine Béatrice aus traurigen Kühen zufriedene machen kann?«

»Genau das. Sie ist gerade wieder dabei. Das Alter der Kuh spielt dabei übrigens keine Rolle.« Er lachte.

Adalbert lachte nicht.

»Und ist dir weiterhin klar, dass die Mordserie in Zusammenhang mit dem Phänomen glücklicher Kühe steht? Ich möchte dich etwas fragen, ganz unverblümt: Ist es nicht höchstwahrscheinlich, dass eine Frau, die traurige Kühe in zufriedene verwandeln kann, dieses Kunststück ebenfalls bei zufriedenen Kühen beherrscht, die sie in überaus glückliche verwandeln kann?«

Jan schaltete das Handy aus.

Dieses Gespräch hatte nie stattgefunden! Er würde sich nicht von Adalbert verrückt machen lassen. Béatrice war keine Mörderin, das wusste, das spürte er. Jan kehrte zu ihr zurück und machte weiter, wo er aufgehört hatte.

Pit war es egal, dass die Krankenschwester neben ihm stand und den Tropf kontrollierte, er nahm trotzdem Gérards Hand. Und bis die Polizei kam und herausfand, dass er nicht, wie behauptet, der Enkel des alten Burschen war, würde er sie festhalten. Vermutlich kämen die Ordnungshüter schon bald, sie wurden bei Selbstmordversuchen anscheinend umgehend informiert.

Gérards Puls hatte sich auf schwachem Niveau stabilisiert, eine Sauerstoffmaske saß auf seinem Gesicht, das nun viele Jahre älter wirkte. Der Arzt hatte Pit eben gefragt, warum Gérard die Tabletten genommen hatte. Ob er als Enkel nichts geahnt hätte?

Nein, hatte er nicht.

Gérard war zwar kein Mensch, der ausgesprochen glücklich wirkte, eher im Gegenteil, aber es schien eine natürliche Mürrischkeit zu sein, die einfach zu ihm gehörte. So wie Kiwis eine kratzige Haut hatten. Welchen Grund konnte er also für den Selbstmordversuch haben? War er der Täter und wurde von Schuld erdrückt? Das konnte und wollte Pit nicht glauben. Er würde ihn fragen müssen, und vielleicht würde der alte Grummler ihm sogar eine Antwort geben. Ob Gérard überhaupt wieder aufwachen würde, hatte Pit den Arzt gefragt. Ganz sicher könne man sich natürlich nie sein, aber wahrscheinlich sei es schon, hatte dieser geantwortet.

Vielleicht würde Gérard aufwachen, weil er eine vertraute Stimme hörte, die Wärme einer Hand spürte, einen Geruch aus der Kindheit wahrnahm, weil irgendetwas in sein Unterbewusstsein drang und ihn aus der Dunkelheit holte. Was war ihm wichtig, woran hing sein Herz? Die Johannisbeersträucher waren nur seine Arbeit, und seine Leidenschaft, die Streichholzskulpturen, rochen nicht besonders, nur eben nach Streichhölzern. Einen Versuch war es trotzdem wert. Pit hatte immer eine Packung in der Lederjacke. Als die Krankenschwester das Zimmer verließ, löste er die Sauerstoffmaske, schob die Schachtel auf und hielt sie Gérard unter die Nase. Der Geruchssinn war schließlich der ursprünglichste aller menschlichen Sinne. Das hatte der Professor ihm einmal erzählt. Kein Sinn wirkte unmittelbarer auf das Gehirn. Geruchsempfindungen prägten sich sehr stark ein und spielten im Unterbewusstsein eine herausragende Rolle, weshalb man im Zusammenhang mit dem Geruchssinn auch vom »Fenster zum Gehirn« sprach.

Doch dieses blieb verschlossen.

Er musste etwas finden, das stärker duftete! Und Pit brauchte nicht lange, um zu wissen, was. Hätte jemand mit einer Stoppuhr neben ihm gestanden, wäre er auf 0,63 Sekunden gekommen.

Käse.

Vacherin d'Epoigey.

So einen, wie er ihn irgendwo in der Jackentasche haben musste. Der Professor hatte ihm vor dem Abflug nach Korsika ein Stück mit auf den Weg gegeben, als Stärkung für die Reise. Als Pit das Pergamentpapier auseinanderfaltete, tränten ihm die Augen, so intensiv stachen ihm die Aromen des Käses in die Nase. Er roch wie ein alter Wallach nach einem zweitägigen Gewaltritt. Dieser Käse hätte einen Toten aufwecken können.

Wieder nahm er Gérard die Sauerstoffmaske ab und hielt das Käsestück, das sich nicht zwischen den beiden Aggregatzuständen flüssig und fest entscheiden konnte, direkt unter die Nasenlöcher.

Gérard zuckte zusammen, seine Nüstern weiteten sich, sein Atem wurde tiefer.

Dann kam die Krankenschwester herein, Modell Panzerkreuzer.

»Was machen Sie denn da, um Himmels willen! Setzen Sie die Maske sofort wieder auf.«

Da Pit keine Anstalten machte, erledigte sie es selbst, griff sich auch gleich den Käse und warf ihn angewidert in den Mülleimer.

»Das war sein Lieblingskäse«, sagte Pit.

»Noch einmal so etwas und Sie fliegen aus dem Krankenhaus! Enkel hin oder her. Wie können Sie Ihren Großvater nur so in Gefahr bringen?«

»Es war sein *Lieblingskäse*! Kein Rattengift, Schätzchen!«

Sie würdigte diese Aussage keines Blickes, hob stattdessen ruppig Gérards Kopf hoch, um sein Kopfkissen aufzuschütteln. Pit sah, wie ihr gewaltiger Busen dabei dessen Wange berührte.

Und sich Gérards Augen mit einem Flackern öffneten.

Ha!

Der alte Schwerenöter.

Pit schloss ihn immer mehr ins Herz.

Die Krankenschwester bemerkte Gérards Erwachen nicht einmal, sondern stürmte wutentbrannt aus dem Zimmer. »Ich werde den Arzt über Ihr Verhalten informieren.«

»Tun Sie das, schönen Gruß auch von mir.«

Endlich war sie weg. Pit beugte sich sogleich über Gérard, der ihn fragend ansah.

»Ich bin's, Pit. Dein Schatten. Warum wolltest du dich umbringen?«

»Hast du mich ...«, er brach ab und schnappte nach Sauerstoff, seine Stimme war kaum mehr als ein Zittern in der Luft, »... hierhergebracht?«

»Ja. Was sollte das?«

»Hättest mich ...«, wieder dieses Luftholen, als verende er wie ein Fisch an Land, »... sterben lassen sollen.«

»Wie kann man nur so blöd sein und sich umbringen? Das Leben ist so wertvoll!« Pit reichte ihm einen Becher mit Wasser und half beim Trinken. »Dir geht's doch gut, Mann! Warum also? Sag's mir, ich begreif's nämlich nicht.«

Gérard sah ihn an, nicht wie sonst mit dem genervten Blick des Observierten, sondern so, als bestehe ein Band zwischen ihnen. Vielleicht war es auch nur ein Moment der Erschöpfung, der Gérard all seine Sicherheitswälle abbauen ließ und ihn nun dazu brachte, sich alles von der Seele zu reden. Seine Stimme schien dadurch einen kleinen Teil ihrer alten Stärke zurückzugewinnen.

»Warum ich es getan habe, willst du dummer Junge wissen? Weil ich sie geliebt habe, die Madeleine. Und nicht erst seit gestern. Schon immer, seit wir kleine Kinder waren. Bei der Weinlese hab ich sie zum ersten Mal gesehen, da haben wir uns etwas dazuverdient. Und Madeleine, die hat mich auch gleich gemocht. Aber ihre Familie wollte es nicht, sie hatte schon einen Mann für sie ausgeguckt, den schönen Nicolas, das Arschloch.« Er hustete, und es klang, als würde er gleich Lungenstücke spucken. Pit tat schon das Zuhören weh. »Ich habe trotzdem nicht aufgehört, Madeleine zu lieben. Das Herz ist halt ein dummer Muskel. Nicolas ist dann im Krieg gefallen, ihr Deutschen habt ihn erwischt. Die Schlacht an der Aisne – sagt dir natürlich nichts. Kurze Zeit später seid ihr dann über die Seine. Der Nicolas war ein Hitzkopf, wahrscheinlich hat er sich vor lauter blindem Eifer in die Schusslinie geworfen. Aber mit einem Mal war er unser Kriegsheld, keiner durfte etwas Schlechtes sagen und Madeleine sich keinen neuen Mann nehmen. Sie war ja eine schwangere Heldenwitwe. Gib mir noch was Wasser, schnell.«

Pit ließ sich nicht lange bitten, sonst versiegte Gérards Redefluss vielleicht.

»Nicolas wollte Madeleine gar nicht heiraten, die hatten sie ihm aufs Auge gedrückt. Nicolas war ... eingefleischter Junggeselle, wenn du verstehst. Der stand auf Männer, so war's. Hat's sogar bei mir versucht, aber dafür bin ich nicht zu haben. Ist ja auch egal. Madeleine war nach seinem Tod tabu, da war gar nicht dran zu denken. Obwohl wir beide ... na ja, es ging halt nicht. Punkt. Dann, vor ein paar Jahren, vier waren es, als ich schon dachte, dass mein Leben im Großen und Ganzen vorbei sei, da passierte es. Madeleine küsste mich. Als ich Käse bei ihr kaufte, das habe ich nämlich all die Jahre gemacht, jeden Mittwochmorgen. Im Nachhinein hab ich erfahren, dass der Kuss mit der guten Nachricht über ihren Sohn zusammenhing. Da glaubte sie wieder, dass sich das Schicksal wenden, dass alles doch noch irgendwie, und wenn auch nur ein kleines bisschen, gut werden kann. Wir mussten es natürlich geheim halten, sonst hätte es Gerede im Dorf gegeben.« Gérard holte tief Luft und blickte an die Decke, seine Augen verloren an Glanz. »Und dann wird sie ermordet. Ich hab versucht weiterzumachen, mich um das Grab von ihrem Philippe zu kümmern. Aber als ich die Skulptur von ihr fertig hatte, da wollte ich nicht mehr. Aber das verstehst du nicht. Du hättest mich nicht retten sollen, Deutscher. Ich will wieder zu meiner Madeleine. Hier hält mich nichts mehr.«

»Ich lass Sie aber nicht gehen«, sagte Pit. »Madeleine hat so lange auf Sie gewartet, da machen ihr ein paar Jahre mehr auch nichts aus.« Erst jetzt fiel ihm auf, dass er noch immer Gérards Hand hielt. Er ließ sie nicht los.

In die Stille brach das Geräusch der sich öffnenden Zimmertür. Die Schwester kam zurück, neben ihr der behandelnde Arzt.

»Oh, Ihr Großvater ist wieder wach?« Der Arzt grinste. «Sie müssen mir unbedingt verraten, wie der Käse heißt, der ihn wieder aufgeweckt hat. Dann gibt's den hier bald auf Rezept!«

Schlaf war ein Luxus, den sich Adalbert Bietigheim in dieser Nacht nur kurz leistete. Immer wieder wendete er seine Mord-Theorie hin und her wie einen störrischen Pfannkuchen, der einfach nicht fertig werden wollte. Er hatte eine Vermutung, doch noch passte nicht alles zusammen. In der Wissenschaft mussten Vermutungen untermauert, belegt, bewiesen werden. Er hatte nichts als eine Idee. Und die würde nicht reichen, um den Täter zu einem Geständnis zu zwingen.

Der Schlaf war schließlich wie ein K.O.-Schlag über ihn gekommen. Geweckt wurde er von einem Beinahe-Herzinfarkt.

Es stand jemand am Ende seines Bettes und dem Geräusch zufolge weder Pit noch Jan.

Aus Sicherheitsgründen hielt er es für das Klügste, die Augen geschlossen zu halten.

Bis er an den Füßen gekitzelt wurde.

»Einen wunderschönen guten Morgen, Professor. Die Sonne lacht schon.«

Diese Stimme! Eine Frau, eine junge Frau, er kannte sie. Nur wer…? Er setzte die Brille auf. *»Rena?«*

Seine wissenschaftliche Hilfskraft nahm auf der Bettkante Platz und hielt eine Bäckertüte hoch. »Ich habe

Ihnen Croissants mitgebracht. Der Kaffee ist schon durchgelaufen. Kann ein Tag besser anfangen?«

Ja, dachte der Professor, gesittet und ohne Studentin im Zimmer. Doch das würde er Rena nicht sagen. Auch wenn es ihre Laune nicht trüben würde, die war nämlich unerschütterlich. Verbunden war diese gute Laune mit der schlechten Eigenschaft, ihn ständig zu necken. Was sich für eine Studentin nicht gehörte. Doch Rena – eigentlich Verena – hatte das seit ihrem ersten Arbeitstag kein bisschen gestört. Rena hatte, wie sie selbst sagte, eine Dirndl-Figur, trug aber partout Bluejeans. Neben der Anstellung als wissenschaftliche Hilfskraft arbeitete sie an ihrer Abschlussarbeit zum Thema »Sahnesaucen der schwäbischen Alb im frühen zwanzigsten Jahrhundert aus familienpsychologischer Sicht unter besonderer Berücksichtigung der Großmütter«. Als Referenz an ihre Heimat trug sie die Haare stets zu einem kunstvollen Dutt gezwirbelt. Doch als Erstes fielen jedem ihre blitzenden Augen auf. Der Professor verstand heute noch nicht, warum er dieses Warnsignal beim Bewerbungsgespräch übersehen hatte.

»Wie sind Sie rein...?«

»Die Tür war nicht abgeschlossen.«

»Aber warum denn gleich in mein Zimmer?«

»Ich dachte, Sie freuen sich! Freuen Sie sich etwa nicht?«

»Doch, ja, schon. Aber trotzdem.«

»Ich hab sogar *noch* ein Geschenk mitgebracht. Auf meinem Weg zu Ihnen habe ich nämlich bei McDonald's Pause gemacht. Gut, was? Und da gab's das hier zu lesen. Schon gesehen?«

»Das heißt: Haben Sie das schon gesehen, Herr Professor.« Als Bietigheim sich den Zettel greifen wollte, zog Rena ihn fort. «Jetzt geben Sie schon her! Geschenke übergibt man dem Beschenkten traditionellerweise ohne Faxen.«

»Bitte schön.« Sie lachte ihn an.

Unerträglich diese Fröhlichkeit! Vor allem morgens.

Doch ihr Besuch bei der amerikanischen Burger-Kette war lobenswert. Schon seinen Erstsemestern schärfte Bietigheim ein, dass es kaum bessere Möglichkeiten gab, Einsicht in die kulinarischen Vorlieben eines Volkes zu gewinnen als durch einen Besuch der Supermärkte und Fast-Food-Restaurants. Es waren die kleinen Unterschiede in der Produktauswahl, die Frage, ob der Hamburger Royal plötzlich Quarterpounder hieß oder ob die Salate groß auf den Werbetafeln oder verschämt im Kleingedruckten dargeboten wurden, die einem wachen Verstand viel verrieten.

Auf dem von Rena mitgebrachten Werbezettel pries McDonald's seine kommende Sonderaktion an: »Fromage fantastique.« Es gab eine Käseplatte mit vier kleinen Stückchen Käse, einen McFromage, panierte Käsestäbchen und eine spezielle Käse-Sahne-Sauce für die McNuggets. So weit, so unspektakulär. Doch die Informationen über die vier kleinen Käsestücke sandten einen Elektroschock durch das Rückgrat des Professors. Sie stammten von den Käsereien Poincaré, Vesnin, Égly Ouriet und Selles. Ganz unten prangte groß das Logo des Kooperationspartners.

Frombel.

Eine solche Aktion musste von langer Hand geplant sein, unglaubliche Mengen Käse waren dafür nötig. So etwas ging nicht von heute auf morgen.

»Danke, Rena. Gut gemacht. Wirklich gut gemacht.«

Sie strahlte. »Für meinen Professor tue ich doch alles.«

»Dann verlassen Sie jetzt bitte mein Zimmer, damit ich mich anziehen kann. Sind Sie mit dem Wagen gekommen?«

»Ja, von Hamburg aus. Ich bin gern nachts auf der Straße, da ist schön wenig Verkehr.«

»Gut, gut. Ich werde Ihnen zuerst den Ort des Geschehens zeigen, damit ich das Projekt Mega-Igel vertrauensvoll in Ihre Hände legen kann.«

Rena strahlte. »Immer her mit dem stacheligen Burschen!«

Der Professor dirigierte Rena Richtung Dorfplatz in Epoigey.

»Ein verschlafenes Örtchen. Das Haus der Ermordeten liegt gleich zu Ihrer Linken. Hier müssen Sie rein.«

Rena bog in die entsprechende Straße.

»Und das Fernsehteam zur Rechten? Ist das immer da?«

Der Professor traute seinen Augen nicht. »Parken Sie den Wagen.«

Was wollte das Fernsehen hier? Gefährdete das vielleicht seinen Käseigel? Es waren nicht viele Menschen auf dem Dorfplatz unterwegs, und die wenigen anwesenden versuchten, der Kamera aus dem Weg zu gehen und sich stattdessen in sicherem Abstand zu versammeln. Wie Schafe. Ängstlich und doch verhalten neugierig.

Er musste näher heran, in die Gefahrenzone.

»Sie bleiben hier, Rena. Schießen Sie ein paar Fotos von diesem Platz, damit Sie wissen, wo alles für den Käseigel zu platzieren ist.«

Der Professor nahm Benno auf den Arm und pirschte sich von hinten an das Fernsehteam heran. Die junge Journalistin interviewte gerade eine Frau, die unvorsichtigerweise vor ihr aus dem Bus gestiegen war.

»Keine Zeit, keine Zeit. Es tut mir leid, aber Sie sehen ja selbst. Die vielen Einkäufe!« Die Frau trug eine kleine Plastiktüte und lief so schnell Richtung schützende Seitenstraße, dass sie beinahe gestolpert wäre.

Die Journalistin mit dem glänzend blonden Haar drehte sich zu Ton- und Kameramann um.

Hinter denen Professor Dr. Dr. Adalbert Bietigheim stand.

Keine drei Sekunden später war ein Mikrofon auf seinen Mund gerichtet.

»Und was sagen Sie zu dem Mord?«

Ach so. Ein Nachbericht. Na, dann wäre das Fernsehteam bald wieder weg und der Igel konnte errichtet werden. Er hatte sich ganz umsonst Sorgen gemacht.

»Ich bedaure sehr, dass Madeleine Poin...«

»Doch nicht den. Ich meine natürlich den neuen.«

»Den was?«

»Sind *Sie* nicht der deutsche Professor Besserwein?«

»Bietigheim.«

»Sie waren der mit den Kühen, oder? Das ist ja göttlich! Ist der Ton okay, Jungs?«

»Welcher neue Mord?«

Die Journalistin stellte sich neben ihn und blickte in die Kamera. »Neben mir steht ... Schnitt! Wie heißen Sie noch mal?«

»Professor Dr. Dr. Adalbert Bietigheim. Jetzt sagen Sie mir endlich, wer ermordet wurde, sonst bekommen Sie vor der Kamera kein Wort aus mir heraus.«

»Sie sind ja ganz schön ausgebufft.«

»Ausgebufft ist mein zweiter Vorname.« Das stimmte natürlich nicht. Sein zweiter Vorname war Friedensreich, doch das verschwieg Bietigheim wohlweislich. Man musste wissen, wann man sich Gespött aussetzte. Um ihn bildete sich nun eine Menschentraube. Die Bewohner Epoigeys wollten sehen, was der verrückte Professor sagte.

»Also raus mit der Information, junge Dame, sonst entschwinde ich wie ein Vögelein.«

Die Journalistin lächelte anerkennend. »Christophe Selles, der bekannteste Käser des Valençay. Ist der Ihnen ein Begriff?«

Was für eine törichte Frage! »Ein Ziegenkäse, die Schimmelrinde wird mit gesalzenem Holzkohlepulver bestäubt. Dieses absorbiert die Feuchtigkeit und sorgt so für die optimale Entwässerung. Gleichzeitig fördert es die gewünschte Schimmelbildung auf der Oberfläche. Der Käseteig ist elfenbeinfarben, fest und dennoch geschmeidig. Er schmeckt nussig, mild-aromatisch und feinsäuerlich. Es gibt ihn als fermier, artisanal und industriel. Ein Laib wiegt ungefähr ein halbes Pfund. Wird in der Regel zwischen Mai und November produziert. Ein Sancerre passt gut dazu.«

»Sie sind ja ein wandelndes Lexikon.«

»Eine Bibliothek!«

»Aber eigentlich meinte ich, ob Sie den Käser kannten.«

»47 Jahre, führte die Käserei in dritter Generation. In seinem Betrieb wird der Käsebruch nur von Frauen in Formen abgefüllt, da dieser hochdiffizile Vorgang feinfühlige Hände verlangt.«

»Ach?«

»Jawohl. Und? Waren die Kühe glücklich?«

»Darüber liegen mir keine Informationen vor. Er ist erst vor gut einer Stunde tot aufgefunden worden. Wir sind direkt nach Epoigey, um O-Töne aufzunehmen.«

»Ich muss telefonieren.« Bietigheim machte auf dem Absatz kehrt.

»Warten Sie«, die Frau hielt ihn am Ärmel fest. »Unser Interview!«

Bietigheim drehte sich um. »Wie ist er gestorben? Auf welche Art wurde Selles ermordet?«

»Das werden Sie nicht glauben. Jungs, nehmt bitte auf, wie ich ihm das erzähle. So was hat er sicher noch nie gehört. Also, Herr Professor. Christophe Selles ist ...«

Und in diesem Moment wusste Bietigheim es. Obwohl er so etwas tatsächlich noch nie gehört hatte.

Zumindest nicht in diesem Jahrhundert.

Der Valençay hatte die Form eines Pyramidenstumpfes. Ursprünglich, so ging die Legende, bildete er eine perfekte Pyramide. Als Napoleon jedoch nach einem verheerenden Feldzug aus Ägypten zurückkehrte, legte er einen Zwischenstopp im Schloss Valençay ein. Dort wurde ihm der heimische Käse serviert, welcher ihn schmerzlich an seine

Niederlage erinnerte – weswegen er ihm kurzerhand mit dem Schwert die Spitze abschlug. Dabei war Gewalt gegen Käse nie eine Lösung.

Diese Anekdote, die Aussage der Journalistin und die Vorliebe des Mörders für thematisch passende Morde ließ nur eine Todesart zu. Christophe Selles war …

»… geköpft worden.«

Die Fernsehfrau hielt den Mund.

Wie erholsam.

Und der Professor ging zurück zu Rena. In seinem Magen machte sich ein mulmiges Gefühl breit. Noch ein Mord!

Mit dem Käseigel durfte nichts schiefgehen.

KAPITEL 10

Die Frage nach dem größten Stinker

Im Angesicht der Kuh.
Mit dem Rind auf Du und Du.
Oder:
Der Professor mit der Lizenz zum Melken.

Bietigheim fielen eine Menge Filmtitel zu seiner jetzigen Situation ein. Dem Rindvieh, das nun vor dem Professor stand, schien dagegen überhaupt nichts durch den Kopf zu gehen. Es schüttelte nur ab und an denselben, um lästige Fliegen zu vertreiben. Der Professor saß auf einem Melkschemel und blickte der Kuh tief in die dunklen Augen. Verhörsituation. Ihm war natürlich klar, dass sie nicht sprechen würde, egal, wie durchdringend er sie auch anschaute. Aber vielleicht verriet etwas an ihrem Verhalten, wie der Mörder das Lächeln auf ihre Lipp... ihr Maul gezaubert hatte.

Zehn Minuten starrte der Professor die Kuh namens Marie Antoinette jetzt schon an, hier, im Stall der Käserei Vesnin. Emanuelle hatte ihm erlaubt, einige Zeit mit dem Tier zu verbringen – doch erst, nachdem sie ihm viele, viele Fragen gestellt hatte. Dann hatte er Béatrice kommen lassen, um ihm zu zeigen, wie sie die Kühe massierte. Das entspannte die Tiere zwar, doch rauschhaftes Glück hatte Béatrice nicht produziert.

Oder nicht produzieren wollen.

Nun war er allein mit Marie Antoinette.

In der Höhle kümmerte sich derweil Rena um alles. Sie

quartierte eintreffende Studenten ein, verteilte Aufgaben, nahm Käselieferungen an und ging mit dem Schreiner das Gerüst des Käseigels durch. Nur Benno von Saber hatte Bietigheim mit in die Scheune genommen. Getreu dem Polizei-Verhör-Motto: Guter Bulle, böser Hund.

Der böse Hund schlief allerdings im Heu.

Alle viere in die Luft gestreckt wie ein kleiner Maikäfer auf dem Rücken.

Musste er eben alleine klarkommen.

Der Professor beschloss, seine Versuchsreihe zu starten. Marie Antoinette würde heute glücklich gemacht werden, ob sie wollte oder nicht.

Ihrem Gesichtsausdruck nach war es ihr völlig egal.

Marie Antoinette war speziell ausgewählt worden. Sie war eine alte Kuh, weswegen sie nicht mehr den Drang verspürte wegzurennen, wenn sich ihr jemand Fremdes näherte. Außerdem war sie in guter Verfassung. Ihr Haarkleid glänzte, es gab keine Abschürfungen an den Sprunggelenken, die auf eine falsche Liegeposition deuteten, und ihr Pansen war gut gefüllt – was der Professor daran erkannte, dass die linke Seite des Bauchs sich vorwölbte. Gerade war Marie-Antoinette beim Wiederkäuen, womit eine Kuh satte sieben bis zehn Stunden pro Tag verbringen könnte.

Also alles im grünen Bereich.

Noch.

Der Professor packte den alten Kassettenspieler aus seinem Lederrucksack. Was einen Foxterrier in Entzücken versetzte, konnte für eine Kuh nicht schädlich sein: Barock-Musik. Bietigheim begann jedoch mit Flüsterlautstärke, schließlich reagierten Kühe viel empfindlicher auf Lärm als Menschen. Sie konnten Töne bis zu 8000 Hertz wahrnehmen, wohingegen der Mensch im Bereich von 1000 bis 3000 Hertz am empfänglichsten war. Schrille Geräusche waren Kühen deshalb ein Gräuel, vor allem, wenn sie eine ruhige Weide gewohnt waren. Der Professor hatte in der Nacht recherchiert und herausgefunden, dass sich, einer texanischen Studie zufolge, der Herzschlag von grasenden Kälbern bereits durch ein schellendes Telefon deutlich erhöhte.

Seiner im Übrigen auch.

Marie Antoinette stand weiterhin ruhig vor ihm. Trotz der Musik waren keine Ausbrüche spontanen Glücks zu erkennen. Der Professor ging auf Zimmerlautstärke. Die Kuh käute gemütlich wieder, ihr Schwanz schlug nicht im Takt.

Hm, vielleicht lieber Beethoven? Die *sechste Sinfonie*, die *Pastorale*, hatte der Professor auch dabei, schließlich hatte der große Komponist sie *Erinnerungen an das Landleben* untertitelt. Er wechselte die Kassetten.

Käute Marie Antoinette nun nicht ein wenig zufriedener?

Er stellte lauter.

Die alte Leitkuh schnaubte und trippelte leicht umher.

Kein gutes Zeichen.

Beethoven nervte sie.

Also: keine Musik.

Gut, musste ja nicht sein.

Nächster Test: Alkohol.

Von diesem Versuch hatte der Professor Béatrice vorsichtshalber nichts erzählt.

Kühe vertrugen Alkohol überraschend gut und konnten ihn auch in größeren Mengen zu sich nehmen. Bietigheim hatte allerdings noch nie ein strunzbesoffenes Rind gesehen. Zumindest kein vierbeiniges. Doch in Australien verfütterte ein Bauer neuerdings Rotwein an seine teuren Wagyu-Rinder, pro Tag und Kuh einen Liter. Das Ergebnis ließ sich angeblich schmecken. In Japan verwöhnten die Bauern ihre Edelrinder sogar mit Massagen, Musik und Bier. Alkohol wirkte appetitanregend und beruhigend auf die Tiere, sie bewegten sich dadurch weniger und fraßen mehr. Pit hatte bestätigt, dass dies typisch für fortgeschrittenen Alkoholgenuss war.

Vielleicht sollte er Marie Antoinette den Wein lieber am Ende seiner Versuchsreihe einflößen.

Also erst einmal die Räucherstäbchen. Er wusste nicht genau, welche Wirkstoffe darin enthalten waren, doch Rena hatte ihm versichert, sie würden zu einer heiteren Stimmung führen. Zimt, Vanille, Moschus und Sandelholz stand auf der reich verzierten Packung. Natürlich war es gefährlich, in einem Stall voll trockenen Strohs mit offenem Feuer zu hantieren, doch es diente immerhin der Wahrheitsfindung.

Bietigheim ließ den Rauch in die gewaltigen Nüstern Marie Antoinettes aufsteigen, welcher das überhaupt nicht passte. Der Geruch von Kuhfladen? Gerne. Der Geruch von warmer Vanille? Nicht mit ihr.

Okay, das war also auch nicht die Lösung. Was hatte er noch? Ach, ja. Das besondere Mitbringsel seines Studenten aus dem Ahrtal, eines ziemlich durchtriebenen Früchtchens. Aber dieses eine Mal war seine kriminelle Ader von Vorteil gewesen. Manche Studenten mochten den Professor für weltfremd halten, doch er verfügte über eine ausgezeichnete Menschenkenntnis und wusste daher genau, wer ihm etwas Haschisch besorgen konnte. Selbstverständlich eingebacken in Kekse, denn Marie Antoinette zum Rauchen zu bringen hätte ihn vor nicht unwesentliche Probleme gestellt.

Die alte Kuh fraß den ersten Keks mäßig interessiert aus seiner flachen Hand. Doch nach nur kurzer Zeit streckte sie tatsächlich ihre lange Zunge nach dem zweiten Keks aus. Mit einem Hauch Gier. Wie viele Kekse ein Rind wohl brauchte, um high zu werden? Dazu hatte der Professor auch nach intensiver Recherche keinerlei Informationen finden können. Marie Antoinette schien es auch nicht zu wissen, futterte einen Keks nach dem anderen und stieß schließlich ihr Maul vor, um den nächsten Keks aus der Blechdose zu angeln. Dabei war sie so stürmisch, dass sie den Professor umstieß, der keine besondere Kompetenz im Stürzen besaß.

Er fiel wie ein Brett.

Immerhin brachte er es fertig, die Hände hinter den Kopf zu bekommen, um den Aufprall ein wenig abzudämpfen.

In einer Hand befand sich jedoch die blecherne Keksdose.

Sie war stabil und hielt das Gewicht von viel Gebäck aus, doch keinen professoralen Hinterkopf. Einige Kekse wurden beim Aufprall geradezu pulverisiert.

Kleine Schläge auf den Hinterkopf erhöhen das Denkvermögen, weiß der Volksmund. Professor Dr. Dr. Adalbert Bietigheim erlitt in diesem Moment einen schweren Schlag. Doch als er die nun eingedellte Dose aufhob und die zerstobenen Kekse darin sah, wusste er mit einem Mal, wer die Morde begangen hatte. Er wusste es ohne den geringsten Zweifel, er kannte das Motiv sowie die Antwort darauf, warum Hervé Picard sich so merkwürdig verhalten hatte, und auch was die Schießerei in Camembert sollte und weshalb Käsestücke in den Mündern der Leichen lagen.

Alles fügte sich mit einem Mal zusammen.

Er gab Marie Antoinette einen Kuss. Nicht auf den Mund, nein, so weit ging er nicht, sondern wie ein stolzer Vater auf die Stirn.

Seine Testreihe würde er trotzdem noch beenden. Marie Antoinette hatte sich ihren Rausch redlich verdient!

Immer mehr Studenten strömten in die Höhle. Am Ende waren es siebenundzwanzig, die alle von der unentwegt gute Laune ausstrahlenden Rena instruiert wurden. Der Professor hatte ihr aufgetragen, sich um gutes, gesundes Essen und ein paar Flaschen ansprechenden burgundischen Weins zu kümmern. Den jungen Leuten sollte es an nichts fehlen, auch wenn er es aus eigener Tasche zahlen musste – doch sie sollten nicht erfahren, dass ihr Professor weich geworden war und sich um sie sorgte. Rena musste vorgeben, alles aus der Fachschaftskasse zu bezahlen.

Logistisch betrachtet war der Turmbau zu Babel ein Pappenstiel gegen die Vorbereitungen für den Käseigel, doch Rena bekam alles mit einem Lachen hin. Selbst Pit hatte sie für eine Aufgabe am Sonntag eingeteilt.

Er würde die Security sein.

Jan war dagegen zu nichts mehr zu gebrauchen. Er fuhr jetzt in jeder freien Minute zu Béatrice und packte im Weinberg mit an.

Für den Professor ging es in den nächsten zwei Tagen vor allem darum, die VIPs zur feierlichen Präsentation des Käseigels zu verpflichten. Dies war seine Liste:

- Emanuelle von der Käserei Vesnin
- Ex-Gendarme Benoit Sokal
- Bürgermeister Jules Bigot
- der immer noch auf freiem Fuß weilende Pfarrer von Epoigey
- Gérard (er würde rechtzeitig aus dem Krankenhaus entlassen werden)
- Hervé Picard
- der Erzbischof von Clermont (um den Segen für den Käseigel zu sprechen)
- Béatrice Leroy
- Claude Bourcin, der Käsekönig von Frombel

Sogar den Clochard Dow Jones hatte er aufgetrieben, sowie eine ganze Horde von Käsern des geheimen Zirkels. Davide Aleppo kam extra aus Korsika angereist (und schien, obwohl er das nicht zugeben wollte, froh zu sein, von der

Käserei und einem möglichen weiteren Mordanschlag fortzukommen).

Dem Professor war es wichtig, alle vor Ort zu haben, wenn die Morde aufgeklärt wurden. Schließlich hatten sie die Käseszene Frankreichs sowie etliche Dörfer aufgerieben und die kulinarische Tradition Europas massiv gefährdet. Alle sollten gemeinsam erfahren, was wirklich geschehen war, nur dann würden sich die Wogen wieder glätten – und die Franzosen würden endlich begreifen, wozu ein deutscher Professor fähig war.

Viel schwieriger, als diese illustre Runde am heiligen Sonntag wegen eines Käseigels nach Epoigey zu locken, war das Lied. Der Professor hatte lange Spaziergänge mit Benno von Saber durch die idyllischen Weinberge Meursaults unternommen, auf denen er summen konnte, ohne dass jemand seine sonore Tenorstimme vernahm. Zu Anfang hatte er nach berühmten Käseliedern gesucht, die sich mit wenigen Kunstgriffen abändern ließen. Als Erstes war ihm der Refrain eines alten Ohrwurms in den Sinn gekommen:

»C'est bon, c'est bon, Géramont, Géramont.«

Aber die Strophen wollten ihm partout nicht einfallen.

Bei der nächsten Runde um das Dorf – es sollten noch viele mehr werden – machte sich seine Teilnahme an einer Karnevalsfeier mit dem niederen Universitätspersonal (Hausmeister, Putzfrauen oder Küchenpersonal) bezahlt. Dort waren viele lustige Lieder gespielt worden, darunter eines, das sich ganz leicht als Motto-Lied für den Käseigel umfunktionieren ließ:

»Hier fliegen gleich die Löcher aus dem Käse,
denn gleich geht sie los, unsere Polonäse.
Von Epoigey bis hinter Camembert!«

Hm.

Benno hatte leicht aufgejault während des Vortrags.

Nun gut, Händel war es sicher nicht, aber diese Schmissigkeit wäre dem Anlass angemessen. Doch Madeleine Poincarés Käse musste unbedingt im Refrain vorkommen, um ihn ging es schließlich – auch wenn die letzten Original-Laibe mittlerweile so teuer waren, dass nur ein einziger mit Vacherin d'Epoigey verzierter Zahnstocher den höchsten Punkt des Igels zieren würde.

Der Professor begann erneut zu singen.

»Vacherin d'Epoigey ...«

... du bist lecker? Nein, das war zu nichtssagend.

... in der Sonne fließt du dahin wie ein Fluss? Na ja, so langsam wie ein brackiger Fluss, um genau zu sein. Also besser nicht.

... du bist die Frucht aus dem Euter der Kuh? Klang irgendwie ekelig.

Er war nun einmal kein Dichter! Er war Gelehrter, Forschender, Studentenbändiger. Seine lyrische Ader war verkümmerter als die Fähigkeit eines Nashorns zum Synchronschwimmen.

»Vacherin d'Epoigey, du bist ...«

Denk an etwas Inspirierendes, Adalbert! An Hildegard zu Trömmsen, deine Muse! Die Aug wie Ohr erfreut.

Das war es!

»Vacherin d'Epoigey du bist ... ein Fest für Aug und Ohr.
Ich zieh dich allen andern vor!«

Jawoll! Das ging doch! Das hatte Schmiss! Da sollte noch einmal einer sagen, die Professoren der Universität Hamburg seien Fachidioten!

Wobei ... ein Fest für Aug und Ohr war der Käse ja nicht. Er klang nicht besonders lecker. Er klang eigentlich überhaupt nicht, wie das für Käse so üblich war. Ein Fest fürs Ohr ging also nicht. Es musste ein anderes Fest sein. Natürlich!

»Vacherin d'Epoigey, du bist ein Fest für Aug und Gaumen

Ich zieh dich allen anderen vor, auch hochsaftigen Pflaumen!«

Wer würde da nicht mitsingen!

Jetzt brauchte es nur noch ein paar Strophen, und dann musste das Ganze natürlich noch ins Französische übersetzt werden. Wo es sich auch reimen sollte. Ein Kinderspiel!

Versuchte er sich einzureden.

Und so dichtete er weiter.

Es war ein Hochgefühl, den Täter bald aus dem Verkehr ziehen zu können. Wer es war, würde er zuvor jedoch niemandem verraten. Denn wenn sich jemand dem Täter gegenüber plötzlich anders verhielt, konnte es diesem einen Hinweis auf seine bevorstehende Entlarvung geben. Doch das würde nicht geschehen!

Es war bereits späte Sonntagnacht, als der Professor endlich alle Textzeilen fertig hatte und zu Bett ging. Schon kurze Zeit später, um vier Uhr früh, klingelte sein Wecker: Es mochte daran liegen, dass Bietigheim zu lange gearbeitet, dass er jedes Wort, welches er an den Mörder richten würde, genau abgewogen hatte, doch was immer es auch war, es führte dazu, dass er beim Frühstück nicht bemerkte, wie Benno von Saber die restlichen Haschisch-Kekse wegfutterte.

Bis sich kein Krümel mehr in der eingedellten Keksdose befand.

Endlich war es so weit. Bietigheim bog mit seinem Hollandrad auf den Dorfplatz von Epoigey, und die Sonntagssonne strahlte, als hätte sie gerade einen Eimer Multi Sanostol getrunken. Der Professor hatte sich extra in Schale geworfen. Diesmal kein Strohhut, stattdessen ein marineblauer Anzug, ein hellblaues Hemd mit Manschettenknöpfen sowie eine bordeauxrote Seidenkrawatte.

Das wuselige Treiben stoppte, als die Studentenhorde

ihn erblickte. Manche verbeugten sich, andere hoben die Hand zum Gruß. Der Käseigel war bereits zu drei Vierteln fertiggestellt und wirkte aus der Ferne wie eine monströse Discokugel, die in Nachosauce gefallen ist. Rena hatte mehrere Malergerüste organisieren müssen, damit die Studenten überhaupt Käsepikser am oberen Ende anbringen konnten. Das hatte sie wirklich gut gemacht!

Die zweite freudige Überraschung des Tages.

Die erste war Benno. Nie zuvor hatte der kleine Foxterrier sich so brav benommen. Der Lausbub spürte offenbar, dass sein Herrchen an diesem kriegsentscheidenden Tag keinen aufmüpfigen Gefährten brauchen konnte.

Wie ein General inspizierte Bietigheim die Studenten und das Fortschreiten der Arbeiten. Plötzlich rauschte etwas durch die Studenten hindurch, ein Wellenbrecher von der Größe, Breite und Tiefe des Bürgermeisters.

»Herr Professor, ich muss mit Ihnen sprechen! Bitte, es ist dringend. Nur einen Augenblick.«

Hatte ihn Jules Bigot gerade mit *Herr Professor* angesprochen? Wuchsen in der Arktis jetzt Palmen?

Doch Bietigheim wusste, wo die plötzliche Höflichkeit herrührte. Er nickte dem Würdenträger zu. »Aber wirklich nur ganz kurz. Der Käseigel, Sie verstehen.«

»Ja, selbstverständlich. Und dieser Igel – eine wunderbare Idee! Ganz großartig, unser Dorf kann gute Publicity wirklich gebrauchen. Ich habe Sie falsch eingeschätzt, Herr Professor, jetzt erst weiß ich, aus welchem Holz Sie geschnitzt sind. Wo können wir ungestört reden?«

Sie blickten sich um. Überall waren nun Menschentrauben, als sei die gesamte Côte d'Or nach Epoigey geströmt, um das riesenhafte Käsebauwerk zu bestaunen – und sich ein Stück davon einzuverleiben.

Der Professor überlegte, wie ausgiebig er Jules Bigot quälen sollte. Immerhin hatte dieser ihn vom ersten Moment an schlecht behandelt. Deshalb zeigte Bietigheim nun auf die von Rena organisierten Klocontainer. »Da sollten wir unter uns sein.«

»Aber ...« Bigots Gesicht knautschte sich zusammen wie ein altes Sofa. »Na ja, es gibt wohl keine andere Möglichkeit. Ich gehe vor, und Sie kommen in einer Minute nach.«

Der Professor hielt sich nicht daran. Sollten die Leute doch ruhig denken, was sie wollten. Zwei Männer, die sich gemeinsam auf die Toilette verdrückten. Na und?

Er zumindest würde morgen früh abreisen.

Natürlich nur, wenn ihn bis dahin niemand umbrachte.

Ganz auszuschließen war das leider nicht.

Wer immer die Toilette benutzt hatte, Schleifspuren kündeten von seiner unheilvollen Tat. Es war so eng in der Kabine, dass der Professor und Jules Bigot Nase an Nase stehen mussten.

»Ich werde es kurz machen«, sagte Jules Bigot.

»Noch kürzer wäre besser.«

»Ja, ja. Sie haben recht. Nun, es geht, um ...«

»... den Pfarrer. Ihren Bruder.«

»Ja, ja genau. So ist es.«

»Drehen Sie sich bitte etwas nach rechts, dann kann ich mich vor das offene Fensterchen stellen.«

»Was? Sie unverschäm ...« Doch dann tat er es. Lächelnd.

Herrlich, die frische Landluft, dachte Bietigheim. Jetzt konnte das Ganze ruhig noch ein Weilchen dauern.

»Was macht Ihr Hund denn da?«, fragte Jules Bigot plötzlich.

»Er ... tanzt. Walzer würde ich meinen.«

»Und was leckt er?«

»Die Luft. Ja, ich glaube, er leckt sich etwas Sauerstoff. Sehr gesund. Über was wollten Sie genau mit mir reden? Ist Ihr Bruder bereits festgenommen worden?«

»Nun, also ... meine Güte, hier stinkt es aber gewaltig! Kennen Sie etwas, das so stinken kann?«

Der Professor kam ins Grübeln. Das war zwar ganz

offensichtlich eine rhetorische Frage, doch er beschloss, dies nicht gegen ihn zu verwenden. »In Belgien gibt es einen Käse namens Herve, der nach ausreichender Reifezeit duftet wie Bennos Hinterteil. Doch selbst er erreicht nicht die aromatische Intensität dieser transportablen Toilette. Harzer Roller und Allgäuer Backsteinkäse müssen ebenfalls passen. Aber vielleicht gibt es in England etwas? Die Briten hegen ja eine besondere Beziehung zu allem Morbiden. Lassen Sie mich kurz überlegen.«

Der Bürgermeister versuchte flach zu atmen. »Hören Sie mir bitte zu! Die Vacherin-d'Epoigey-Rezeptur meines Bruders. Ich habe sie noch nicht zur Polizei gebracht.«

»Ach?« Genau das hatte sich der Professor gedacht. Es war herrlich, wenn ein Plan funktionierte. »Aber sie ist doch ein Indiz im Mordfall!«, spielte er den Empörten.

Jetzt atmete der Bürgermeister trotz des Gestanks schwer. »Ich bin am Ende, verstehen Sie? Sie müssen mir helfen. Die Sache betrifft doch nicht nur meinen Bruder, sondern die ganze Familie. Wenn ein Verdacht auf ihn fiele, wäre das nie wieder auszubügeln. Sie müssen mir glauben, dass er es nicht war, da bin ich mir absolut sicher.«

»Haben Sie schon mit Ihrem Bruder darüber gesprochen?«

»Nein! Warum auch? Er hat's nicht getan. Punktum. Lassen Sie uns diese Rezeptur einfach vergessen, in Ordnung? Kein Wort zur Polizei, kein Wort zu irgendjemandem.«

»Nein.«

»Nein?«

»Ja. Also: Nein!«

Jetzt packte der Bürgermeister ihn an den Schultern. Würde er nun mit Gewalt drohen, sie vielleicht sogar anwenden? Dem musste er zuvorkommen.

»Ich habe mit Freunden bereits über Ihren Bruder gesprochen. Wenn mir etwas passiert, wenden sie sich umgehend an die Polizei.«

»Was soll Ihnen denn passieren? Denken Sie etwa, ich …?« Jetzt drang Bigot der Schweiß aus allen Poren. »Niemals würde ich, mein Gott, was denken Sie denn von mir?«

Der Professor schwieg.

»Ich bin völlig am Arsch, Professor. Mein eigener Bruder! Verstehen Sie? Helfen Sie mir!«

»Wie soll ich Ihnen denn helfen? Madeleine Poincaré ist tot. Das lässt sich nicht mehr ändern.«

»Halten Sie meinen Bruder aus der Sache raus, ich flehe Sie an!«

»Soll ich etwa einen Mörder frei herumlaufen lassen?«

»Er ist kein Mörder! Ich kenne ihn doch, er wäre zu so etwas nicht fähig.«

»Einem Trinker ist alles zuzutrauen.«

»Aber er ist ein Trinker des Herrn!«

»Ist das eine offizielle Position innerhalb der katholischen Kirche?«

»Egal, wie viel er trinkt, er wird niemals gewalttätig, sondern weinerlich wie ein kleines Kind. Die Art von Säufer ist er.« Bigots Stimme wurde knarzend, wie die zu stark gespannte Seite eines Kontrabasses. »Glauben Sie mir doch endlich!«

Es war wohl an der Zeit, ihn von seinen Leiden zu erlösen.

Der Professor hob den Zeigefinger, als wäre ihm gerade eine Idee gekommen. »Wissen Sie was? Sie haben recht. Ihr Bruder war es nicht. Und wissen Sie, wie ich darauf komme? Nein? Ich will es Ihnen sagen: Es handelt sich gar nicht um die Rezeptur des Vacherin d'Epoigey. Wenn ich mich richtig erinnere, sind Mengen- und Zeitangaben mehrfach ausradiert oder durchgestrichen worden. Bei einer gestohlenen oder erpressten Rezeptur wäre das nicht der Fall. Vermutlich hatte Ihr Bruder eine Wette mit Madeleine Poincaré laufen. Er wollte beweisen, dass er erraten konnte, wie sie den Käse herstellt.«

Jules Bigots Schläfen pochten. »Und das Blut?

»Wenn ich ein Zeitungsrätsel knacken muss, dann trage ich es immer bei mir. Ihr Bruder vielleicht ebenfalls. Wie ich Ihren Gemeindeblättern entnommen habe, betreut er unter anderem die örtliche Blutspendenaktion des Roten Kreuzes. Falls er das Rezeptur-Rätsel während dieser bei sich trug, ging vielleicht etwas daneben. Oder es passierte, als er sich Bandagen aus seiner Nachttischschublade holte, in der ich die Rezeptur fand. Ihr Bruder ist fraglos unschuldig. Das ist mir jetzt völlig klar.«

Die Leere des unentwegt expandierenden Universums konnte nicht größer sein als die im Gesicht von Jules Bigot.

Die entstehende Stille bot dem Professor Gelegenheit, den Toilettengeruch weiter zu analysieren. Käse schaffte diese Stufe des Gestanks nicht, er musste in der Pflanzenwelt suchen. Die stachelige Frucht des Zibetbaumes, die Durian, galt als unfassbare Stinkbombe. Sie sonderte einen solch widerlich intensiven Geruch nach faulen Eiern ab, dass sie in Hotels und Flugzeugen nicht erlaubt war. Noch schlimmer war nur die Titanwurz aus den Urwäldern Indonesiens. Ihre Blüte war mit nahezu drei Metern Höhe und einem Umfang von anderthalb Metern die größte der Welt. Sie erblühte nur alle neun Jahre und gab dann alles. Der Aasgeruch lockte Käfer und anderes Getier in ihren Kelch, um dort Eier zu legen und die Titanwurz so zu bestäuben. Doch ob die Tropenpflanze es wirklich mit diesem atemberaubenden Klo aufnehmen konnte, wusste Bietigheim nicht mit Bestimmtheit zu sagen.

Jules Bigot fand seine Sprache wieder. »Und das sagen Sie mir erst *jetzt*?«

»Es ist mir gerade erst klar geworden.« Das war natürlich eine dreiste Lüge. Der Professor hatte es schon gewusst, als er das Pfarrhaus verließ. Einige Teile der Rezeptur hatten einfach wenig Sinn gemacht. Zum Beispiel die Zahl, wie oft der Käse während der Reifung gewendet werden musste. Sie erschien ihm einen Hauch zu hoch. Eine Kleinigkeit, doch diese hatte seinen Blick auf andere Details wie die Reifedauer und die Milchmenge gelenkt.

Und hätte Jules Bigot ihn damals nicht so verspottet, wäre die Wahrheit schon viel früher ans Licht gekommen. Aber manchmal ließ sich die Wahrheit eben Zeit.

Als der Professor wieder aus der Toilette trat, war der Käseigel fertig und mit einem gigantischen roten Tuch bedeckt. Renas Idee.

Es war Zeit, den Mörder aus seinem Loch zu locken.

Die Studenten hatten schon ihre Gesangspositionen eingenommen.

Selbstverständlich würde ihr Professor sie dirigieren.

Jan drückte Béatrice fester an sich. Die Angst, sie inmitten von so vielen Menschen zu verlieren, war immens. Immerhin hatten sie sich gerade erst gefunden. Eben hatte sie ihn erstmals als ihren Freund vorgestellt. Der Klang dieses Wortes aus ihrem Mund gefiel ihm sehr.

Die Stimmung war ausgelassen, doch fast, als wäre der Hahn etwas zu weit aufgedreht worden. Als wollten alle zeigen, wie unbeschwert man feiern konnte, obwohl hier eine beispiellose Mordserie ihren Anfang genommen hatte.

Über einhundert verschiedene Käsesorten waren für den Weltrekord-Igel verarbeitet worden. Wegen der Hitze des Tages lag ihr würziger Geruch nun wie Nebel über der Szenerie.

»Ich finde super, was dein Cousin macht«, sagte Béatrice. »Das hätte ich ihm gar nicht zugetraut. Er kannte Madeleine schließlich kaum.«

»Aber ihren Käse.«

»Er muss ein weiches Herz haben.«

»Keiner versteckt es so gut wie er.« Jan gab ihr einen Kuss. »Meins dagegen ist …«

»Nicht reden, handeln!«

Und da musste er ihr gleich noch einen Kuss geben.

Béatrice schätzte an Bietigheims Idee vor allem, dass es nicht bloß um den Eintrag ins »Guinness Buch der Rekorde« ging. Zwei Euro pro verkauftem Käsepikser flossen in den Kauf eines Kupferschilds, das an Madeleine Poincarés Haus angebracht werden sollte. Nur aus diesem Grund hatte sich das Dorf auch bereit erklärt zu helfen. Epoigeys Winzer verkauften Wein und spendeten den Erlös ebenfalls. Da vom Käseigel noch nicht gegessen werden konnte, hielten sich die Menschen nun in deren Nähe auf. Die Meute war mittlerweile so gut gelaunt, dass Jan fürchtete, sie würden sich jeden Moment gegenseitig die Kleider vom Leib reißen.

Jans Aufgabe war es, die VIPs beisammenzuhalten – die »Verdächtigen im Professorenkopf«. Sie standen rechts vom Igel, der Studentenchor dagegen links. Adalbert hatte dafür gesorgt, dass die VIPs während der gesamten Veranstaltung gefilmt wurden. Vielleicht ließ sich während des Liedes in ihren Gesichtern ablesen, wer der Mörder war – falls Adalbert selbst nicht mehr leben sollte, um dies aufzudecken. Der Professor hatte nicht gelächelt, als er dies erklärte.

Aber wo steckte er bloß?

Jan sah sich um, auch Rena schien nach ihm zu suchen. Sie war ja nett, aber solch eine geballte Portion Fröhlichkeit war auf Dauer nicht zu ertragen. Wie hielt ihre Gesichtsmuskulatur das ständige Lächeln nur aus? Und es war noch nicht einmal aufgesetzt, das war das Unheimliche.

»Müsste es nicht gleich losgehen?« Béatrice hob ihre Armbanduhr, damit er das Ziffernblatt sehen konnte. In zwei Minuten war Beginn. Ob der Mörder Adalbert vielleicht bereits ...? Er traute sich nicht, diesen Gedanken zum logischen Ende zu bringen.

Doch da tauchte der Professor auf, und ein Augenpaar nach dem anderen richtete sich auf ihn, während er, gefolgt vom Bürgermeister, aus einer der mobilen Toiletten trat.

Was hatten die beiden Männer zusammen auf der Toilette getrieben?

Wollte er das wirklich wissen? Ganz ehrlich?

Nein. Lieber dumm sterben.

Strammen Schrittes kam Adalbert zum Podium, ging die Treppe hinauf und griff sich das Mikrofon.

»Einen wunderschönen guten Morgen, meine sehr verehrten Herrschaften. Ohne viel Gerede, denn so ist es meine Art, direkt zum Wichtigsten. Wir möchten heute Madeleine Poincaré ehren, indem wir einen Käseigel enthüllen, wie die Welt noch keinen gesehen hat. Selbstverständlich gekrönt mit einem Stück Vacherin d'Epoigey. Dazu darf ich ganz besondere Gäste begrüßen ...« Er zählte sie alle auf und endete mit Pierre Roux, dem Erzbischof von Clermont, der den Käseigel sogleich segnen durfte. Danach trat der Notar vom *Guinness Buch der Rekorde* auf die Bühne. Das rote Tuch wurde heruntergezogen, was wegen der vielen Spieße länger dauerte als geplant, der Jurist vermaß das Wunderwerk und zählte mit Hilfe von drei Adjutanten die Zahnstocher. Kurz darauf verkündete er, dass dies ohne Zweifel das größte Party-Gedeck seiner Art sei. Jubel brandete auf.

Danach griff sich Bietigheim wieder das Mikrofon.

»Bevor der Käseigel zur Verspeisung freigegeben wird, gibt der Chor des kulinarischen Lehrstuhls der Universität Hamburg ein Lied zum Besten, das ich extra für die so tragisch ums Leben gekommene Madame Poincaré und ihren Käse komponiert und getextet habe. Meine Herren, meine Damen, ich darf bitten.«

Er zückte einen Taktstock und stellte sich vor die Truppe, die dem Anlass entsprechend in dunkle Hosen und weiße Hemden gekleidet war. Nach einem kurzen Räuspern des Professors ging es los. Was folgte, war weniger ein Lied als eine Käsesymphonie, denn der Professor hatte es einfach nicht geschafft, sich an ein einheitliches Reimschema zu halten.

Es gibt eine Art Käse, für die braucht man keine Reibe
Man schneidet ihn auch niemals ab als dünne Scheibe
Es ist mehr ein Gedicht als ein Käse
Und niemals isst man ihn mit Mayonnaise

Vacherin d'Epoigey du bist ein Fest für Aug und Mund
Wie kein anderer im Burgund!
Aus Kuhmilch bist du rund geboren
Ich hab dich für mich auserkoren

Der besondere Clou war, dass einige Studenten als Rhythmus-Gruppe fungierten und Tiergeräusche (Schaf, Kuh, Ziege) von sich gaben. Man hatte sich auf »Määäh, Määäh, Muh, Muh, Bääääh!« geeinigt. Das heißt, der Professor hatte sich darauf geeinigt. Mit sich selbst.

Du reifst wie Liebe oder Hass
Gegen dich sind alle andern blass
Du triffst mich mitten ins Herz hinein
Dafür brauchst du keinen Waffenschein

(Refrain)

Ein Anruf und du kommst gleich ins Käseparadies
Nur wenn man sagt, du stinkst, dann wirst du bös
Einen Käse wie dich steckt man gern in Münder
Der macht selbst Tote wieder gesünder!

(Zwei Mal Refrain)

Die letzte Strophe fand Jan etwas surreal, doch Adalbert hatte ihm versichert, alles ergebe einen Sinn. Zumindest für den Mörder.

Zur Überraschung aller tauchte Benno von Saber plötzlich auf dem Gipfel des Käseigels auf. Er musste den Aufstieg über die nicht einsehbare und gefährliche Nordroute gewählt haben. Einer der Studenten war auf die fatale Idee gekommen, kleine Würstchen mit aufzuspießen. Und das dickste Stück befand sich ganz oben, auf dem Zahnstocher mit dem Vacherin d'Epoigey.

Es folgte die zweite Gesangseinlage des Tages. Die ungeplante. Sie kam von Adalbert, der eine Melodie von sich gab, die von einem burmesischen Schamanen stammen musste. Benno von Saber tänzelte ein wenig herum und sprang dann seinem Herrchen in die Arme. Ein Satz von sicher drei Metern.

Stürmischer Applaus, die keineswegs geplante humoristische Einlage gefiel.

»Benno von Saber, meine Herrschaften!«, rief Adalbert. »Vielen lieben Dank, dass Sie heute hierher nach Epoigey gekommen sind, um das Andenken der großen Käserin Madeleine Poincaré zu ehren. Bitte erstehen Sie fleißig Käse und Wein, denn es ist ja für einen guten Zweck. Ich selbst werde nun noch einmal in die Käserei gehen, was mir der neue Eigentümer, die Firma Frombel, freundlicherweise gestattet hat, und schauen, ob ich noch ein paar Käse im perfekten Reifezustand finden kann, um sie gleich hier zu versteigern. Nun darf ich meinen verehrten Freund, den Bürgermeister, zu mir bitten, der sich zuvorkommend wie immer bereit erklärt hat, den Käseigel-Verkauf offiziell zu eröffnen.«

Mit diesen Worten verschwand der Professor ohne ein weiteres Wort in Richtung Käserei.

Schnell schob sich die Menschentraube zum essbaren Weltrekord, und Jan hatte wieder nur Augen für Béatrice.

Nicht aber für den einen VIP, der sich von der Menge entfernte.

Der Professor fühlte sich wie der Rattenfänger von Hameln. Nur führte er die Ratten nicht aus der Stadt, sondern zu sich.

Der Geruch der Käse in Madeleine Poincarés Reifekeller beruhigte ihn, auch wenn nur noch wenige hier lagerten. Frombel hatte die meisten bereits zu Geld gemacht, und die neue Produktion war noch nicht gestartet – man wartete noch auf Laborergebnisse. Benno hielt ihm auch in dieser schweren Stunde die Treue, doch heute würde er ihn sicher nicht vor einem Todesschützen retten. Denn er schlief tief und fest.

Doch es würde schon niemand schießen.

Die Logik gebot es.

Nein, tat sie nicht. Er konnte sich nichts vormachen. Es gab keinen Grund, dass der Mörder bei ihm Halt machte. Dann würde die wissenschaftliche Welt einen ihrer fähigsten Köpfe verlieren. Und sein neuestes Werk über »Trepang, die Seegurke – Kulinarische Muster der asiatischen Küche unter spezieller Berücksichtigung als Heil- und Potenzmittel« bliebe unvollendet. Dabei freute sich Hildegard zu Trömmsen bereits so auf die Ergebnisse.

Der Professor nahm einen Schluck des Meursault, den er bereitgestellt hatte. Vielleicht nahm der Mörder ja auch einen.

Dank des Liedes wusste dieser jetzt, dass Bietigheim ihm auf die Schliche gekommen war. Und dank der kleinen Ansprache danach, wo man ihn fand. Der Professor versuchte, sich mit der eingehenden Betrachtung der Käselaibe abzulenken, doch lauschte er die ganze Zeit auf Schritte im alten Haus, auf Knarzen und Quietschen, auf Schatten, die ins Licht traten.

Die Tür hinter ihm öffnete sich leise.

Der Professor hätte es nicht zugegeben, selbst unter Androhung von Schlägen mit der neunschwänzigen Katze, doch sein Herz schlug laut wie eine Kirchenglocke.

Im Zwielicht des Reifekellers konnte er nicht erkennen, wer zu ihm getreten war und ob sich eine Waffe in dessen Hand befand.

»Ah, hier stecken Sie!«, sagte eine Stimme. »Was sollte das eben? Was wollen Sie von mir?«

Der Professor trat zu dem Eindringling. Nur keine Furcht zeigen, keine Schwäche. »Einen wunderschönen guten Tag. Entschuldigen Sie bitte, dass ich eben keine Zeit hatte, Sie persönlich zu begrüßen.«

Nun konnte er erkennen, dass sein Gegenüber keine Waffe in der Hand hielt. Sein Puls schaltete einen Gang zurück.

»Das Käseparadies in Ihrem Lied, damit war doch mein Laden gemeint!« Hervé Picards Nüstern weiteten sich wie die eines Stieres vor dem Angriff. »Das sollte doch bedeuten, dass ich etwas mit dem Mord zu tun habe! Was soll das? Ich wäre von dem Halunken beinahe ebenfalls umgebracht worden – Sie waren doch dabei!«

»Aber wie durch ein Wunder wurde *niemand* ernsthaft verletzt. Unglaublich, oder? Wie hat der Täter eigentlich von dem geheimen Treffen gewusst, wenn er nicht selbst zum Zirkel gehörte? Oder ihn jemand aus diesem informiert hat?«

»Das weiß ich auch nicht. Aber ich habe nichts damit zu tun.«

»Und obwohl der Täter im Burgund weilte – die Morde an Madeleine Poincaré und Jean-François Vesnin belegen es –, lässt er Sie ungeschoren und reist stattdessen ins weit entfernte Korsika und an die Loire.«

»Meinen Sie, das hätte mich nicht auch gewundert? Wahrscheinlich hat er mich verschont, weil ich nur ein Affineur bin, kein Käser.«

»Ein Glas Wein? Ich habe extra welchen hier.«

»Mir ist überhaupt nicht nach Trinken zumute. Und schon gar nicht mit Ihnen. Wenn Sie mich noch einmal beschuldigen, ob in einem Lied oder sonst wie, hören Sie von meinem Anwalt.«

»Das wird nicht passieren.«

»Weil Sie mich jetzt an die Polizei ausliefern?«

»Seien Sie nicht albern, Monsieur Picard. Sie sind nicht der Mörder. Und jetzt gehen Sie, ich habe hier noch zu tun. Auf Wiedersehen.«

»Aber ...?«

Picard war völlig perplex. Der richtige Moment, um ihm eine letzte Frage zu stellen. Oder besser: um ihm etwas auf den Kopf zuzusagen.

»Eine Sache noch. Damals, als Sie mich im Keller vergaßen, da haben Sie mit dem Chef Ihres Käsezirkels telefoniert, nicht wahr? Haben ihm vom Mord an Madeleine Poincaré erzählt. Und er hat Sie direkt zu sich bestellt. Das passte Ihnen gut in den Kram, denn Sie wollten ohnehin aus der Schusslinie, hatten Angst, dass Sie der Nächste sein könnten. Deshalb blieben Sie auch so lange in Deckung und veränderten Ihr Aussehen. Habe ich recht?« Picard antwortete nicht, doch sein Gesicht verriet, dass der Professor ins Schwarze getroffen hatte.

»Dachte ich mir. Sie wissen ja, wo die Tür ist. Und machen Sie sich keine Sorgen, bald kehrt wieder Ruhe ein. Starren Sie mich nicht an wie ein aufgescheuchtes Huhn, gehen Sie.«

Kopfschüttelnd tat Hervé Picard genau das.

Die kleine Partie Katz-und-Maus war beendet. Sie hatte Bietigheims Laune gehoben. Doch nun wartete das Endspiel. Das Schlimmste wäre, wenn der wirkliche Mörder sich gar nicht blicken ließe. Doch nach weiteren vier Minuten wusste er, dass dies nicht geschehen würde. Der Professor hatte ihn zwar weder kommen gehört noch gesehen, doch nun spürte er ihn hinter sich stehen.

»Sie haben draußen gewartet, bis Picard weg war. So ist es, oder?«

»Ja.«

»Weil Sie mich allein sprechen wollen.«

»Eigentlich gibt es nichts mehr zu besprechen.«

»Und trotzdem sind Sie hier. Möchten Sie wissen, wie ich auf Sie gekommen bin?«

Der Professor drehte sich um und sah dem jungen korsischen Käser ohne Zögern in die Augen. Davide schien unschlüssig, wie es weitergehen würde. Wie in der Millisekunde Schwerelosigkeit während eines Sprungs. Weiter nach oben oder doch bereits nach unten?

»Wie sind Sie auf mich gekommen?«

»Der Käse in den Mündern der Toten. Sie wollten gefasst werden.«

»Ich weiß nicht.«

»Alter Käse mit Brot, das ist der polizeiliche Stand der Ermittlungen. Doch es war Ihr lange gereifter Milbenkäse mit Roggenmehl. Das wurde mir erst klar, als ich dank einer Kuh namens Marie Antoinette ein paar Krümel sah. Doch schon vorher verdichteten sich die Hinweise. Warum haben Sie den Leichen Ihren Käse in den Mund gelegt?«

Davide wich ein paar Schritte zurück und zog ein Käsemesser aus seiner Jackentasche. »Ein Rabe saß auf einem Baum und hielt im Schnabel einen Käse. Da kam ein Fuchs daher, der vom Duft des Käses angelockt worden war.›Guten Tag, Herr Rabe!‹, rief der Fuchs. ›Wie wunderbar Sie aussehen! Wenn Ihr Gesang ebenso schön ist wie Ihr Gefieder, dann sind Sie der Schönste von allen hier im Walde!‹ Das schmeichelte dem Raben. Um seine schöne Stimme zu zeigen, machte er den Schnabel weit auf – da fiel der Käse hinunter. Der Fuchs schnappte ihn sich und sagte: ›Ein Schmeichler lebt auf Kosten dessen, der ihn anhört – diese Lehre ist mit einem Käse wohl nicht zu teuer bezahlt.‹« Ein schüchternes Lächeln umspielte Davides Lippen. »Auch Angeber leben auf Kosten derer, die ihnen zuhören. Also habe ich die Rechnung beglichen. Und ihnen gleichzeitig ihr Schandmaul gestopft.« Er presste die Lippen aufeinander. »Zuerst wollte ich nur ihre Käsereien zerstören, indem ich Bakterien einschleuste. Aber was passierte, als ich es bei Madeleine Poincaré machte? Sie merkte es, vernichtete die Charge und erhöhte die Preise. Sie verdiente dank mir sogar noch mehr Geld! Das Schicksal verhöhnte mich. Und das hat mich unglaublich wütend gemacht. Ich begriff, dass ich den ganzen Weg gehen musste. Ihr Leben zerstören, indem ich es beende. Weil alles andere zum Scheitern verurteilt war. Und weil sie alle es verdient hatten.«

»Einen Wein?«, fragte der Professor. »Ich habe extra zwei Gläser bereitgestellt.«

»Sie wussten, dass ich kommen würde. Sie wollten es.«

»Aber natürlich.«

»Warum? Ich könnte Sie jetzt töten. Das macht mir nichts mehr aus. Irgendwann ist es einem egal. Mir zumindest. Es ist wie bei einem Tier, das man schlachten muss.«

»Aber Sie werden es nicht tun, oder?«

»Nein.« Davide verstaute das Messer wieder in seiner Jacke.

»Dann wird diese Sicherheitsvorkehrung auch nicht nötig sein.« Der Professor nickte, und Pit trat aus dem Schatten, seinen Colt Detective Special in der Hand. »Warten Sie bitte draußen auf uns.«

Pit grunzte und ging an ihnen vorbei zur Tür.

Der Professor wandte sich wieder Davide zu.

»Also kein Wein? Schade. Heute will keiner mit mir trinken.«

Er wunderte sich, wie unglaublich ruhig diese Worte über seine Lippen kamen. Als handelte es sich um ein ganz harmloses Gespräch unter Freunden. Der Professor kniete sich zu Benno und streichelte ihm den struppigen Kopf. Davide schien sich durch die scheinbare Normalität etwas zu beruhigen, seine Pupillen zuckten nicht mehr, sondern blieben, wo sie hingehörten.

»Was macht Ihr Hund denn da?«

»Er schläft. So tief hat er noch nie geschlummert. Ab und

an jault er kurz und freudig auf. Vermutlich fängt er ein paar Hasen. Ich liebe Tiere, Sie auch, oder? Ja, das tun Sie. Sonst hätte es niemals glückliche Kühe im Stall Ihrer Opfer gegeben. Die Kühe waren eine der Spuren, die mich zu Ihnen führten. Ich stellte mir folgende Frage: Wer weiß, wie Rinder glücklich zu machen sind? Sicherlich kann heutzutage jeder über das Internet alles herausfinden. Doch wer würde überhaupt auf die Idee kommen, bei seinen Mordplänen Kühen Beachtung zu schenken? Glücklichen Kühen, meine ich. Denn die sind still, sie muhen nicht, sie warnen nicht. Jemand, der daran denkt, kennt die Natur der Rindviecher. Ein gebürtiger Städter tut das nicht. Für den sind Kühe nicht mehr als Einrichtungsgegenstände, und das Glück eines Rinds ist ihm so egal wie das Seelenheil einer Nachttischkommode. Der Täter musste also vom Land stammen, ja, noch mehr, er musste mit Tieren zu tun gehabt haben oder immer noch zu tun haben. Ich hoffe, es stört Sie nicht, wenn ich etwas trinke.«

»Machen Sie ruhig.«

Bietigheim goss sich ein Glas ein. »Erzählen Sie mir, was genau Sie mit den Kühen gemacht haben? Alkohol kann es meiner ... Erfahrung nach nicht gewesen sein.«

Davide zog einen Hocker heran und setzte sich langsam darauf. Er sah den Professor eine Weile an, bevor er antwortete. Ihm schien klar zu sein, dass es keinen Sinn mehr machte, irgendetwas zurückzuhalten. Und er schien sogar erleichtert, endlich alles herauslassen zu können.

»Ich musste an meine Opfer herankommen, ohne dass sie mich bemerkten. Im Kuhstall, da fühlen wir Käser uns alle sicher, weil die Tiere unruhig werden, wenn sich ein Fremder nähert. Das merkt man sofort. Also habe ich mich in die Ställe geschlichen und das Vertrauen der Kühe gewonnen.« Es schien Davide unangenehm zu sein, weiterzuerzählen.

»Wie?«

Er fuhr sich durch die Haare. »Eine Massage, am Euter, mein Vater hat sie mir beigebracht. Die Tiere lieben das, danach schnurren sie wie die Kätzchen.«

»Das war Ihr allererster Fehler.«

»Kann sein.«

»Und? Haben die Morde Ihren Vater zurückgebracht?«

Davide schien nicht überrascht, dass der Professor den Grund für seine Taten kannte. Ihn schien überhaupt nichts mehr zu überraschen.

»Nein, aber ich weiß, dass er stolz auf mich wäre. Die Käserei war sein Ein und Alles. Gebettelt hat er, dass sie ihn in ihre Gruppe aufnehmen. Sie wussten, dass er kaum noch Geld hatte, dass er sie brauchte. Doch die haben ihn nur ausgelacht, den stinkenden Korsen mit seinem Maden- und Milbenkäse.«

»Korsen sind ja nur Pack, überheblich, arbeitsscheu, ewig undankbar und unzufrieden. Frankreich investiert in Korsika mehr als in jede andere Region, und dann beißen sie in die Hand, die sie füttert.«

»Das steckte dahinter, ja. Und so etwas sagen sie einem so stolzen Mann wie meinem Vater. Da hat er keinen Ausweg mehr gesehen und sich umgebracht. Jetzt möchte ich doch ein Glas Wein.«

Der Professor füllte ihm eines. »Die Mitgliedschaft in diesem elitären Kreis hätte bares Geld bedeutet. Wissen Sie, wann mir das klar wurde? Als Hervé Picard auf junge Talente umschwenkte. Auch Ihr Käse fand sich plötzlich in seiner Auslage. Ich vermute, er wollte mit allen Käsern Geschäfte eingehen, die von dem Zirkel abgelehnt wurden, gut Wetter machen. Weil er zu Recht davon ausging, dass sich unter diesen der Mörder befand. Hat ihm das sein Leben gerettet?«

»Ich wollte nur die Käser büßen lassen. Das sind Kollegen, und unter Kollegen sollte man sich doch helfen!«

»Es waren Kollegen – und Konkurrenten. Eine schlimmere Mischung gibt es nicht. Glauben Sie mir, ich arbeite an der Universität Hamburg.«

Davide nahm einen großen Schluck. »Ich kann Sie gut leiden, Professor. Sie haben sich für meine Käserei ins Zeug gelegt. Sie sind ein guter Mensch.«

»Trotzdem haben Sie versucht, mich im Weinberg zu töten.«

»Ich wollte Ihnen Angst einjagen, mehr nicht. Es sollten keine Unschuldigen sterben.«

»Sie haben meinen Hund getreten. Das verzeihe ich Ihnen nie.«

»Es tut mir leid! Aber er sah so wild aus. Ich hatte einfach Angst.«

»Vor einem *Foxterrier*?« Doch der Professor wusste, wie furchteinflößend Benno wirken konnte, wenn er wie ein Geschoss aus Pranken und Zähnen auf einen zujagte.

»Ich bin froh, dass es ihm wieder gut geht. Es geht ihm doch wieder gut?«

»Ja, aber das hat mich einige teure Würste gekostet.«

Davide blickte auf. »Ich habe danach nicht wieder versucht, Sie einzuschüchtern.«

»Das stimmt. Stattdessen wollten Sie mich auf eine falsche Fährte locken, indem Sie einen Mordanschlag auf sich selbst inszenierten. Doch dieser hat Sie nur verdächtig gemacht. Denn es war der einzige, der merkwürdigerweise schiefging. Und dann äußerten Sie auch noch die Vermutung, Ihr Vater sei damals bereits umgebracht worden. Sehr dick aufgetragen. Sie fühlten sich in die Enge getrieben.«

»Ich lebe in der Enge, Professor. Ich kenne es gar nicht mehr anders.«

Bietigheim ermahnte sich, nicht zu vergessen, dass vor ihm ein eiskalter Mörder saß. So besonnen Davide sprach, so einsichtig er nun erschien, dieser junge Mann war ein Killer. Doch nicht nur er hatte Schuld auf sich geladen.

»Ich mache mir Vorwürfe, Davide. Hätte ich Sie vor dem 1. Juli nicht angerufen und auf das Treffen des Käsezirkels in Camembert hingewiesen, wäre Égly Ouriets Arm heute noch unversehrt. Sie wollten sie alle erwischen, alle auf einmal, oder?«

»Dann wäre es zu Ende gewesen. Und ich hätte weiterleben können. Und alles vergessen.«

»So etwas vergisst man nie. Ein Mord verändert einen Menschen. Man sagt, dabei stirbt immer auch etwas in einem selbst. Ist bei Ihnen auch etwas gestorben?«

Davide zuckte mit den Schultern. »Nachdem mein Vater sich umgebracht hat, war eh nicht mehr viel übrig.«

»Aber wenn Sie es nur aus Rache getan haben, warum dann dieser ganze Aufwand? Warum das Paraffin bei Vesnin? Warum das Köpfen von Selles?«

»Das war überhebliches Pack, Professor. Die hielten sich alle für was Besseres. Ich wollte, dass sie an ihrem eigenen Stolz draufgehen. Wie toll ist das denn, wenn einem Käse die Spitze fehlt? Aber Christophe tat so, als mache das seinen öden Mist zu einem König unter den Käsen! Und Vesnins Paraffinhülle, wie die Robe eines Bischofs. Blödes Plastik ist das, sollten alle sehen, wie lächerlich es aussieht. Bei der Poincaré gab es nichts, nur ihre Messer, auf die war sie immer irrsinnig stolz. Also hat sie eins ins Herz bekommen. Und Schluss.«

Der Professor füllte sein Glas nach. »Und das war – chronologisch gesehen – der zweite Hinweis auf Sie. Das Messer wurde durch den Rücken ins Herz gestoßen. Es gab nur einen einzigen Einstich. Der Täter wusste also, was er tat. Damals dachte ich an einen Arzt, aber ein gelernter Metzger wie Sie kann genauso gut, wenn nicht sogar besser, mit einem Messer umgehen. Und auch wenn ein Mensch kein Rind und kein Schwein ist, wo das Herz liegt, das weiß man.«

»Es ging ganz schnell. Bei allen.«

»Das macht es nicht besser.«

»Nein.«

Dann ließ der Professor ihn schweigen. Und nach einiger Zeit brachen immer mehr Worte aus Davide hervor, zusammen mit Tränen. Es musste alles heraus, wie bei einer Eiterbeule. Erst dann konnte die Gesundung beginnen.

Nicht mehr allerdings bei Davides Opfern.

Bevor sie den Keller verließen, sagte Davide noch einen letzten Satz.

»Was wird denn jetzt aus meiner Käserei?«

Eine gute Frage, dachte der Professor.

Eine unheimlich gute Frage.

EPILOG

Der Libeccio wehte dem Professor um die Nase und dieser ließ ihn machen. Die Arbeit war getan – wenn auch nicht ganz. Der Schlussakkord fehlte noch. Doch bis jetzt war das Finale viel besser gelaufen als erwartet. Frombel hatte auf den Erlös des Käseigel-Verkaufs einen Batzen Geld gelegt, sodass man sich nun statt einer Plakette eine Statue leisten konnte. Und zwar nach Vorbild von Gérards Streichholzskulptur, die der Professor dem Bürgermeister kurz entschlossen gezeigt hatte. Der alte Cassis-Bauer hatte Bietigheim ausgeschimpft, das sei unerlaubtes Eindringen in seine Privatsphäre, eine Unverschämtheit und vermutlich Hausfriedensbruch. Doch als der Bürgermeister Applaus geklatscht hatte, war er ganz still geworden. Und jetzt war Gérard dabei, seine Skulptur zu perfektionieren, bevor eine Abgussform erstellt werden konnte. Er war sehr stolz, hatte es jedoch mit keinem Wort zugegeben.

Das Geräusch schlappender Sandalen näherte sich, und Béatrice nahm neben ihm auf dem Boden der Steinterrasse Platz. Der Professor hob zur Begrüßung kurz seinen Strohhut. »Und? Gefällt es Ihnen hier noch?«

Béatrice lehnte ihren Kopf an seine Schulter. »Wem es hier nicht gefällt, der muss erst noch geboren werden.«

Nein, dachte Bietigheim. Der sitzt direkt neben Ihnen. Er hatte es Béatrice noch nicht gesagt, doch nach dem Mittagessen würde er aufbrechen und seine »Tour de Fromage« fortsetzen. Hier auf Korsika. Es wäre schön, wieder einmal ein paar Käser zu treffen, die nicht ermordet worden waren. Einfach zur Abwechslung.

»Was macht Jan?«, fragte er.

»Streichelt Käse. Er ist ein guter Streichler.« Sie lächelte anzüglich.

Der Professor beschloss, nicht darauf einzugehen. »Und Sie sind sich sicher?«

»Dass er ein guter Streichler ist? Oh, ja!«

»Nein, dass Sie hierbleiben möchten.«

»Da war ich mir vom ersten Tag an sicher. Und Jan auch. Wenn man endlich am richtigen Ort ist, spürt man das. Ich habe das früher nicht geglaubt.«

Davide Aleppo erschien in der Terrassentür, seine Stirn in Sorgenfalten. »Ist es gleich so weit?«

»Wie abgesprochen«, antwortete der Professor. »Ich habe bereits angerufen, sie werden gleich eintreffen.«

»Habe ich einen letzten Wunsch?«

Der Professor sah ihn an. »Seien Sie nicht undankbar! Jeder außer mir hätte Sie sofort der Polizei übergeben.«

»Ich möchte nur noch einmal die Aussicht genießen. Von hier. Ganz allein. Bis Sie mich abholen. Schauen Sie nicht so, ich werde nicht fliehen.«

Béatrice legte ihre Hand auf Bietigheims. »Gönnen Sie ihm den Moment.«

Die beiden ließen ihn im glühenden Licht der Mittagssonne allein.

»Er wirkt erleichtert«, sagte Béatrice im kühlen Inneren des weißen Hauses. »Obwohl er gleich ins Gefängnis geht. Und das für immer.«

»Weil er seine Käserei in guten Händen weiß. Immerhin hatte er zwei Wochen Zeit, Ihnen und Jan alles beizubringen.«

Sie gingen hinunter in die Käserei. Jan hatte ein neues Regal für die Milbenschalen gezimmert, sodass sich nun mehr davon unterbringen ließen.

Der Professor klopfte dagegen. Es hielt. »Sieht aus, als wäre es dir wirklich ernst.«

»Zum hundertsten Mal: Ich bin durch mit dem Journalismus. Glaub mir endlich! Jetzt bin ich Käser. Na gut, vielleicht schreibe ich hier und da etwas für die lokale Presse oder mal eine Reportage für ein Reisemagazin, Kleinigkeiten. Doch in der Hauptsache arbeite ich ab jetzt mit meinen Händen und schalte den Kopf dabei aus. Und Béatrice übernimmt die Tiere, das war ohnehin ihr Traum.«

Der Professor nickte. »Ihr macht Davide glücklich. So wird sein Käse nicht sterben, und der war schließlich das Lebenswerk seines Vaters.« Aber auch den Professor machten die beiden glücklich, denn dadurch wurde dieser außergewöhnliche Teil der europäischen Käsekultur fortgeführt. Und der Gerechtigkeit wäre in wenigen Minuten trotzdem Genüge getan.

Adalbert Bietigheim nahm sich ein Stück des Milbenkäses. »Ist das einer von deinen, Jan?«

»Ja, meine erste Produktion. Aber noch viel zu jung.«

»Sieht gut aus. Hoffentlich fressen die korsischen Mäuse ihn dir nicht weg.«

»Ach, was. Davides Katze ist eine hervorragende Mäusejägerin.«

Benno von Saber dagegen war völlig unbrauchbar für die Mäusejagd. Dafür war er sehr begabt darin, andere Hunde in den Gassen Olettas zu finden, mit denen er um die Wette rennen konnte.

»Du hast doch etwas auf dem Herzen«, sagte Jan. »Das merke ich, du bist so still. Wir haben heute noch gar keinen Vortrag von dir zu hören bekommen.« Er grinste breit.

»Recht hast du. Was ich euch zu sagen habe, ist Folgendes: Ich bin gleich fort, wieder mit meinem Rad unterwegs. Vorher möchte ich einfach nur sichergehen, dass an alles gedacht ist. Dass es euch auch wirklich gut geht.«

»Du wirst weich. Das macht das Alter, was?«

Jan boxte ihn gegen die Schulter. Das mochte der Professor nicht sonderlich, doch er sagte nichts. »Es geht mich zwar nichts an«, wandte er sich an Béatrice, »aber was geschieht mit Ihrem Weingut?«

»Ich habe es verpachtet. Im Burgund verkaufen wir nämlich kein Land. Mit einem Teil der Pacht tilge ich meine Schulden, und den Rest nutzen wir, um uns hier etwas aufzubauen.«

»Es klingt, als wärt ihr gut gerüstet für dieses Abenteuer.«

»Und verrückt genug«, sagte Jan und gab Béatrice einen langen, sehr langen Kuss.

Bietigheim hörte, wie vor dem Haus ein Wagen hielt. Er stieg die Steintreppe empor und trat leise zu Davide auf die Terrasse.

»Sie sind da.«

Davide bewegte sich nicht. »Was macht eigentlich Pit?«

Das fragte er jetzt? Wo ihm gleich die Handschellen angelegt wurden?

»Er fährt wieder Taxi. Der Hamburger Streik ist beendet. Na ja, er hat ihn beendet. Es war ja sein ganz privater.«

»Können Sie ihm bitte noch ausrichten, dass es mir sehr leid tut, ihn vergiftet zu haben? Damals im *Le Chalet bleu* in Autun. Ich hatte einfach Panik, als ich hörte, wie er wegen dem Vacherin d'Epoigey nachbohrte. Da wurde mir klar, dass er den Mörder finden will. Ich saß auch im Restaurant, keine zwei Tische weiter. Im Vorbeigehen hab ich ihm dann ein Stück Käse mit Listerien auf den Teller gelegt, das hatte ich noch bei mir, als Erinnerung an meinen Fehlschlag. Er hat es ohne mit der Wimper zu zucken verputzt.«

Der junge Käser drehte sich um. »Ich bin froh, dass alles vorbei ist. Und dass Sie mich zuerst gefunden haben und nicht die.«

Mit einem Mal drang die Polizei durch die Tür, verlas Davide seine Rechte und legte ihm Handschellen an.

Er sagte nur noch einen Satz im Hinausgehen, an Béatrice und Jan gewandt. »Bringt mir bitte ab und an einen Käse, ja? Ich will seinen Geschmack doch nicht vergessen.«

Nachdem Davide fort war, schwiegen alle im Haus, selbst beim Mittagessen. Der Professor fand als Erster die Sprache wieder und fragte, ob jemand Benno gesehen habe. Doch der kleine Foxterrier war den ganzen Tag noch nicht aufgetaucht. Es stellte sich heraus, dass er bereits im Fahrradkörbchen saß und erwartungsvoll daraus hervorblickte. Auch er wollte wieder auf die Piste. Der Professor strich ihm liebevoll über den struppigen Kopf. Bietigheim mochte keine Verabschiedungen, das hatte er Béatrice und Jan bereits zu verstehen gegeben. Die beiden werkelten in der Käserei vor sich hin. Er winkte kurz aus dem Türrahmen, presste die Lippen zusammen, atmete tief durch, griff sich seine Jacke und ging in Richtung Fahrrad. Erst im Hinausgehen bemerkte er, dass auf dem Küchentisch etwas für ihn lag. Die zweite Post, seit er in Korsika weilte.

Die erste war ein offizieller Brief aus England gewesen, den Rena an ihn weitergeleitet hatte. Cambridge bot ihm eine Gastprofessur am Lehrstuhl für Kulinaristik an. Doch das reizte ihn nicht. Tradition hin oder her, mit seinem geliebten Hamburg konnte dieses kleine Örtchen nordöstlich von London keineswegs mithalten.

Die heutige Post hatte ihm Hildegard zu Trömmsen geschickt, das erkannte er an den schwungvollen Buchstaben auf dem großen Umschlag, die aussahen wie eine Jugendstil-Malerei. Im Inneren steckte eine Ausgabe des *Daily Telegraph*. Auf der Titelseite war ein Punting-Boot zu sehen, das führerlos auf dem Fluss Cam trieb. Darin lag ein Mann, die Arme über dem Brustkorb gekreuzt. Eine idyllische Szene, die Sonne schien, das Wasser war blau. Postkartenmotiv. Erst bei genauer Betrachtung war zu erkennen, dass der Mann in einer Flüssigkeit lag. Komplett. Die

Bildunterschrift verriet, was es damit auf sich hatte. Er war ertrunken. Im Boot. Und zwar nicht in Wasser. Die Schaluppe war mit einer wertvolleren Flüssigkeit gefüllt: Kostbarer Darjeeling White Tea, der nur aus silbrig glänzenden Knospen gewonnen wurde. Nach Aussage der Zeitung gekonnt zubereitet. Und der so formvollendet aufgebrühte Mann war kein Geringerer als der bisherige Inhaber des Lehrstuhls für Kulinaristik.

Die Polizei hatte keine Spur vom Täter.

Man stand vor einem Rätsel.

Und wie sich herausstellte, war der Vorgänger des Toten ein Jahr zuvor ebenfalls ermordet worden.

Auf die gleiche Art und Weise.

Mit einem Mal erschien Professor Dr. Dr. Adalbert Bietigheim ein Gastsemester in Cambridge bedeutend reizvoller.

Rezepte

Aus Professor Dr. Dr. Adalbert Bietigheims privater Rezepte-Sammlung, Abschnitt »Die besten Käserezepte« (Unter Mithilfe seines guten Freundes, dem Sternekoch Julius Eichendorff kreiert)

Gougère

Zutaten

1,5 Tassen Wasser
125 g Butter
Salz
250 g gesiebtes Mehl
5 große Eier
225 g Gruyère, gewürfelt
Pfeffer
1 Ei

Kochen Sie in einer Kasserolle Wasser, Milch, Butter und Salz auf. Geben Sie das Mehl auf einmal in die kochende Flüssigkeit und rühren Sie die Masse sofort mit einem Kochlöffel glatt. Wenn sich aus dem Teig ein Kloß bildet und eine weiße Haut den Topfboden überzieht, füllen Sie die Masse in eine Rührschüssel um und lassen sie etwas abkühlen. Dann geben Sie die Eier nacheinander in den Teig. Das nächste Ei erst hinzugeben, wenn das vorherige vollständig verrührt ist. Zum Schluss geben Sie den Käse hinzu und rühren ihn unter. Spritzen Sie dann den Teig in kleinen Bällchen auf ein gefettetes Blech. Schlagen Sie das Ei schaumig und glasieren Sie damit die Bällchen. Backen Sie die Bällchen bei 230 Grad für 15 Minuten. Stellen Sie dabei eine Tasse mit Wasser auf den Boden des Backofens.

Kasnocken

Zutaten für 4 Personen

300 g kleingerupftes Weißbrot
250 ml lauwarme Milch
300 g Emmentaler (oder wahlweise Gouda), in kleine Würfel geschnitten
1 Schalotte, fein gehackt
1 EL Butter
1 EL Mehl
3 Eier
2 EL Schnittlauch in Röllchen
80 g Butter
Salz
70 g geriebener Parmesan

Vermengen Sie Brot, Milch sowie die kleinen Käsewürfel. Lassen Sie die gehackte Schalotte in Butter aus, bis sie glasig ist. Geben Sie sie dann zusammen mit dem Mehl, den Eiern, dem Schnittlauch und etwas Salz zur Brotmasse hinzu. Gut vermengen. Falls der Teig zu trocken ist, geben Sie bitte noch etwas Milch hinzu. Formen Sie dann ovale Nocken, die sie eine gute Viertelstunde leicht in Salzwasser köcheln lassen.

Servieren Sie die fertigen Nocken mit zerlassener Butter beträufelt und mit Parmesan bestreut.

Ergibt ca. 10 Nocken.

Soufflé von Blauschimmelkäse

Zutaten

30 g Butter
40 g Mehl
100 ml Milch
100 ml Weißwein
1 Ei, 2 Eigelb, 3 Eiweiß
100 g Gorgonzola dolce
100 g Roquefort
Salz
Pfeffer
Muskat
1 Bund Schnittlauch in Röllchen
Butter zum Einfetten der Förmchen

Schwitzen Sie das Mehl in der Butter farblos an. Geben Sie dann Milch und Weißwein hinzu, rühren Sie alles glatt und kochen Sie es auf. Rühren Sie das Ei und die Eigelbe einzeln und kräftig in die Masse ein. Streichen Sie den Gorgonzola dolce und den Roquefort durch ein Sieb und mischen Sie das Ganze unter die Masse. Schlagen Sie die Eiweiße mit etwas Salz steif und heben Sie sie unter die Soufflémasse. Schmecken Sie die Masse mit Salz, Pfeffer und Muskat ab, geben Sie den Schnittlauch hinzu. Verteilen Sie die Masse in gebutterte Förmchen und lassen Sie sie im vorgeheizten Ofen bei 220 Grad im Wasserbad 25 bis 30 Minuten lang gar ziehen. Das Soufflé ist fertig, wenn es gut gebräunt und hoch aufgegangen ist.

Savoyer Gemüsesuppe

Zutaten

Je 100 g gewaschene, geschälte und klein gewürfelte
Navets, Sellerie, Lauch, Zwiebeln, Kartoffeln
40 g durchwachsener Räucherspeck
800 ml Fleischbrühe
Salz
Pfeffer
Muskat
200 ml Sahne
25 g Butter
8 Scheiben Baguette
40 g Tomme de Savoie oder Beaufort

Schwitzen Sie den Speck in einem Topf gut an. Geben Sie das Gemüse hinzu und dünsten Sie es an. Gießen Sie das Ganze mit der Brühe auf, geben Sie die Gewürze hinzu, kochen Sie alles auf und lassen Sie die Suppe eine halbe Stunde lang garen. Kochen Sie die Milch auf, gießen Sie sie durch ein Sieb in die Suppe und rühren Sie die Butter unter. Schmecken Sie die Suppe ab. Stellen Sie dann die einzelnen Suppenteller mit je zwei Scheiben Baguette, mit Käse bestreut, unter den Grill, bis der Käse goldgelb geschmolzen ist.

Goyere (Käsetarte)

Zutaten für 4–6 Personen

450 g Kartoffeln, geschält und klein gewürfelt
2 EL Butter
1 Zwiebel, klein gehackt
100 g geräucherter Speck, gehackt
125 g Maroilles oder Stinking Bishop, entrindet und in 1/2 cm große Würfel geschnitten
2 Eier, verquirlt
100 Crème fraîche oder Crème double
Salz
Pfeffer

Für den Boden

6 EL Butter
3 EL Milch
15 g frische Hefe
225 g Weizenmehl
2 Eier, verquirlt
Salz
Brauner Zucker

Erhitzen Sie Butter und Milch, bis die Butter geschmolzen ist. Lassen Sie das Gemisch abkühlen, bis es lauwarm ist, dann lösen Sie die Hefe unter Rühren darin auf. Sieben Sie das Mehl in eine Schüssel, drücken Sie in die Mitte eine Vertiefung und geben Sie die verquirlten Eier mit Salz und einer Prise braunem Zucker hinein. Geben Sie die aufgelöste Hefe dazu und vermischen Sie alle Zutaten zu einem glatten Teig. Geben Sie den Teigkloß auf eine leicht mit Mehl bestäubte Arbeitsfläche und kneten Sie ihn 5 Minuten, bis der Teig glatt und glänzend ist. Legen Sie den Teig zurück in die gesäuberte Schüssel, die Sie mit einem feuchten Tuch abdecken, und lassen Sie den Teig so lange gehen, bis er das Doppelte seines Volumens erreicht hat.

Garen Sie die Kartoffeln in Salzwasser. Erhitzen Sie die Butter in einem Topf, geben Sie die Zwiebel dazu und schwitzen Sie sie bei milder Hitze an. Fügen Sie den Speck hinzu und braten Sie ihn 5 Minuten mit, dann nehmen Sie den Topf vom Herd und lassen alles abkühlen.

Geben Sie Kartoffeln, Zwiebel, Speck und Käse in eine Schüssel. Rühren Sie die Eier und Sahne unter. Schmecken Sie die Mischung mit Salz und Pfeffer ab.

Schlagen Sie den aufgegangenen Teig zwei bis drei Mal kräftig zurück, dann rollen Sie ihn auf einer bemehlten Arbeitsfläche 5 mm dünn aus. Legen Sie eine Tarte-Form mit 23 cm Durchmesser mit der Teigplatte aus und lassen Sie den Teig am Rand reichlich überstehen. Stellen Sie die Form auf ein Backblech, füllen Sie sie mit der Kartoffel-Speck-Käse-Mischung. Lassen Sie den Teig an einem warmen Ort 30 Minuten aufgehen, während Sie den Backofen auf 170 Grad vorheizen. Schneiden Sie überstehende Teigränder ab und backen Sie die Käsetarte 45 Minuten bis 1 Stunde im Ofen goldbraun.

Rotkohlsalat mit Roquefort und Walnüssen

Zutaten für 4 Personen

1/2 Rotkohl, klein geschnitten in Streifen, ohne Strunk
4 EL Rotweinessig
50 g Zucker
600 ml Wasser
100 g durchwachsener Speck, in kleine Würfel geschnitten
2 Scheiben Weißbrot, in kleine Würfel geschnitten
1 Knoblauchzehe, zerdrückt
2 Chicorées
1 kleiner Radicchio
150 g Roquefort oder anderer Blauschimmelkäse, zerkrümelt
Salz
Pfeffer

Für die Vinaigrette

4 EL Rotweinessig
1 TL Dijonsenf
4 EL Walnussöl
4 EL Olivenöl
2 EL Walnüsse, geröstet (mit ein wenig Öl, Salz und Pfeffer bei 180 Grad für 5 Minuten) und grob zerhackt

Geben Sie den Rotkohl in eine Schüssel. Erhitzen Sie den Essig, lösen Sie den Zucker darin auf, gießen Sie die Essiglösung über die Kohlstreifen und rühren Sie gründlich um. Bringen Sie das Wasser zum Kochen und gießen Sie es ebenfalls über den Kohl, den Sie 5 Minuten ziehen und dann abtropfen und abkühlen lassen.

Erhitzen Sie eine Bratpfanne stark und braten Sie die Speckwürfel knusprig an. Geben Sie die Brotwürfel hinzu und braten Sie sie goldbraun an. Geben Sie den Knoblauch hinzu und braten Sie ihn 1 Minute lang mit. Füllen Sie den Rotkohl zusammen mit den Chicorée- und Radicchioblättern in eine Salatschüssel und bestreuen Sie ihn mit dem Speck, den Croûtons und dem zerkrümelten Blauschimmelkäse.

Vermischen Sie alle Zutaten für die Vinaigrette und gießen Sie sie über den Salat. Vermischen Sie alles und schmecken Sie den Salat mit Salz und Pfeffer ab.

Aligot (Käse-Kartoffel-Püree)

Zutaten für 4 Personen

900 g mehlig kochende Kartoffeln
175 ml Milch, gekocht und abgeseiht
5 EL Crème double oder fraîche
4 EL Butter
450 g frischer, ungereifter Cantal (Tomme fraîche oder Aligot. Alternativen sind: Gruyère, Emmentaler, Fontina und Lancashire), in feine Streifen geschnitten
Salz
Pfeffer

Schälen Sie die Kartoffeln und kochen Sie sie in Salzwasser. Pürieren Sie sie dann von Hand mit einem Kartoffelstampfer und rühren Sie dann Milch, Crème double oder fraîche und Butter unter. Würzen Sie mit Salz und Pfeffer. Heben Sie den Käse bei milder Hitze mit einem Holzspatel unter. Rühren Sie die Mischung kräftig durch, bis das Püree elastisch ist und Fäden zieht. Servieren Sie das Püree sofort.

Ziegenfrischkäse-Eiscreme

Zutaten für 8 Personen

500 ml Milch
125 ml Crème double
4 Eigelb
1 Ei
90 g Zucker
125 g milder Ziegenfrischkäse
(Sainte-Maure oder Chavroux)

Bringen Sie die Milch mit der Sahne zum Kochen. Schlagen Sie die Eigelbe, das ganze Ei und den Zucker zu einer dicklichen, blassgelben Creme auf. Rühren Sie die warme Sahne-Milch nach und nach unter. Geben Sie die Mischung in den Topf zurück und rühren Sie diese mit einem Holzlöffel, bis sie am Löffel haften bleibt. Lassen Sie die Mischung nicht kochen, sonst gerinnt das Eigelb.

Nehmen Sie den Topf vom Herd und rühren Sie den Frischkäse unter, bis er geschmolzen ist. Streichen Sie die Masse durch ein feines Sieb und lassen Sie sie abkühlen.

Füllen Sie die Masse in eine Eismaschine und lassen Sie sie nach Gebrauchsanleitung gefrieren.

UNIVERSITÄT HAMBURG

INSTITUT FÜR KULINARISTIK

Proseminar II

»Europas Käsekultur – Ein Missverständnis in holistischer Darstellung«

Handout Nummer 3

Grundbegriffe
(unter besonderer Berücksichtigung französischer Käse)
Auswendig zu lernen!

AOC
Kontrollierte Herkunftsbezeichnung. Dürfen in Frankreich rund 50 Käse tragen

à point
Wörtlich »Gerade recht«, Käse, der die perfekte Reife erreicht hat und jetzt den größten Genuss bietet

Affineur
Fachmann für die Affinage

Affinage
Das Verfeinern, Pflegen und kundige Reifenlassen von Käse

Artisanal
Die Milch des Käses muss von Tieren stammen, die auf dem Hof gehalten werden, oder von anderen Höfen zugekauft werden

Bleus
Blauschimmelkäse

Brebis
Ein Käse aus Schafsmilch oder einer Mischung aus Milch- und Schafsmilch

Brie de Meaux
Weichkäse aus Kuhmilch mit weißem Edelschimmel, der sich mit zunehmender Reife rot färbt. Wurde 1815 auf dem Wiener Kongress zum »König aller Käse« gekürt. Im Gegensatz zum »normalen« Brie, dessen Herkunft nicht geschützt ist, darf der AOC Käse Brie de Meaux nur aus einem festgelegten Gebiet in der Île-de-France bei Paris stammen

Brique
Rechteckiger Käse

Bruch
Auch als »Dickete« bekannt. Die gallertartige Masse, die durch die Milchgerinnung entsteht. An diesem Punkt der Käseherstellung haben sich die festen Bestandteile der Milch von den flüssigen (der Molke) getrennt. Es gilt: je kleiner der Bruch, umso fester der Käse. Der Grund: Größerer Käsebruch ist wasserreicher. Durch den Bruch lässt sich also die Konsistenz des späteren Käses steuern

Camembert
Weichkäse mit Weißschimmel. Kann von überall kommen. Auch aus Camembert

Chèvre
Eigentlich: Ziege. Wird aber auch für Ziegenkäse genutzt

Coopérative- oder Industriel-Qualität
Dieser Käse wird in einer Großmolkerei industriell hergestellt

Dicklegen
Die Milch durch Säuerung oder Lab (oder beides) zur Gerinnung bringen

Dickete
Siehe »Bruch«

Epoisses de Bourgogne
Französischer Kuhmilchkäse, der während der Reifung mit Marc de Bourgogne gewaschen wird. Je älter der Käse, desto klebriger und orangefarbener die Rinde. Köstlich

Fermier
Der Käse wird auf einem Bauernhof hergestellt, ausschließlich aus Rohmilch von eigenen Kühen

Fromage
Käse

Fromager
Kann für vieles stehen: Käser, Käsehersteller, Käsehändler

Gallerte
Dickgelegte Milch, auch Dickete oder Koagulum genannt

Käsebohrer
Kleiner Bohrer zur Probenentnahme aus Käselaiben. Das scharfkantige Rohr ist innen hohl. Durch das Anklopfen des Käselaibes mit dem Holzgriff kann der Käser hören, wie weit sich Hohlräume (Löcher) entwickelt haben und wie reif der Käse ist

Käseharfe
Mit dieser wird die dickgelegte Milch geschnitten. An einem langen Holz- oder Metallstab sind quer zwei Metallstäbe befestigt, zwischen denen rund zehn Drähte gespannt sind

Kasein
Name des Milcheiweißes, das nach Zugabe des Labs (oder durch Säuerung) gerinnt

Lab
Dieses eiweißspaltende Enzym wird klassischerweise aus dem Magen von Kälbern und Zicklein gewonnen und bringt die Milch zum Gerinnen. Es gibt aber auch pflanzliche Labe (Saft des Geigenbaums, Labkraut, Distelarten) sowie mikrobielle Labe

Lake
Salzlake, sehr konzentrierte Salzlösung. Häufig zwischen 15 bis 20%. In ihr schwimmen die Käse, bis sie den gewünschten Salzgrad erreicht haben

Listerien
Bakterien, die nicht nur in Rohmilchkäse, sondern auch in Fleisch, Salat oder Gemüse vorkommen. Können bei Menschen mit geschwächtem Immunsystem zu Infektionen führen. Nicht in Hartkäsen oder Frischkäsen zu finden

Maître Fromager
In ganz Frankreich gibt es keine 100 Personen, die diesen höchsten Käse-Titel tragen dürfen

Milben
Eine Unterklasse der Spinnentiere. Ihr Speichel bewirkt beim Milbenkäse die Fermentation der Rohmasse. Die noch lebenden Käsemilben werden mitgegessen. Ihr Verzehr ist unbedenklich.
Milbenkäse wird im sachsen-anhaltinischen Würchwitz und im ostthüringischen Altenburger Land erzeugt.

Molke
Diese wässrige, leicht weißliche Flüssigkeit gilt als ausgesprochen gesund. Sie entsteht, wenn die festen Bestandteile der Milch beim Käsen abgetrennt werden. In der Schweiz auch als Sirte bekannt

Paraffin
Eine Art Wachsüberzug für Käse, um ihn länger haltbar zu machen

Pasteurisierung
Um Keime abzutöten, wird die Milch kurzzeitig erhitzt (auf bis zu 75 Grad Celsius)

Rohmilch
Nur grobfiltrierte Milch, quasi unbehandelt frisch aus dem Euter

Rotschmierkäse
Durch regelmäßiges Bürsten oder Waschen mit Salzlake, Wein, Bier oder anderen Alkoholika kann die Bildung von Rotschmiere (d. h. Rotschmierbakterien) gefördert werden

Schimmelkulturen
Bei der Käseherstellung werden ausgewählte Oberflächen- oder Innenschimmel verwendet, insbesondere die beiden Pinselschimmel Penicillium camemberti / candidum und Penicillium roqueforti sowie Geotrichum candidum (auch als Milchschimmel bekannt)

Teig
Das Innere des Käses, im französischen Pâte genannt

Thermisierung
Hierbei wird die Milch erhitzt – jedoch nicht so hoch wie bei der Pasteurisierung. In der Regel 40 Grad Celsius (bei der Pasteurisierung sind es bis zu 75 Grad Celsius)

MEIN DANK GEHT AN

Meine Erstleser: meine wunderbare Frau Stefanie, deren Käseliebe ansteckend ist, meinen Vater und Hagen Range.

Meine Kinder Frederick und Charlotte, die ihren Papa für einige Zeit ans Burgund verloren hatten.

Die Käser und Käserinnen des Burgunds, vor allem die der Fromagerie Gaugry und der Abbaye Cîteaux, sowie die Winzer (besonders Aubert de Villaine von der Domaine de la Romanée-Conti) für ihre Gastfreundschaft und ihre Bereitschaft, ihr Wissen mit mir zu teilen und jede noch so verrückte Frage zu beantworten.

Mein besonderer Dank gilt meinem guten Freund Ralf Thomas, der mehrmals mit mir ins Burgund reiste und dessen Französischkenntnisse und herzliche Art mir unzählige Türen öffneten.

In Gedenken an meinen Onkel Rolf Weiland, einen wunderbaren und großherzigen Menschen, der mir gezeigt hat, dass man niemals zu viel Pfeffer an ein Essen geben kann und dass auch Borussia-Mönchengladbach-Fans Menschen mit bestens funktionierendem Denkapparat sein können. Du wirst sehr vermisst.